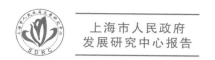

上海加快建设"五个中心"发展战略研究

Research on Strategy of
Shanghai Accelerating Construction
of the "Five Centers"

上海市人民政府发展研究中心◎著

格致出版社　　上海人民出版社

本书撰写团队

组　长

祁　彦

副组长

严　军　钱　智

成　员（按姓氏笔画排序）

王　丹	王培力	王斐然	史晓琛	朱　咏	吴也白
邱鸣华	余艺贝	谷　金	宋　奇	宋　清	张开翼
张文静	张亚军	陆丽萍	陈　畅	陈华阳	陈群民
周　钟	赵欣冉	胡　锴	施婧婧	姜乾之	柴　慧
钱　洁	高　骞	崔园园	彭　羽	彭　颖	韩　宇
谭　旻	戴跃华				

前　言

把上海建设成为"五个中心",是党中央全面研判国内国际形势,统筹把握改革发展大局作出的重大决策,是党中央赋予上海的重要使命。上海"五个中心"建设历经了"2、3、4、5"四个阶段,其历程印证了中国改革开放的奋斗史和发展史。1986年,《国务院关于上海市城市总体规划方案的批复》明确提出"把上海建设成为太平洋西岸最大的经济贸易中心之一",上海从此进入"两个中心"建设阶段。1992年,党的十四大报告提出"以上海浦东开发开放为龙头,进一步开放长江沿岸城市,尽快把上海建成国际经济、金融、贸易中心之一",上海进入了"三个中心"建设阶段。2001年,国务院批准《上海市城市总体规划(1999年至2020年)》,提出"把上海建设成为现代化国际大都市和国际经济、金融、贸易、航运中心之一",并提出分三步走的建设目标,上海进入"四个中心"建设阶段。2009年,国务院专门出台《关于推进上海加快发展现代服务业和先进制造业建设国际金融中心和国际航运中心的意见》,从国家战略和全局高度,明确提出了推动上海建设国际金融中心和国际航运中心的总体目标、主要任务和措施,进一步推进了"四个中心"的建设。2014年5月习近平总书记到上海调研时,对上海提出"加快有效实施创新驱动战略,向具有全球影响力的科技创新中心进军"的工作要求,上海进入"五个中心"全面建设阶段。截至2020年，上海国际经济、金融、贸易、航运中心基本建成，具有全球影响力的科技创新中心已形成基本框架。目前，各中心内涵不断丰富，市场体系日臻完善，综合实力日益凸显，国际影响持续扩大。

"五个中心"建设取得重要进展，主要得益于30年多来上海始终坚持以国家战略为指引，始终坚持以最高标准、最好水平为导向，始终坚持以重大载体和关键平台为抓手，始终坚持以两个市场、两种资源为统筹，坚定不移吃改革饭、走开放路、打创新牌，以"改革开放排头兵、创新发展先行者"的精气神大胆试、大胆闯，为建成具有世界影响力的社会主义现代化国际大都市奠定了基础。

面对世界百年未有之大变局的深刻变化，一些国际大都市在城市功能竞争中纷纷发力。例如，纽约打造"全球创新之都"，伦敦致力成为"一个英国和国际的创意产业和新的知识型经济中心"，东京提出"以东京未来创新型产业为支撑带动日本整体经济发展"，巴黎提出"再工业化且发展新的创新领域"，新加坡欲建设"2030年下一代港口"，香港则要"强化国际及亚洲金融商业中心，贸易、运输及物流中心的地位"等。上海如不及时加速，"五个中心"已有的建设成果将会消耗殆尽，现有的国际竞争"起跑线"地位也将难以维持。因此，聚焦建设"五个中心"重要使命，对标国际最高标准、最好水平实施追赶、突破和超越，更好发挥长三角一体化发展的龙头核心作用，更好发挥驱动全国发展、辐射东亚、链接世界的桥头堡作用，加快建成具有世界影响力的社会主义现代化国际大都市，在推进中国式现代化中充分发挥龙头带动和示范引领作用，已成为一项紧迫而重大的历史任务。为此，上海市人民政府发展研究中心邀请国家高端智库、有关部门和机构的专家，联合中心内部处（所）共同开展多个综合课题、专项课题和支撑课题研究，并形成系列研究成果。本书是这一系列研究成果的汇编。

本书观点仅限于学术研究范围，不足之处，敬请指正。

上海市人民政府发展研究中心主任

2023 年 11 月

目　录

第 1 章

总　论

上海"五个中心"的建设历程印证了中国改革开放的奋斗史和发展史。党的十八大以来,在党中央、国务院关心支持下,上海市委、市政府带领全市人民深入贯彻落实习近平总书记考察上海系列重要讲话精神,如期完成"五个中心"阶段性目标任务,各中心内涵不断丰富,市场体系日臻完善,综合实力日益凸显,国际影响持续扩大。但"五个中心"在总量规模、功能能级、规则对接等方面仍存在短板。面对世界百年未有之大变局的深刻变化,面对中国全面建设社会主义现代化强国的新要求,上海要继续当好全国改革开放排头兵、创新发展先行者,加快建设"五个中心",奋力开创建设具有世界影响力的社会主义现代化国际大都市新局面。

1.1　上海"五个中心"发展进程的历史回顾

改革开放以来,上海积极响应国家战略部署,顺应经济全球化发展的重大趋势,逐步完善城市功能,国际经济、金融、贸易、航运、科技创新中心等"五个中心"建设取得了重大进展。

1.1.1 上海"五个中心"发展的历史演进

党中央、国务院高度重视和关心上海的建设和发展,在改革开放以来的关键时刻都赋予上海重要历史使命。"五个中心"的演进历程,是上海在时代浪潮中持续优化自身发展方向的战略更新历程,也是上海基于国家嘱托、自身条件及外部环境变化的城市发展历程。

1. 1992—2000年:浦东开发开放,确立"三中心"城市定位

改革开放初期,作为中国改革开放的"后卫",上海在全国的定位是国内多功能中心、亚洲经济贸易中心。随着时间的演进,20世纪80年代末、90年代初,中国面临的发展环境十分严峻。国际上苏东剧变使世界社会主义发展遭受挫折,国内改革发展面临新的挑战。同时,全球产业结构和分工面临重大调整,经济全球化态势进一步显现。为向世界表明中国坚定不移推进改革开放的决心和信心,将改革开放事业继续推向前进,党中央毅然决策开发开放浦东。1992年10月,党的十四大报告指出,"以上海浦东开发开放为龙头,进一步开放长江沿岸城市,尽快把上海建成国际经济、金融、贸易中心,带动长江三角洲和整个长江流域地区的经济新飞跃"。自此,上海改革开放步伐进一步加大,国家新型经贸口岸、金融中心和外向型产业体系等加快构建,上海城市的定位提升为"一个龙头,三个中心"。

"一龙头,三中心"的战略是党中央、国务院在改革开放和现代化建设关键时期作出的一项重大战略决策,向世界表明中国坚定不移推进改革开放的决心和信心,掀开了中国深化改革开放新的历史篇章。在浦东"一龙头,三中心"的发展战略指导下,上海从全国改革开放的"后卫"变为"前锋",为国家冲出西方发达国家的封锁包围发挥了"王牌"作用。上海由此成为国内外资源的配置中心,推动后续产业结构的优化升级和国有企业的战略性调整,成为当时"城市化发展"和"西部大开发"两大国家战略的关键抓手和重要依托。

2. 2001—2013年:发展航运功能,推进"四个中心"建设

上海自古以来就是中国重要的港口城市,"江海之通津,东南之都会"是旧志古

籍中对上海的描述。改革开放初期，上海一直都是中国重要的国际贸易口岸，但在经济全球化的背景下发展却显不足。1995 年世界贸易组织成立后，经济全球化加速，世界经济格局发生剧烈变化，各国间贸易大幅增长，航运产业结构出现重大变革，区域性港口竞争日趋激烈。神户、釜山、高雄等亚太港口崛起，纷纷竞逐东北亚国际航运中心地位，上海面临沦为周边国家港口喂给港的危机。

为了应对东亚航运中心的竞争新形势，1996 年 1 月，国务院召开上海国际航运中心建设专题会议，正式决定加快推进以上海为中心、以江浙为两翼的上海国际航运中心建设。这一重大战略决策，使上海的城市发展逐步从黄浦江内河走入长江，再走向深海，为进一步提升城市功能打下坚实基础。

2001 年，为了更好满足上海周边地区和全国的国际航运要求，强化上海的航运枢纽中心地位，上海将"国际航运中心"功能定位纳入城市总体规划。2001 年 5 月，国务院《关于上海城市总体规划的批复》指出，把上海市建设成为经济繁荣、社会文明、环境优美的国际大都市，国际经济、金融、贸易、航运中心之一。上海的城市功能定位由"三个中心"正式拓展为国际经济、金融、贸易和航运"四个中心"。

2005 年 12 月 10 日，上海国际航运中心洋山深水港一期工程全面建成，标志着上海国际航运中心建设取得重大突破，不仅确立了洋山港世界集装箱第一港的地位，也助力中国跻身东北亚航运中心的激烈角逐。2009 年 4 月，国务院印发《关于推进上海加快发展现代服务业和先进制造业建设国际金融中心和国际航运中心的意见》，进一步明确推进上海加快发展现代服务业和先进制造业，加快建设国际金融中心、国际航运中心和现代化国际大都市，是中国现代化建设和继续推动改革开放的重要举措。由此，上海国际金融、航运等中心建设上升为国家战略。

通过与世界经济的对接，上海实现了人口、货物、资本等要素商品吞吐能力的大幅提升，在国际上的城市影响力逐步彰显。上海"四个中心"建设作为重大国家战略，成为上海当好全国改革开放排头兵和创新发展先行者的突破口。

3. 2014 年至今：重视科技创新，形成"五个中心"发展框架

加入世界贸易组织（WTO）给中国带来了巨大的发展机会，中国经济进入了持

续十多年的高速增长期,中国建成了门类齐全、独立完整的现代工业体系,并在2010年重回世界第一制造业大国地位。然而随着劳动力成本升高、产能过剩,以及国际贸易摩擦等问题的显现,中国经济进入增速变缓的"新常态"阶段,逐步面临结构调整和动能转换的重大转折。

在外部经济环境复杂变化和自身发展转型的双重考验下,创新驱动成为引领高质量发展、实现经济转型升级的新动能。上海作为全国经济发展的火车头,更需要加快经济结构转型升级,率先推进创新驱动发展战略。2014年,习近平总书记在上海考察时指示:"上海要努力在推进科技创新、实施创新驱动发展战略方面走在全国前头、走在世界前列,加快向具有全球影响力的科技创新中心进军。"这为上海发展注入了新动力,确立了上海改革开放排头兵、创新发展先行者的地位。

随后,上海市委、市政府高度重视、强力推动、高位推进,统筹调配精干力量和创新资源,把科创中心建设作为全市的一项重要工作紧抓不放,会同国家发展改革委、科技部、中科院等部门组建上海推进科创中心建设办公室,大力推动优势创新资源集聚。根据党中央、国务院关于建设创新型国家和世界科技强国的重大部署,2015年5月,上海发布《关于加快建设具有全球影响力的科技创新中心的意见》(简称"科创22条")。2016年4月,国务院印发《上海系统推进全面创新改革试验加快建设具有全球影响力的科技创新中心方案》,上海建设成为具有全球影响力的科技创新中心正式上升为国家战略。随着《关于进一步深化科技体制机制改革增强科技创新中心策源能力的意见》(简称"科改25条")以及《上海市促进科技成果转化条例》《上海市推进科技创新中心建设条例》等政策陆续出台,上海多层次的创新平台体系基本形成,开放性的创新空间格局全面拓展,系统性的重大创新任务不断优化,支撑性的创新法规和政策体系日益完善,上海科创中心建设初见成效。

至此,上海"五个中心"建设和发展的主要框架基本形成,引领上海快速发展。上海实现了从内向型工商业城市向开放型国际经济中心城市的功能转变,城市综合实力和国际影响力、人民生活水平和社会文明程度迈上了新台阶,为上海迈向具有世界影响力的社会主义现代化国际大都市打下坚实基础。

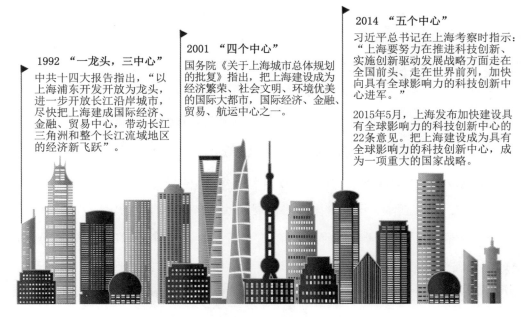

1992 "一龙头，三中心"
中共十四大报告指出，"以上海浦东开发开放为龙头，进一步开放长江沿岸城市，尽快把上海建成国际经济、金融、贸易中心，带动长江三角洲和整个长江流域地区的经济新飞跃"。

2001 "四个中心"
国务院《关于上海城市总体规划的批复》指出，把上海建设成为经济繁荣、社会文明、环境优美的国际大都市，国际经济、金融、贸易、航运中心之一。

2014 "五个中心"
习近平总书记在上海考察时指示："上海要努力在推进科技创新、实施创新驱动发展战略方面走在全国前头、走在世界前列，加快向具有全球影响力的科技创新中心进军。"

2015年5月，上海发布加快建设具有全球影响力的科技创新中心的22条意见。把上海建设成为具有全球影响力的科技创新中心，成为一项重大的国家战略。

图 1.1　上海"五个中心"发展的历史演进

资料来源：编写组绘制。

1.1.2　发展取得的主要成就

伴随着中国改革开放的不断深化和经济社会发展不断跃上新的台阶，上海"五个中心"建设取得了重大进展，国际经济、金融、贸易、航运中心基本建成，具有全球影响力的科技创新中心基本框架已经成型，为建成具有世界影响力的社会主义现代化国际大都市奠定了坚实基础。

1. 集聚效应不断显现

围绕"五个中心"的发展，上海城市的集聚能力持续增强，经济发展体量、金融交易量级、国内外贸易规模、航运集散规模以及科技创新能力都有显著的提升。

上海经济体量增长较快。2022 年，上海人均生产总值已超过 2.5 万美元，是1992 年的 22 倍，年均增速达 10.85%，高于发达经济体人均 2 万美元的标准；居民人均可支配收入达 79 610 元，在全国 31 个省区市中居首位。市场主体总量持续增长。过去五年，上海平均每天新设各类市场主体 1 233 户，比上个五年增长五成以上。截至 2022 年底,全市每千人企业数量增加到 111.1 户,相当于每 10 个人中就有 1 个人在当"老板",数量位居全国第一。国际消费中心城市建设跑出加速度。各类品牌新增首店超过 1 000 家。"上海服务""上海制造""上海购物""上海文化"四大品牌持续打响,综合实力跃上新台阶。

金融交易量级快速提升。上海金融业增加值快速增加,对地方经济的贡献明显提升,金融业成为上海经济发展的重要支柱产业。2022 年,上海金融业增加值为8 626.31 亿元,占全国金融业增加值的 8.9%,是 1992 年的 87.22 倍,年均增速达16.06%。在 2022 新华·国际金融中心发展指数排名中上海位列第三,上海多个金融市场的产品交易量位居全球前列。2022 年,上交所股票市值、IPO 筹资额分别居全球第三和全球第一[①];银行间债券市场规模位居全球第二;上海黄金交易所场内现货黄金交易量位居全球第一;上期所螺纹钢、铜、天然橡胶等多个品种交易量居全球第一,原油期货交易量居亚洲第一、全球第三。

贸易投资枢纽地位不断凸显。上海口岸经济快速增长,集聚效应和辐射带动作用显著增强。2022 年,上海货物进出口总额为 4.2 万亿元,占全球贸易总量的3.6%,连续多年保持世界城市首位。实际利用外资 239.56 亿美元,再创历史新高,居全国前列。上海已经成为中国内地跨国公司地区总部最为集聚的地区、全球最富吸引力外商投资目的地之一。国际消费城市建设取得显著成效,流通和消费规模居全国城市首位。

航运吞吐量连创新高。2022 年,上海港集装箱吞吐量达到 4 730 万标箱,连续 13年居世界第一,上海港成为全球重要的国际枢纽之一。在 2022 新华·波罗的海国际航运中心发展指数排名中,上海继续保持前三甲地位,位列新加坡和伦敦之后。上海空港航线网络覆盖能力亚太领先,联通全球 51 个国家 314 个通航点。2019 年,上海航空客货吞吐量达到 1.2 亿人次、405.8 万吨,分别位列全球城市第四、第三。

科技创新能力日趋增强。2022 年,上海全社会研发经费支出相当于全市生产

---

① 参见《上海证券交易所 2022 年社会责任报告》。

总值(GDP)的约 4.2%,全市高价值发明专利数量为 10.18 万件,同比增长 19.64%,占有效发明专利总量的 50.42%,每万人口高价值发明专利拥有量达到 40.9 件,同比增加 6.7 件,合同金额达 4 003.51 亿元,同比增长 45.0%。张江综合性国家科学中心集中度、显示度不断提升,3 家国家实验室成立运行,新型研发机构、研发与转化功能型平台分别达到 17 家、15 家。4 个国家重大科技基础设施开工建设,5 个设施建成投用,全球规模最大、种类最全、综合能力最强的光子大科学设施群已现雏形。

2. 功能体系不断完善

随着经济、金融、贸易、航运和科创中心各领域建设的持续推进,上海的城市功能体系更加完善,为上海城市"中心"作用的发挥提供了良好的基础。

现代产业体系日趋完善。基本形成以现代服务业为主体,以战略性新兴产业为引领,以先进制造业为支撑的现代产业体系。产业结构更趋优化。服务业增加值占生产总值比重从 2009 年的 59.4% 逐步提升至 2022 年的 74.1%。高端制造业地位突出。2022 年,战略性新兴产业增加值为 10 641.19 亿元,占上海全市生产总值的 23.8%。新能源、高端装备、生物、新一代信息技术、新材料、新能源汽车、节能环保、数字创意等工业战略性新兴产业完成规模以上工业总产值 17 406.86 亿元,占全市规模以上工业总产值的 43.0%。

金融中心核心功能不断增强。金融要素市场更加完备。上海形成了股票、债券、货币、外汇、商品期货、金融期货、黄金、保险、票据、信托等门类齐全的金融市场,汇集了众多金融产品登记、托管、结算、清算等金融基础设施,市场要素齐全,技术手段先进。市场定价功能不断提升。上海银行间同业拆放利率(Shibor)、贷款市场报价利率(LPR)等利率市场化形成机制深入推进,中国外汇交易中心(CFETS)人民币汇率指数成为人民币汇率水平的主要参照指标。支付清算功能不断完善。人民币跨境支付系统(CIPS)、城银清算服务公司、全球清算对手方协会(CCP12)等一批重要清算机构或组织落户上海。风险管理工具品类更趋丰富。上海期货交易所上市了有色金属、黑色金属、贵金属、能源化工等系列期货品种,以及铜、黄金等期权品种,风险管理工具不断丰富。

专栏 1.1　上海主要金融要素市场的发展情况

在全球金融资源配置能力和金融话语权的争夺上,金融要素市场是关键性指标之一。目前,上海集聚了包括股票、债券、货币、外汇、票据、期货、黄金、保险等 14 个全国性金融要素市场,成为国际上金融市场体系最为完备、最为集中的城市之一。其中,7 个代表性的要素市场发展情况如下表:

上海主要金融要素市场的发展情况

金融要素市场	成立时间	主要业务或产品	主要数据或市场影响力
中国外汇交易中心(全国银行间同业拆借中心)	1994 年 4 月	为银行间外汇市场、货币市场、债券市场等现货及衍生产品提供交易服务;受权发布人民币汇率中间价、上海银行间同业拆放利率(Shibor)、贷款市场报价利率(LPR)、人民币参考汇率等	2019 年全年市场规模接近 1 500 万亿元,为 30 346 个市场成员提供服务,其中境外成员有 2 732 个
上海证券交易所	1990 年 11 月	股票市场、债券市场、基金市场、股票期权产品等	截至 2019 年末,上交所上市公司数量为 1 572 家,总市值达 35.6 万亿元。股票市值、成交金额位居全球第四,股票筹资总额位居全球第一
上海期货交易所	1999 年 12 月	铜、铝、纸浆等期货品种,铜、天然橡胶、黄金等期权合约,以及原油期货、20 号胶期货、低硫燃料油等国际化品种	2019 年累计成交 14.5 亿手,成交额为 112.5 万亿元,分别占全国的 35.5% 和 38.7%。商品期货和期权成交手数连续 4 年在全球场内衍生品市场排第一。螺纹钢、铜、天然橡胶等多个品种交易量全球第一;原油期货交易量亚洲第一、全球第三
中国金融期货交易所	2006 年 9 月	权益类、利率类两条产品线共 7 个金融期货、期权品种,包括沪深 300 股指期货、上证 50、中证 500 股指期货 3 个股指期货品种,2 年期、5 年期、10 年期国债期货 3 个国债期货品种,以及沪深 300 股指期权品种	截至 2020 年 6 月底,金融期货市场累计成交 11.9 亿手、1 112.3 万亿元,其中 2020 年 1—6 月,累计成交 0.5 亿手、49.2 万亿元,分别占全国市场的 1.99%、29.75%

续表

金融要素市场	成立时间	主要业务或产品	主要数据或市场影响力
上海黄金交易所	2002 年 10 月	全球重要的黄金、白银、铂金交易中心。"上海金"在迪拜黄金和商品交易所挂牌交易，以"上海金"为基准的衍生品在芝加哥商品交易所推出	截至 2019 年末，拥有来自 10 个国家和地区的 270 家会员，场内现货黄金交易量连续 13 年位居全球第一，黄金交易量居全球第三
上海保险交易所	2016 年 6 月	国际再保险、国际航运保险、保险资产登记交易等业务平台	2019 年末，风险交易金额达 8.7 万亿元，登记保险资产达 8.8 万亿元，累计注册各类产品达 7 516 个，场内发行保险资管产品达 425 亿元
上海票据交易所	2016 年 12 月	具备票据报价交易、登记托管、清算结算、信息服务等功能，承担中央银行货币政策再贴现操作等政策职能	2019 年业务总量达 131.5 万亿元，同比增长 19.04%

资料来源：编写组根据公开资料整理。

新兴贸易模式不断涌现。新兴市场占比逐步提升。2020 年，新兴市场在货物贸易中的占比已提高至 51.1%。贸易中转功能稳步增强。集装箱水水中转和国际中转比例分别达 51.6% 和 12.3%。服务贸易发展全国领先。2022 年，上海服务贸易进出口总额为 2 454.5 亿美元，同比增长 7.0%，贸易规模创历史新高，占全国比重达 29.5%，服务贸易规模居全国各省区市首位。平台经济加快发展。产业互联网领域创新性平台已成为引领传统制造业转型升级的重要力量。2020 年，上海的电子商务平台交易总额达到 2.99 万亿元，千亿级市场平台数量达到 10 家，居全国城市首位。

海空港枢纽功能持续提升。海港物流体系不断优化。洋山深水港四期成为全球规模最大、自动化程度最高的集装箱码头。芦潮港铁路中心站与洋山深水港区一体化运营取得突破，2022 年集装箱水水中转比例超 50%。亚太大型国际航空枢纽初步建成，成功构建国内首个"一市两场"城市机场体系，空港通达性居亚洲领先地位。浦东国际机场全球最大单体卫星厅启用，快件分拨中心、冷库中心等专业化货运设施相继投用。浦东、虹桥两大国际机场被国际航空运输协会授予便捷出行项目"白金机场"认证。

重大原创科技成果不断涌现。面向世界科技前沿,涌现出全球首个节律紊乱疾病克隆猴模型、千米级高温超导电缆、全球首例人工单染色体真核细胞、世界首次 10 拍瓦激光放大输出等一批首创成果。世界顶尖科学家论坛连续六年成功举办,首个由上海发起的国际科技大奖向全球颁发。集成电路先进工艺实现量产,7 纳米和 5 纳米刻蚀机进入国际先进生产线,桌面 CPU、千万门级 FPGA 等关键产品达到国际主流水平,12 英寸大硅片实现批量供应。结直肠癌新药呋喹替尼等创新药物,以及先进分子成像设备全景 PET/CT、首个国产心脏起搏器等原创医疗器械获批注册和上市。

3. 辐射能级持续增强

"上海服务""上海制造""上海购物""上海文化"等四大品牌优势不断强化,"五个中心"的服务能力和对外辐射力显著提升。

总部机构日益集聚。上海已成为全球顶级机构进入亚太的主要门户和重要驻在地。截至 2022 年底,上海跨国公司地区总部达到 891 家,上海成为内地外资总部机构最多的城市。金砖国家新开发银行、全球中央对手方协会、亚洲海事技术合作中心等一批国际组织也相继落户上海。

金融市场互联互通取得重要进展。银行间债券、外汇、货币等金融市场对外开放步伐加快,"沪港通""债券通"平稳运行,"沪伦通""中日交易型开放式指数基金(ETF)互通"先后推出。"熊猫债"发行规模进一步扩大。中国股票、债券被纳入明晟、彭博巴克莱、富时罗素等全球重要指数。

贸易服务辐射能级进一步提升。大宗商品"上海价格"基本形成。钢铁价格指数、有色金属现货价格指数等开始被国际市场采纳,以"铜期货"为代表的大宗商品价格指数成为国内乃至国际该类商品交易的价格风向标。高能级贸易主体加快集聚。截至 2020 年末,年进出口规模 10 亿美元以上的企业有 55 家,101 家国际贸易投资促进机构在沪设立了常驻代表机构。贸易投资网络继续拓展。2022 年,上海的经贸投资网络遍及全球 189 个国家和地区,上海企业在"一带一路"沿线国家和地区的对外直接投资(中方投资)达到 153 亿美元,占全市对外直接投资比重提高至 17.4％。

现代航运服务功能不断增强。高能级航运主体加快集聚。依托七大航运服务集聚区,全球排名前列的班轮公司、邮轮企业、船舶管理机构、船级社等在沪设立总部或分支机构。航运交易功能不断夯实。作为国家级航运交易市场的上海航运交易所,已成为全国集装箱班轮运价备案中心和中国船舶交易信息中心。"上海航运"系列指数连续多年发布,其中集装箱运价指数成为全球集装箱运输市场风向标,沿海煤炭运价指数挂钩协议使用比例超过 50％。

创新引领和辐射能力增加。服务实体经济能力稳步增强。上海的生物医药、人工智能和集成电路三大先导产业逐渐成为创新高地,2022 年三大产业总规模超 1.4 万亿元,增长 10％以上。代表国家参与国际科技交流合作不断取得新成效。"全脑介观神经联接图谱"大科学计划筹备工作进展顺利,国际大洋发现计划(IODP)、平方公里阵列射电望远镜(SKA)等大科学计划(工程)参与工作不断深化。与 20 多个国家和地区签订政府间科技合作协议,建设 20 余家"一带一路"国际联合实验室。世界人工智能大会、浦江创新论坛、世界顶尖科学家论坛、国际创新创业大赛等活动的国际影响力不断提升。

4. 改革创新持续深化

改革创新是"五个中心"突破发展的关键。近年来,上海在新经济业态发展、金融市场制度、贸易营商环境、现代航运服务和科创政策体系方面均实施一系列重大改革创新举措,形成一批标杆性成果。

营商环境改革持续推进。2017 年以来,围绕打造市场化、法治化、国际化一流营商环境的总体要求,上海已经连续六年出台优化营商环境方案,深化重点领域对标改革,有力促进了包括外资企业在内的各类经营主体蓬勃发展。中国在世界银行《营商环境报告》中的排名从 2018 年的第 78 位跃升至 2020 年的第 31 位,连续两年跻身全球改革步伐最快的前十个经济体之列,而上海作为权重达 55％的样本城市在其中发挥了重要作用。上海五年累计减税降费超 8 000 亿元,"证照分离"改革全覆盖,"一业一证"改革深入开展,证明事项告知承诺制全面推行,"双随机、一公开"监管、综合监管和信用监管等深入推进。首创并持续打响政务服务"一网通办"品牌，网办率达到84％。

金融改革创新深入推进。实体经济融资渠道进一步拓宽。2019年，上海证券交易所推出科创板并试点注册制，上市企业高度集中于高新技术产业领域，深化资本市场制度改革"试验田"的示范性和引领性日益显现。创新业务试点不断推出。上海在全国率先开展了跨境贸易人民币结算、期货保税交割、个人税收递延型商业养老保险等业务，以及合格境外有限合伙人（QFLP）、合格境内有限合伙人（QDLP）等试点项目。金融开放创新先行先试。上海自贸试验区创设了自由贸易账户体系，在跨境融资宏观审慎管理、自贸试验区银行业务创新监管互动机制、航运保险产品注册制等方面率先展开探索。

贸易制度创新持续深化。自贸试验区改革取得新突破，参照国际通行规则，上海自贸试验区在国内率先探索实施准入前国民待遇加负面清单的外商投资管理制度，自贸试验区外商投资准入特别管理措施从2013年的190条缩减至2021年的27条，在全国范围内发挥了投资管理制度改革示范作用。服务贸易集聚区加快建设，建立数字贸易交易促进平台。全力推进政策创新，原油进口资质、保税油补、保税维修等政策相继推出，出台了国内首部地方外商投资条例，推出重点商圈"上海购物"诚信指数和全国首份市场信用奖惩清单。

航运市场制度创新成效初显。通关效率进一步提升。2014年，上海自贸试验区在国内率先启动通关效率提升试点，打造一流的国际贸易"单一窗口"对接22个部门，覆盖监管全流程及国际贸易的主要环节，实现口岸货物申报和运输工具申报全覆盖。审批制度改革深化推进。水运行业全面推进"证照分离"改革，构建"五位一体"的行业综合监管体制，大幅压缩审批承诺时限和精简申请材料。上海海关与南京海关、合肥海关、杭州海关携手拓展"联动接卸"海关监管模式，将长三角地区相关港口作为上海洋山港接卸地，实施"联动接卸、视同一港"整体监管，实现进出口货物"一次申报、一次查验、一次放行"。

科技创新政策体系不断完善。围绕科技成果转化、科技金融等领域，相继出台了落实"科创22条""科改25条"的《上海市促进科技成果转化条例》《上海市推进科技创新中心建设条例》《进一步深化科技体制机制改革增强科技创新中心策源能力》等70余个地方配套政策、170余项改革举措。上海已构建起覆盖门类齐全、工具多样的科技创新政策体系,形成由集聚要素、主体培育、完善机制、金融支持、区域协同、环境营造、扩大开放等构成的政策体系框架。

1.1.3 上海"五个中心"建设的短板

回望过去,上海"五个中心"建设成就显著。但对标全球顶级中心城市,上海的城市规模体量仍存在较大的提升空间,全球资源配置、科技创新策源、高端产业引领、开放门户枢纽等四大功能发挥不足,制度规则接轨国际仍显不够,亟须聚焦梗节难点,持续增强"四大功能",找准深化"五个中心"的建设方向,带动"五个中心"加快建设。

1. 规模总量对标国际仍有较大差距

经济活动的规模体量是"五个中心"建设成效的最直观体现。与全球顶级城市相比,上海在经济总量规模、金融市场规模以及新型贸易规模等方面仍存在较大的差距。

经济规模增长空间仍旧较大。按现行汇率计算,2022年上海的生产总值为44 652.8亿元人民币,在全球城市排名中位列第四,虽然已超过香港、新加坡和伦敦,但只有纽约的57.2%、洛杉矶的59.8%、东京的73.8%,与全球前列的城市还有较大差距。2022年上海的人均国内生产总值为26 697美元,即使与全球顶级城市中发展水平较低的东京都相比,也仅为其44.3%。

金融市场规模仍待提升。尽管2022年上交所股票总市值达5.98万亿美元,位居全球第三,但远低于纽约证券交易所(24.03万亿美元)和纳斯达克证券交易所(17.03万亿美元)。商品期货市场尽管在某些品种上取得突破,但总交易规模还未超过伦敦金属期货交易所,与芝加哥商品交易所也有很大差距。上海外汇市场在全球外汇市场中影响力不高,所占比重极低,2018年仅占全球的4%。金融类衍生品交易规模较小,品类较为单一,衍生品研发创新能力明显滞后于国际平均水平。

新兴贸易规模仍待扩大。2019 年上海的服务贸易总额为 1 844 亿美元,虽已超越香港特区,但仅相当于新加坡的 43.25%,规模数量仍显落后。数字贸易尚处于起步阶段,保险、金融、文化等服务领域进出口规模仍然偏小。

2. 城市功能的能级依然偏低

"四大功能"体现了深化"五个中心"建设的质量导向和集成效应,发展的强弱体现了一个城市的竞争力和话语权。综合全球城市发展排名,上海总体实力和影响力尚处于全球中心城市体系中的"第二梯队",仍存在明显的能级落差。

全球资源配置力不高。全球资源配置功能的核心在于对全球资源、产业和通道具有控制力与影响力。上海在吸引跨国公司及对全球供应链的掌控上,能力仍存较大不足。2022 年,上海跨国公司地区总部数量为 891 家,明显落后于东京和新加坡,且在沪跨国公司总部以中国区总部为主,亚太总部及全球总部数量较少,全球供应链资源整合能力受限。在资本要素市场方面,外资金融机构进入中国市场面临的门槛较高,在沪开展业务仍受限较多。金融市场的国际投资者占比较低,高能级金融机构总部集聚度还不够,海外金融资源的集散功能发挥受限。

表 1.1　上海"五个中心"在全球的排名(2022 年)

维　度	指　标	上海排名
经济中心	世界城市排名(GaWC)	全球 Alpha+[a]
金融中心	全球金融中心指数(GFCI)	全球第 7 位[b]
贸易中心	货物吞吐量	全球第 3 位[c]
航运中心	新华·波罗的海国际航运中心发展指数	全球第 3 位
科创中心	全球创新城市指数(Innovation Cities TM Index)	全球第 11 位

注:a. 根据 2022 年世界城市网络关联度最新分级,超一线城市(Alpha++)为伦敦和纽约,一线城市(Alpha+)为香港、北京、上海、迪拜、新加坡、巴黎和东京。

b. 2023 年 3 月,国家高端智库中国(深圳)综合开发研究院与英国智库 Z/Yen 集团联合发布的第 33 期全球金融中心指数报告(GFCI 33)显示,全球前十大金融中心排名依次为:纽约、伦敦、新加坡、香港、旧金山、洛杉矶、上海、芝加哥、波士顿、首尔。

c. 2022 年全球港口货物吞吐量根据上海国际航运中心根据各港口港务局的数据整理而得。全球前十大货物吞吐量的港口为宁波舟山港、唐山港、上海港、青岛港、广州港、新加坡港、苏州港、日照港、德黑兰港和天津港。

资料来源:2022GaWC 世界城市排名;全球金融中心指数报告(GFCI33);全球港口发展报告2022;新华·国际金融中心发展指数报告(2022);全球创新城市指数 2022。

表 1.2　2022 年全球主要证券交易所交易量及上市公司数量

	证券市值（万亿美元）	上市公司数（家）
纽约证券交易所	24.03	2 546
纳斯达克证券交易所	17.23	3 765
上海证券交易所	5.98	2 152
泛欧证券交易所	5.22	1 977
日本证券交易所	4.91	3 846
香港证券交易所	3.36	2 580
深圳证券交易所	4.23	2 713
伦敦证券交易所	2.82	1 951

注：泛欧证交所由法国巴黎证交所、比利时布鲁塞尔证交所及荷兰阿姆斯特丹证交所合并成立。
资料来源：WFE。

科技创新策源能力不强。科技创新策源强调科技的原创成果，是更好地代表国家参与国际竞争合作的重要着力点。基础科技创新的供给能力仍不足。上海高质量论文与北京、东京、纽约、旧金山等创新中心城市相比都还有一定差距。2022年复旦大学和上海交通大学在自然指数排名中分别居全球第 14 和第 16，在国内大学中位列第 7 和第 8 名。基础性、原创性的发明专利申请所占比例较低，上海的国际专利申请数仅为东京的 1/8 左右，有全球影响力的科技巨头匮乏。此外，根植上海、运营全球的跨国公司研发中心集聚度不高，在沪外资研发中心承接的是针对中国市场的适用性技术开发，而尚未在全球技术创新链中扮演重要角色，且大部分创新成果仅在公司内部"体内循环"，很难实现技术外溢。

高端产业引领能力不突出。强化高端产业引领功能是实现高质量发展的基础性支撑，也是"五个中心"建设持续发展的依托。在先进制造业方面，上海缺乏类似苹果、特斯拉等在全球产业链上具有绝对领导地位的链主企业。2022 年，上海战略性新兴产业增加值在全市生产总值中的比重为 23.8%，而新加坡接近 50%。在高端服务业方面，尽管上海服务业增长快、规模大、比重高，但内部结构和主体发展不均衡的问题突出，科技服务等新兴服务业发展潜力有待激发，本土龙头企业和品牌培育力度有待加强。其中，结合上海构建航运中心的要求，现代航运服务业仍存在市场主体规模小、分散度高的情况。全球各类国际航运价格仍然主要参考波罗的海指数,上海航交所的运价指数仅在集装箱运输方面有一定的国际影响力。上海拥有的国际海事组织数量不足伦敦的 1/4 和新加坡的一半,限制了上海参与国际航运规则和标准制定。此外,上海航运金融、航运保险等航运专业性服务水平也有待提升。[①]

专栏 1.2 国际高端航运服务业的发展格局

当前,国际主要航运中心基本形成了以物流服务为基础服务,船舶管理、航运金融和航运法律为高端服务的发展格局。

船舶管理方面,伦敦以劳氏船级社为依托,为船舶登记、经纪和管理提供全球性服务。全球船舶经纪和管理的前十强机构主要集中在欧美国家,其分支机构也主要集中在一些欧美大港城市。

航运金融方面,纽约和香港依托大型银行,发展船舶租赁、船舶融资、海上保险、船舶融资、资金结算、航运价格衍生产品等。新加坡通过收购伦敦航运交易所,进一步做强航运金融板块。

航运法律方面,伦敦通过集聚国际海事组织(IMO)、国际海运联合会(ISF)等一批航运领域的国际组织,打造成为全球航运纠纷解决的法律中心。2021 年,伦敦海事仲裁员协会成员共收到 3 000 多项委托,在全球海事仲裁市场占据绝对主导地位。新加坡则通过集聚国际海事组织和协会(如波罗的海交易所、亚洲船东论坛、国际燃油工业协会、国际独立油轮船东盟会及国际海事理事会等一批功能性机构)提供全球航运金融、法律和咨询服务。

资料来源:戴跃华、姜乾之,《借鉴国际航运中心最新发展经验,提升上海现代航运服务业能级》,澎湃新闻·全球智库,2023 年 5 月。

[①] 航运融资领域,银行复合金融服务能力与国际大行存在差距,境内银行融资支持一般局限于铺底流动资金、卖方信贷、整船融资等;在保险信保产品运用、评估经纪等方面能力不足,尤其是在二手船打包融资、股权类融资、无追索融资、衍生品配套服务方面产品较为单一;航运保险领域,再保机构数量和能力严重不足,风险识别定价能力、承保能力等与航运保险规模不匹配。

门户枢纽功能不充分。开放门户枢纽功能体现了城市链接全球、辐射全球的能力。对照国内国际双循环新发展格局的要求,上海的开放水平仍显不足,制约了链接、辐射全球作用的发挥。服务业领域开放程度较低。增值电信、法律、医疗、教育等服务业领域仍存在较多外商准入限制,对于金融服务业领域的外资机构仍有准入不准营的限制。自贸试验区制度创新不够。临港新片区重大开放举措落地不充分,创新引领优势有所弱化,在税制、药械审批等方面与海南自贸港相比竞争力不足。离岸贸易、离岸金融业务等业务发展缓慢,离岸市场与在岸市场的互通不够。区域引领作用不强。经济首位度不够,经济辐射力和控制力偏弱,长三角一体化水平仍待提升。

3. 制度建设与国际接轨不够

以制度型开放为主是新时代高水平开放的鲜明特征,也是"五个中心"加快建设的基本要求。当前,上海"五个中心"建设在规则标准方面仍不适应与国际接轨的要求。

市场监管制度不适应。对标世界银行营商环境 B-READY 标准,上海在市场准入、竞争、退出、监管等关键环节,对市场主体的部分基础性制度保障不到位。产权制度需进一步完善,市场准入需更加公开透明,市场竞争需进一步公平有序。行业壁垒、区域封锁、标准不一致等问题仍然存在。垄断和不正当竞争行为时有发生。监管体系、部门和区域协同不够,在监管中引入大数据、信用、社会共治等的步伐有待加快,市场信用体系尚待完善。要素市场化配置程度总体不高,要素流动存在体制机制障碍。土地、劳动力、资本、技术、数据等要素市场发育不足,市场决定要素配置范围有限,新型要素快速发展但相关市场规则建设滞后。

税收制度还不够完善。目前上海整体税率处于国际大都市的中等水平,但离岸服务、科技创新及个人所得税领域的综合税负依然偏高。中国香港对离岸基金、符合条件的债务票据免征资本利得税。美国针对离岸业务设立境内离岸金融市场——国际银行设施(International Banking Facility,IBF),并针对基于 IBF 专门账户开展的离岸金融业务收入给予不同程度的税收豁免或优惠。英国构建了

"SME"研发减免计划、产学研联合研发减免、专利盒政策,以及研发支出抵免(RDEC)等多层次的创新税收优惠体系。上海在税收负担方面与其他全球金融中心相比并不具备竞争优势。此外,税收征管的确定性、透明性和亲民性有待提升。在税法条例解读、执行上存在差异性,税收争议解决机制不畅,税收优惠申请便利性不足,给企业经营发展带来困扰。

贸易制度规范还有待优化。新加坡、中国香港均是全球著名的自由港,进出口高度自由便捷,而上海自贸试验区和临港新片区实行海关特殊监管,货物进出口和区内移动的便利度与国际先进水平差距较大。跨境数据传输方面,中国跨境数据流动管控较为严格,在一定程度上影响与数字贸易相关的服务业与服务贸易的发展。此外,与高标准国际经贸规则的接轨程度仍待提升。

商事法律环境尚待完善。商事领域仍存在部分法律规范不明确,法律执行力度有待加强等问题。如中国的商事仲裁制度体系与国际通行仲裁制度体系间存在根本差别。国际上商事仲裁制度充分尊重商事主体意愿自治,而中国的仲裁制度由政府主导形成,带有较强的管制色彩,与商事主体自主灵活处理纠纷的根本意愿不相符合,这种制度规则上的差异制约了国际商事主体对上海作为仲裁地的认可度[①],并制约了全球经济活动和商事主体在上海的集聚。又如知识产权保护执行不够严、不够快、不够协调,不利于新经济新业态的创新发展。

1.2 上海加快建设"五个中心"的新形势新要求

站在基本建成"五个中心"的新起点,面对新时代提出的新要求及错综复杂的国际形势,上海要以全局思维、系统思维、创新思维、超前思维进行谋划,着力于"化危为机、危可转机",倾力加快"五个中心"建设。

[①] 根据《2021 年国际仲裁调查报告》,上海在商事仲裁领域的国际认可度与其他广受欢迎的仲裁地相比仍有较大差距(有 54% 的受访者愿意选择伦敦和新加坡,50% 愿意选择香港,35% 愿意选择巴黎,而上海被选的比例仅为 8%)。

1.2.1 国际城市中心功能演化发展的趋势

面对不断变化的全球城市竞争格局和日新月异的科技产业变革,国际城市不断修正、优化自身的功能定位,以夯实、提升自身在世界城市体系中的位次。从城市中心功能升级演化的进程来看,各国际城市日渐呈现出注重尖端科技、注重多维功能联动、注重绿色化数字化转型等三大新趋势,这为上海加快建设"五个中心"提供了有益借鉴。

1. 科技创新成为国际城市战略竞争的新焦点

进入 21 世纪以来,全球科技创新进入空前密集活跃的时期,科技竞争愈发激烈,未来产业布局加速,新一轮科技革命和产业变革正在重构全球创新版图、重塑全球经济结构。以人工智能、量子信息、移动通信、物联网、区块链为代表的新一代信息技术加速突破应用,以合成生物学、基因编辑、脑科学、再生医学等为代表的生命科学领域孕育新的变革,融合机器人、数字化、新材料的先进制造技术正在加速推进制造业向智能化、服务化、绿色化转型,以清洁高效可持续为目标的能源技术加速发展将引发全球能源变革,空间和海洋技术正在拓展人类生存发展新疆域。

城市作为科技创新的重要载体,是进行科技创新活动的重要支点。伴随全球化分工的基础从"全球生产网络"向"全球创新网络"升级,特别是 2008 年金融危机以来,全球经济发展轨迹日益表明,创新正在从摆脱危机的政策选项,升级为全球经济增长的最主要驱动力。相应地,全球化与知识化对全球分工体系的重塑,已使得全球城市的功能内涵从资本中心向创新枢纽转型升级,谁成为全球创新资源的集聚地和创新活动的策划与控制中心,谁就掌握了转变增长方式、提升综合能级的战略支点。为此,各国际大都市在科技创新新赛道上竞相发力。如纽约打造"全球创新之都",伦敦致力成为"英国和国际的创意产业和新的知识型经济中心",东京提出"以东京未来创新型产业为支撑带动日本整体经济发展",巴黎提出"再工业化且发展新的创新领域"等。经过多年的建设发展,国际顶尖大都市已日渐在科技创新领域表现出强大的竞争力。2023 年浦江创新论坛发布的《2022 全球热点科技城

表 1.3　2022 年全球城市科创能力综合指数排名

城　市	2022 年科创能力指数	2021 年排名	2022 年排名	排名变化	发展速度
北　京	100	1	1	—	106.45％
波士顿	96.41	2	2	—	88.78％
纽　约	92.48	4	3	↑1	93.80％
旧金山	92.04	3	4	↓1	81.47％
伦　敦	91.32	5	5	—	94.39％
上　海	91.26	7	6	↑1	107.84％
巴　黎	90.64	6	7	↓1	98.42％
深　圳	89.86	10	8	↑2	104.21％
东　京	89.49	9	9	—	99.20％
斯德哥尔摩	88.54	8	10	↓2	88.22％
首　尔	88.04	11	11	—	89.68％
新加坡	87.22	12	12	—	95.60％
柏　林	86.84	13	13	—	98.85％
阿姆斯特丹	86.72	14	14	—	97.47％
香　港	86.71	16	15	↑1	102.27％
芝加哥	86.4	15	16	↓1	93.63％
洛杉矶	86.04	17	17	—	100.20％
多伦多	84.76	18	18	—	95.29％
大　阪	83.7	19	19	—	88.84％
莫斯科	82.4	20	20	—	102.11％

资料来源:《2022 全球热点科技城市创新指数报告》。

市创新指数报告》显示,纽约在科学研究竞争力、技术创新竞争力及知识转化竞争力三个方面具有较大领先优势,顶尖人才集聚效应显著,对顶尖奖项人才及高被引科学家具有较强的吸引力。伦敦、巴黎领跑新兴创新生态,东京则在创新机构建设方面发展较快,培育了一批科技领军企业,同比增速明显。

2. 多维功能深度联动成为城市功能升级的新态势

近年来,随着产业迭代发展日益呈现出加速化、融合化、集群化、生态化的趋势,各国际大都市逐渐将科技、金融、贸易、航运等功能协同联动作为功能升级的主要抓手。如科技中心与金融中心联动方面,促进传统金融中心与科技创新中心的深度融合与协同发展,已成为全球主要国际金融中心的共同发展指向。从纽约、伦敦、香港、新加坡等地来看,成熟的资本市场体系、金融产品及服务为科技创新提供了资本和要素"活水",科技创新则极大地提升了国际金融中心的全球竞争力。2008 年金融危机之后,纽约、伦敦均注重将各种性质、多种功能的金融机构与雄厚的研发力量相结合,推动孵化出一系列创新性企业,并催生了金融科技的发展。目前,纽约、伦敦已成为世界一流的金融科技中心,金融科技已成为两地创造就业机会最多的行业以及城市的重要标识。航运中心和贸易中心联动方面,为加强与全球的贸易往来方面,新加坡在积极制定"贸易 2030"策略以实现岸外贸易总额增长至 2.5 万亿新元以上的目标的同时,积极强化枢纽港和国际航运中心地位,加快大士港建设进程,打造年处理能力达 6 500 万个标准箱的世界最大全自动化集装箱码头,以为新加坡贸易功能的提升提供更强航运功能的支撑。

3. 数字化和绿色化成为城市功能深化的新方向

生存和发展是全世界的永恒课题,数字化与绿色化成为推动当代全球经济社会转型的两大趋势。"碳中和"是保护人类生存环境的必然选择,数字化是数字时代驱动发展的核心动力。绿色化牵引数字化,数字化赋能绿色化,两者互为支撑、协同融合,对城市中心功能转型发展影响深远。一方面,城市作为人类经济社会活动集中分布的区域,是重要的碳排放源,也是实现"双碳"目标的主战场。为此,国际大城市均都把推进绿色化转型作为传统经济贸易金融功能升级的重要方向。如绿色金融逐渐成为全球金融中心的竞争焦点。目前,纽约、伦敦、香港等全球金融中心已经涌现出一批专业的绿色金融机构,如绿色投资银行、绿色发展基金等,这些机构通过投资、融资等方式,支持环境保护和可持续发展。同时,越来越多的金融机构也开始加入绿色金融的行列,这些机构通过发行绿色债券、绿色股票等方式,为环保企业提供融资和投资服务。另一方面,智慧城市建设已呈燎原之势,在提升城市核心功能方面起到了极大的驱动作用。如新加坡港从 2000 年开始进行全域数字化改造,不仅实现港口智能化,堆场、仓库以及运输过程也均实现智能化,不同企业和行业的数字系统可以实现对接。伦敦依托一系列航运公司和海事协会,推动海事法律服务、咨询服务、金融服务进行数字化转型,打造航运服务数字化产业集群。现阶段,伦敦建有多个数字化海事服务集群,据伦敦海事仲裁员协会统计,伦敦数字化船舶融资、保险经纪、船舶检验和海事法律均占伦敦自身全球业务的 15%—20%,数字化船舶经纪占伦敦自身全球业务的 50%。

1.2.2 上海加快推进"五个中心"建设面临的环境

当前,中华民族伟大复兴进入关键时期,动能转换、结构优化的要求日趋迫切。同时,世界正在经历百年未有之大变局,科技和产业变革加速推进,逆全球化和贸易保护主义风向抬头、全球经济增速下行压力加大、发达经济体政策外溢效应增大等不稳定性和不确定性因素明显增加。上海"五个中心"发展的内外部环境复杂多变,"危"与"机"并存。准确判断内外部环境并顺势而为,以"五个中心"建设"化危为机",将是上海城市发展的重要抓手。

1. 大国政治经济博弈加剧,全球政治经济格局加速重构

当今贸易保护主义、民粹主义等持续升温,席卷全球的新冠肺炎疫情更是加速了这一变化,国际政治经济格局处于不断调整与重构之中。一是全球治理规则体系进入重构通道。美国、欧盟、俄罗斯等多方力量根据维护自身利益需要,在对外政策上进行取舍、调整,形成利益交织、分合交错的错综复杂的大国关系。单边主义破坏原有国际经济秩序,以 CPTPP、RECP 为代表的国际经贸新规则在加快重塑国际经贸体系。二是国际贸易呈现日益紧张的局势。各国对国际贸易的怀疑态度日益增强,区域贸易一体化努力遭遇挫折,并转向单边贸易政策。各国政府日益使用补贴,WTO 成员采取的反补贴措施数量急剧增加。贸易摩擦正在加剧,地缘政治领域的碎片化倾向正在显现。根据 WTO 数据,WTO 技术贸易壁垒委员会和市场准入委员会的案例数量从 2015 年到 2022 年增加了 4 倍,商品贸易委员会的贸易问题数量增加了 9 倍,并有更多问题正在向政治层面升级。三是全球分工格局调整进程加快。新冠疫情凸显全球产业链、供应链运转的脆弱性。后疫情时代,各国对经济安全更加重视,内涵和外延不断拓展,经济政策内顾倾向加剧。以美国为首的部分发达国家为推动"高端制造业回流",出台一系列激励本土化制造的保护主义政策,致使世界经济脱钩断链。为了规避客观和主观的安全风险,多国政府和市

场主体开始启动产业链重塑和全球分工格局调整进程,包括关键产品生产本土化、供应链布局更加灵活化,以及供应链数字化等。

内外部环境剧烈变动在预示风险挑战加大的同时,往往也意味着格局重塑、优势再造迎来窗口期。一方面,大国政治经济博弈加剧使上海"五个中心"建设面临着开放发展空间遭挤压、依托全球化加速提升功能路径受阻碍等挑战;另一方面,在全球经济贸易等重大规则重构背景下,凭借着开放前沿、链接全球的优势,上海"五个中心"建设在肩负着代表国家参与全球治理的重任的同时,也面临着更加深度链接全球、增强国际话语权的难得历史机遇。

2. 全球经济增长速度放缓,经济动荡或进一步加剧

当前,世界主要经济体均面临一系列国际、国内挑战,世界经济增长总体疲软,呈现增速放缓、需求收缩、金融趋紧的特点,提振市场信心成为各国面临的共同难题。一是全球经济仍存下行压力,恢复扩张空间相对有限。全球主要经济体经济增长分化态势加剧。美国经济强劲增长,印度经济延续稳健增长,巴西经济恢复速度略有提升,而欧洲经济停滞风险上升,日本经济恢复力度边际衰减。截至 2023 年

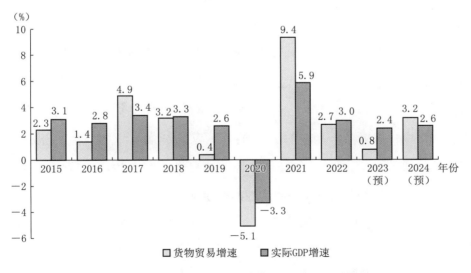

图 1.2　2015—2024 世界货物贸易和 GDP 增速(含预测)

资料来源:2023 年版世界贸易统计报告。

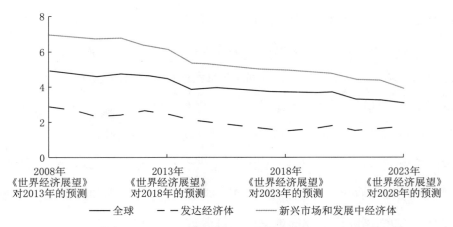

图 1.3　2008—2023 年世界经济展望的五年经济预测(实际 GDP, %)

资料来源:2008—2022 年预测采用每年 4 月 IMF《世界经济展望》的数据;2023 年预测采用 10 月 IMF《世界经济展望》的数据。

9 月,全球制造业 PMI 仍在 50％以下,反映出全球经济恢复力度不足,经济基本面仍有弱化。同时,巴以冲突等突发性热点事件可能导致新的通胀压力,部分国家央行面临两难困境,全球经济复苏充满不确定性。全球主要机构预测 2023、2024 两年全球经济增速低于 2022 年,且处于不稳定状态。IMF 监测的世界经济增长的中期前景为持续减弱。二是全球市场需求持续萎缩。在贸易保护主义和经济下行压力的双重影响下,全球贸易增长乏力,WTO 对 2023 年全球商品贸易增长的预测从 4 月的 1.7％下调至 10 月的 0.8％,较上年明显放缓,也低于近年来平均水平。三是全球经济动荡或进一步加剧。特别是新兴市场和发展中国家债务风险继续发酵。受利率普遍上升、国际融资条件收紧、本币相对债务计价货币贬值等负面因素影响,2020 年以来,斯里兰卡、黎巴嫩、加纳等国已陆续爆发危机。世界银行报告显示,超过 60％的低收入国家面临高债务风险或已陷入债务困境。很多低收入国家同时面临债务可持续性和融资可持续性的双重挑战。

全球经济不确定性增加和下行风险偏大,可能对中国复苏基础不牢的经济产生超预期的冲击。上海经济外向化程度较高,受外部环境影响更大,上海"五个中心"建设面临着更加趋紧的外部环境,"五个中心"流量规模的线性提升将会遭遇重大挑战,迫切要求上海加快推进"五个中心"建设,塑造发展新优势,积极为中国经济发展挑大梁、作贡献。

3. 科技革命和产业革命纵深发展,机遇和竞争前所未有

科技创新成为重塑国际格局的关键力量,掌握关键核心技术、新兴技术、底层技术成为大国博弈的关键砝码。一是亚太在全球创新版图中的地位更加重要。未来20—30年,包括创新资源在内的全球高级要素正呈现出系统性东移的趋势,全球科技创新中心由美欧向亚太、由大西洋向太平洋扩散的总体趋势将持续发展,北美、东亚、欧盟三个世界创新中心将鼎足而立,主导全球创新及经济发展格局。全球技术变轨加速,前沿技术交叉融合与快速迭代正重塑工业体系并催生"引爆点",创造出更丰富的未来场景和创新价值。其中,亚洲正处于新一轮科技革命和产业变革的活跃地带,在全球生产网络中的枢纽地位已经确立并将持续巩固,在世界经济空间体系中正从边缘向核心区域过渡,亚洲必将诞生一批世界级的科技创新中心,从而深度影响世界政治经济和科技版图的重构。二是技术进步加剧发展不平衡。数字领域的技术进步已成为当前全球经济的重要特征之一,突破传统陆、海、空的地理空间限制,开发出更多的跨国生产、跨国服务业可能性。《全球数字经济白皮书(2022)》指出,发达国家数字经济领先优势明显。2021年,发达国家数字经济规模达到27.6万亿美元,数字经济占GDP比重为55.7%,远高于发展中国家。发展中经济体的数字经济增速较高,但在数字经济管理上缺乏经验,在基础设施上也居于劣势。上述因素扩大了发展中国家和发达国家的差距,导致部分发展中国家难以适应数字时代的全球经济秩序。部分发达经济体以"数据透明"为由,要求发展中经济体放松数据监管,一定程度上损害后者主权和国家安全。三是全球科技创新合作面临着产业升级和经济治理的双重挑战。世界正进入多项科学技术爆发的时代,新技术正在赋能生产、生活各个方面,由此引发的科技创新合作需求日益增加。同时,国际科技合作途径日趋收窄,参与国际科技合作面临脱钩断链的阻力。

在这一背景下,同时也随着新科技赋能、新产业融合趋势的发展,上海"五个中心"加快建设既面临全球创新链断链脱钩的威胁,也面临抢占全球科技制高点,构

建"以我为主"创新链和价值链,加速建设具有全球影响力的国际科技创新中心的新机遇。

4. 中国踏上现代化建设新征程,发展方式转型加快推进

当前,中国已经完成了全面建成小康社会的历史性任务,实现了第一个百年奋斗目标,踏上了全面建设社会主义现代化强国的新征程。党的十六大提出新世纪的前 20 年 GDP 翻两番的目标,在 2017 年已提前实现。党的十八大提出 2020 年城乡居民人均收入比 2010 年翻一番的目标,在 2018 年也已提前实现。新征程上,发展阶段、环境、条件的变化都对经济发展方式提出了新的更高要求。一是注重从量的扩张转向质的提升。中国经济已由高速增长阶段转向高质量发展阶段。由于经济波动的周期性变化与长期趋势、技术性因素、体制性因素等相互交织,经济增长将呈现波浪式演进形态。这就要求经济发展中大力增强质量意识,以高质量为导向,加快推进质量变革、效率变革和动力变革,不断增强经济竞争力、创新力、抗风险能力。二是注重强化国内国际双循环。进入新时代以来,国内市场需求不断释放,消费基础性作用持续强化,最终消费支出占 GDP 的比重连续 11 年保持在 50%以上。与此同时,逆全球化背景下,国际大循环动能明显减弱。为此,党中央提出了"推动形成以国内大循环为主体、国内国际双循环相互促进的新发展格局"的战略部署,要求更多地关注国内市场,在强化国内资源要素优化配置的基础上,促进国内国际联通。三是注重城市组团式发展。2022 年,中国常住人口城镇化率已达65.2%,城市化发展方式已发生深刻变化,城市群、都市圈日渐成为引领经济发展的重要"引擎",承载更多资源要素。随着长三角一体化上升为国家战略,作为国内经济实力最强、国内国际双循环最活跃的区域之一,长三角将在实现高质量发展、构建新发展格局中发挥更为重要的支撑作用。作为中国最大的经济中心城市、改革开放的前沿阵地、长三角城市群的龙头城市,上海在现代化新征程中,地位重要,使命重大。在"五个中心"加快建设的过程中,要始终贯彻高质量发展,统筹国内国际双循环,引领推动都市圈、城市群发展的要求,奋力打造中国式现代化的社会主义大都市样本。

1.2.3　上海加快建设"五个中心"的必要性

展望未来,上海"五个中心"迫切需要加快建设,化挑战为机遇,代表国家实现突围发展。

1. 大力服务国家战略的迫切需要

上海"五个中心"的建设过程是上海勇担探路尖兵使命,探索改革开放发展道路的过程,也是中国不断融入全球化、融入世界的过程。中国经济的高速增长为"五个中心"建设发展提供了良好的发展基础与环境,加入 WTO 作为中国融入世界的标志之一,加快了上海"五个中心"的建设进程。步入新征程,上海肩负更加重大的历史使命,"五个中心"加快建设要继续在服务国家战略中发挥重要的作用。一方面,要率先代表国家探索高质量发展新路。要着力将创新、协调、绿色、开放、共享的新发展理念深入贯彻到"五个中心"建设当中,努力探索"五个中心"高质量发展和功能提升的新模式、新路径,更好地承担示范引领和辐射带动作用。另一方面,要更好地在服务构建新发展格局中发挥桥头堡作用。"五个中心"天生就具有全球化的基因,本身具有链接世界、辐射国内的中心节点和战略链接功能。要通过率先融入高标准国际经贸规则,积极探索规则、规制、管理、标准等制度型开放试点,推动"五个中心"加快建设,发挥"五个中心"作为国际资源和要素的集聚地的功能,更好地勾连中国与世界,为国家推动全球化、维护全球合作体系提供载体和推动力。

2. 协力参与国际竞争的紧迫需要

大国有大城,强国有强市,强市带强群。美国的大纽约、英国的大伦敦、日本的大东京、法国的大巴黎,都代表各自国家参与国际竞争,赢得世界声誉。中国还没有达到同等能级的类似地区。长三角是中国经济发展最活跃、开放程度最高、创新能力最强的区域之一,但上海作为长三角的龙头城市,总体实力和影响力尚处于全球城市第二梯队,在"五个中心"能级方面与纽约、伦敦和东京等全球顶级城市相比有较大差距。不仅如此,各大全球城市仍在"五个中心"赛道上竞相发力,强化功能迭代创新。上海如不及时发力,推动城市功能优化升级,"五个中心"现有的建设成果将会逐步耗尽,现有的国际竞争"起跑线"地位将难以维持。因此,上海"五个中心"迫切需要加快建设。一方面,要顺应国际城市"五个中心"建设更加注重强化科技创新功能、加快数字化绿色化转型、促进多维功能联动的趋势,加快自身功能转型升级;另一方面,要将"五个中心"建设与长三角一体化建设统筹推进,充分发挥好龙头城市的作用,以"五个中心"的深化建设支撑带动长三角和长江经济带高质量发展,代表国家早日进入国际竞争的"决赛圈"。

专栏1.3 扎实推动长三角一体化发展不断取得成效

习近平总书记强调,面对严峻复杂的形势,要更好推动长三角一体化发展,必须深刻认识长三角区域在国家经济社会发展中的地位和作用,要率先形成新发展格局,勇当我国科技和产业创新的开路先锋,加快打造改革开放新高地。这是习近平总书记洞察形势变化,运筹帷幄,把握规律,对长三角一体化发展提出的新的任务要求。要牢牢把握长三角区域的战略定位,适应新形势新要求,积极探索、大胆创新,真抓实干、埋头苦干,完成好党中央赋予的重大使命任务。

要率先形成新发展格局。长三角区域经济总量约占全国的1/4,长三角具有人才富集、科技水平高、制造业发达、产业链供应链相对完备、市场潜力大等诸多优势,有条件也有责任在加快形成以国内大循环为主体、国内国际双循环相互促进的新发展格局中先行探路、率先突破。要始终立足于国家发展大局,扭住扩大内需这个战略基点,着力畅通区域"小循环",努力成为国内大循环的中心节点、国内国际双循环的战略链接,为全国构建新发展格局注入强劲活跃的新动能。

要勇当中国科技和产业创新的开路先锋。当前,全球新一轮科技革命和产业变革加速演变,迫切需要加快提高我国科技创新能力。长三角区域科教资源丰富,创新环境优越,拥有上海张江、安徽合肥2个综合性国家科学中心,以及全国约1/4的"双一流"高校、国家重点实验室、国家工程研究中心,年研发经费支出和有效发明专利数均占全国 1/3 左右。长三角有条件有能力突破关键核心技术封锁,引领我国科技创新取得突破。要发挥科技和产业优势,勇闯"无人区"、占领制高点,创造更多"从 0 到 1"的原创成果,提供更多高水平科技供给,为实现高质量发展和维护国家经济安全提供重要支撑。

要加快打造改革开放新高地。当前,经济全球化遭遇倒流逆风,全球贸易投资大幅下行,中国坚定不移扩大高水平对外开放的意义更趋凸显。长三角区域始终处于中国改革开放的最前沿,拥有开放口岸 46 个,2020 年上半年进出口总额、实际利用外资占全国比重分别达 37.3%、57.5%,在国家现代化建设大局和全方位开放格局中举足轻重。要推进更高起点的改革开放,对接国际通行的贸易投资规则,合力打造国际一流营商环境,多措并举稳外贸稳外资,努力成为联通国际市场和国内市场的重要桥梁。

资料来源:何立峰,《学习时报》2020 年 10 月 14 日。

3. 全力提升自身发展水平的迫切需要

上海作为全国最大的经济中心城市,已经初步形成现代服务业为主体、战略性新兴产业为引领、先进制造业为支撑的现代产业体系,经济增速在全球主要城市中处于领先地位。2018 年,上海的人均 GDP 迈过 2 万美元大关,首次达到发达经济体标准。2021 年,上海全市 GDP 突破 4 万亿元大关,总量规模居全国之首。但对照中国式现代化的要求,上海还存在多方面的短板和问题,如城市综合实力还有较大提升空间,国际影响力、竞争力和全球要素资源配置能力还不够强,经济能级提升动力仍有不足,金融高端化、国际化水平仍有差距,贸易便利度、自由度程度还不够高,航运枢纽功能仍待进步,科创策源能力尚有限,整体基础还比较薄弱,新动能培育和关键核心技术突破还需下更大力气等等。"五个中心"加快建设要顺应国家高质量发展的主题,与上海在新发展阶段的城市定位高度契合。在建设过程中,通过促进技术创新与市场拓展,优化产业结构,培育新兴产业,促进市场主体升级发展,有利于提升上海全要素生产率和资源配置效率,有利于不断提升上海产业发展和结构的质量与能级,推动上海更好完成高质量发展的任务,为中国式现代化建设作出新贡献。

1.3 上海加快建设"五个中心"的目标要求

未来,上海应不断巩固和扩大"五个中心"建设的成果,同时要遵照强化上海"四大功能"的指示要求,以更明确的主攻方向和更具体的战略任务,加快建设"五个中心",在此基础上奋力提升上海社会主义现代化国际大都市的国际影响力和竞争力。

1.3.1 "五个中心"加快建设的新内涵

在现代化新征程中,加快建设"五个中心",是上海进一步提升城市"聚集—辐射"功能、更好发挥龙头带动作用、以国家战略任务为牵引推动高质量发展的实践逻辑和路径选择。其新内涵突出体现为"四个统筹":

1. 规模与能级统筹发展

规模与功能互为表里、互相支撑。一方面,通过强化全球资源配置、科技创新策源、高端产业引领、开放枢纽门户四大功能,不断夯实城市核心功能,推动城市功能的一体化与集成式发展,促进"五个中心"能级提升,拓展上海城市的竞争力。另一方面,依托"五个中心"加快建设、协同发展,不断增强对全球资金、数据、技术、人才、货物等要素的配置能力,持续增强改革开放的整体性、协同性和创造性,塑造城市发展新源泉。

2. 国际与国内统筹发展

国际与国内互为资源、互为市场。一方面,欧美全球城市的发展经验表明,中心城市更多依托对国际经济要素流量的服务,其经济体系的外向性和流动性特征十分明显,全球城市因而被卡斯特尔(M.Castells)等学者视为要素的"流量空间"。另一方面,流量的增大也给全球城市带来风险与不确定性。特别是在双循环新发展格局的背景下，上海的中心城市功能在新一轮演变进程中，要更多地体现出国际与国内的交互作用。上海加快建设"五个中心"，要在进一步加强国际联通性、提升国际化程度的同时，注重强化对本地市场主体的培育壮大、原创性科技创新的策源引领、国内消费中心城市的建设推进，更好地利用两个市场、两种资源。

3. "实体"与"虚拟"统筹发展

实体经济与虚拟经济相互依存、相互促进。受欧美全球城市发展模式的影响，长期以来，金融、贸易、专业服务、跨国公司决策等功能被视为全球城市的核心要件，服务业绝对主导地位更成为评判全球城市发展水平的重要标尺。而产业数字化、融合化，以及发达国家制造业回流的趋势，为上海加快建设"五个中心"赋予统筹"实体"与"虚拟"发展的新要求。"五个中心"的加快建设，要以先进制造业、科技创新、数字化转型为重要依托，不断增强经济发展的多样性、坚韧性和竞争力。

4. "单中心建设"与"多中心联动"统筹发展

"五个中心"相互交叉、互相关联。站在基本建成"五个中心"的新起点上，要在继续深化原有中心功能基础上，形成"五个中心"相互赋能、融合并进的中心功能框架。从动力支撑看，科学技术是第一生产力，要将实现科技自立自强摆在突出位置，实现经济、金融、贸易、航运中心与全球科创中心的紧密联动，将产业、融资、人才、对外开放、城市治理、生活环境等综合竞争力优势，高效转化为科技创新策源优势。从经济关联看，金融是现代经济的核心，产业、贸易、投资和创新创业的发展都离不开金融，需要投融资、资金结算、外汇兑换、风险对冲和资本市场助力。从发展趋势上，"五个中心"都需要数字化、绿色化转型，驱动生产方式、生活方式和治理方式变革。

总体上看，推动和引领"五个中心"加快建设，要服务于上海高质量发展的关键目标，要与习近平总书记交给上海的一系列重大战略、重大平台、重大任务相结合，为上海建设具有全球影响力的社会主义国际现代化大都市奠定基础。

专栏 1.4 "四大功能"与"五个中心"是什么关系？准确把握这两个关键词

中共上海市第十二届委员会第三次全体会议审议通过《中共上海市委关于深入学习贯彻习近平新时代中国特色社会主义思想 深化高水平改革开放 推动高质量发展的意见》，强调"四大功能"体现了深化"五个中心"建设的质量导向和集成效应。

全球资源配置功能是质量导向的根本。全球资源配置功能的核心在于对全球战略性资源、战略性产业和战略性通道具有控制力与影响力，全面提升上海国际经济中心能级，做大做强资本要素市场，高效配置人才、技术、数据等关键要素资源，从而彰显高质量发展的战略位势。从这个意义上说，全球资源配置功能是质量导向的根本。

科技创新策源功能是质量导向的保障。创新型经济是上海的鲜明特征和显著优势，是上海成为国内大循环的中心节点、国内国际双循环的战略链接的支撑点，是上海更好地代表国家参与国际竞争合作的重要着力点。科技创新策源功能是质量导向的保障，只有强化科技创新策源功能，才能激发高质量发展的澎湃动力。

高端产业引领功能是质量导向的灵魂。从提升城市核心竞争力的角度来说，强化高端产业引领功能是实现高质量发展的基础性支撑，也是质量导向的灵魂。没有高端产业引领，"五个中心"建设就会失去依托和可持续发展能力。

开放枢纽门户功能是质量导向的条件。强化开放枢纽门户功能是质量导向的条件，由商品和要素流动型开放向规则标准等制度型开放转变，不仅意味着更深领域、更加全面、更加系统地开放，而且是建设更高水平开放型经济新体制的必然选择，更是积极参与国际经济治理体系改革的重要举措。

"集成效应"集中体现为改革系统集成。"五个中心"是以习近平同志为核心的党中央对上海城市的总体定位，是上海在国家现代化经济体系中的定位要求，为上海推动高质量发展、提升城市能级指明了主攻方向。"四大功能"对"五个中心"建设的集成效应，集中体现为改革系统集成。要聚焦深层次体制机制障碍，推出一系列重大改革，打通理顺许多堵点难点，实现历史性变革、系统性重塑、整体性重构，探索开展综合性改革试点，加强重大制度创新充分联动和相互衔接。功能是超越数量和规模、甚至高于质量和效益的特质。"五个中心"建设的主攻方向在于能级提升，能级的表现形式就是功能。只有强化"四大功能"，上海"五个中心"才能构筑起发展的战略制高点，才能做到"一直被模仿、从未被超越"，上海才能当好高水平改革开放的开路先锋。"质量导向"和"集成效应"，将"四大功能"指向高质量发展的战略位势、澎湃动力、示范作用和辐射能力，有助于实现"五个中心"全面升级。

资料来源：上观新闻，https://www.shobserver.com，2023 年 7 月 31 日。

1.3.2 指导思想、基本原则和战略路径

结合国内外发展趋势，在总结国内外经济中心城市的发展规律和经验的基础上，我们综合研究提出加快建设"五个中心"的指导思想、基本原则、战略路径。

1. 指导思想

高举中国特色社会主义伟大旗帜，以习近平新时代中国特色社会主义思想为指导，深入贯彻党的二十大精神和习近平总书记考察上海系列重要讲话精神，立足新发展阶段、贯彻新发展理念、构建新发展格局，以服务国家战略需求为引领，以提升"五个中心"综合能级和核心竞争力为主线，对标国际最高标准、最好水平实施追赶、突破和超越，更好发挥长三角一体化发展的龙头核心作用，更好发挥驱动全国发展、辐射东亚、链接世界的桥头堡作用，更好发挥全面展示社会主义现代化强国建设成就的窗口作用。深化"五个中心"建设，以强化"四大功能"、推动城市数字化转型、提升城市能级和核心竞争力为主攻方向，以扩大高水平开放为根本动力，加快打造国内大循环的中心节点、国内国际双循环的战略链接，加快建设具有世界影

响力的社会主义现代化国际大都市,努力成为更高水平改革开放的开路先锋、全面建设社会主义现代化国家的排头兵、彰显"四个自信"的实践范例,更好地向世界展示中国理念、中国精神、中国道路。

2. 基本原则

强化国家战略。继续强化"五个中心"的国家战略使命,集聚政策资源,加快推动上海"五个中心"加快建设。

强化对标一流。持续推动"五个中心"对标各自领域国际最高标准、最好水平,大幅提升全球经济引领力、金融治理力、贸易主导力、航运配置力、科创策源力,加快由"跟跑"全面迈向"并跑"和"领跑"。

强化开放引领。加快探索形成具有中国特色和优势的"五个中心"国际开放制度体系,将每个中心建成各自领域新的全球开放标杆,引领全球开放,为国家参与制定全球经贸投资规则探索新途径、积累新经验,尽早实现从"跟别人学"到"别人跟我学"的历史跨越。

强化联动发展。应以科创中心为"纲","纲举目张"赋能国际金融中心建设;以国际金融中心为核心,金融服务实体经济;以国际经济中心为基础、国际航运中心为保障、国际贸易中心为条件,互为条件、相互依存、相互促进,形成共同支撑上海社会主义现代化国际大都市的功能框架。

强化底线思维。处理好发展和安全的关系,划出底线"负面清单",全面推动制度型开放。在保障金融、数据等安全基础上,建立与国际接轨的监管标准和制度规范,健全风险防控措施。

3. 战略路径

以固链、强链、补链为重点,积极推动经济中心加快建设。以巩固和提升经济基础支撑力、市场主体凝聚力、高端产业引领力、发展新动能孵育力和资源要素配置力为途径,倾力打造全球资源配置的关键枢纽地,通过更好地利用两个市场、两种资源,弥补产业链供应链缺失环节,强化产业链供应链弱项,提升产业链供应链自适应能力,增强产业链供应链韧性。通过充分发挥商品和服务展示平台、交易信息汇聚和物流枢纽作用,拉动内需,畅通商品流和服务流。

以增强全球金融资源配置能力为重点,推动金融中心加快建设。更高水平地利用高端金融要素,助力冲破国民经济循环堵点,助力拓宽国民经济循环的通道。加强金融科技研发应用,加快推动以大数据、人工智能、区块链、云计算、5G 等为代表的金融科技核心技术研发攻关。扩大金融市场开放,加快资本要素双向开放深度融通,提升金融市场国际化水平。完善中小微企业融资服务体系,丰富绿色金融产品,建设具有较强全球资源配置功能、与中国经济实力和人民币国际地位相适应的国际金融中心。

以强化全球供应链能力为重点,推动贸易中心加快建设。发挥连通国内外市场的枢纽作用,以外需的不断增长为供给创造更大的提升空间,以内需的不断扩大吸纳更多的境外产品和服务,支撑供给的增长。深化服务贸易创新发展试点,深化服务贸易扩大开放,吸引更多供应链核心环节集聚,建设供应链公共服务与专业服务平台,优化提升综合服务能力。推进现代流通体系建设,加快集聚供应链总部企业,打造形成立足全国、面向全球的供应链、产业链集群。

以提升国际航运服务质量和能力为重点,推动航运中心加快建设。提升上海航空枢纽航线网络覆盖面和通达性,促进空港物流多元化发展。加快建设航运服务功能集聚区,吸引航运产业链上下游企业和航运功能性机构集聚,完善公共卫生事件的应对策略和标准体系,完善邮轮港综合交通体系。

以厚植高端产业萌生土壤为重点,推动科创中心加快建设。强化原始创新能力,助力突破产业链供应链循环"卡脖子"环节,增强国民经济顺畅循环的技术和产业基础。加强重大战略领域前瞻布局,开展关键核心零部件、新技术、新方法的自主研发,提升技术自主率。支持高校、科研院所自主开展基础研究,为有能力、有志向的科学家创造心无旁骛、潜心研究的有利环境。构建市场化和政府投入协作并举的新型举国体制,完善系统性的引导激励政策,强化企业创新主体地位,加快构建顺畅高效的转移转化体系,构建更加灵活有效的人才评价和激励机制,强化关键承载区承接科学技术转移、加快成果产业化等功能,放大创新集成和辐射带动效应。

以功能耦合、相互支撑为重点,推动"五个中心"融合发展。在联动改革上下功夫,构建联动改革的体制机制和政策体系,最大限度地释放各类市场主体的活力和创造力;在促进产业融合上下功夫,大力促进资本、技术等要素,以及航运、贸易等相关领域相互渗透、融合,促进金融科技、科技金融、航运科技、航运金融等产业加快发展;在营造支持体系上下功夫,聚焦融合发展的新要求,探索监管模式、服务支持方式的创新,营造有利于创新发展的生态环境。

1.3.3 目标定位

在新的国内国际发展条件下,谋划上海"五个中心"加快建设,需要将"五个中心"功能目标统筹到建设社会主义现代化国际大都市这一主线当中。

1. 战略定位

上海是肩负"改革开放排头兵、创新发展先行者"战略使命的城市,更是与中国国家综合实力不断强相匹配的、参与国际竞争的社会主义现代化大都市。上海"五个中心"加快建设不仅仅在于科技、创新、金融、经济、贸易、航运本身的发展,更在于联通国内国际市场,服务双循环,为国家寻求新的战略机遇,以及提升中国国际话语权。因此,上海加快建设"五个中心",不能停留在"跟跑"层面,满足于简单对标,也不可停留在"并跑"层面,止步于模仿看齐,而应该着眼于"领跑",积极探索和引领未来方向,站在国家战略的竞合高度,向着具备全球影响力的国际顶尖中心城市方向努力。

2. 近期目标

到 2025 年,"五个中心"的规模和能级大幅提升,核心功能显著增强,辐射带动效应强劲发挥,全面跻身并稳固在国际经济、金融、贸易、航运、科创中心的全球第一梯队。

(1)国际经济中心。到 2025 年,基本建成与中国综合实力相匹配、经济实力强、现代化产业体系完善、集聚辐射能力大、具有国际竞争力的国际经济中心城市,全面提升上海在全球经济体系中的参与度和影响力。重点是在着力稳定经济增长、改善制造业和服务业内部结构、提高经济发展韧性的基础上，围绕提升国内外资源配置功能继续改善营商环境；围绕提升科技创新策源功能，广泛吸引国际人才等创新要素；围绕提升高端产业引领功能，组织协调攻关、突破"卡脖子"环节；围绕提升开放枢纽门户功能，积极发展适应国际经贸形势新变化的经贸新业态和新的最佳实践，探索国际经济治理的新规则。

（2）国际金融中心。到 2025 年，基本建成能级显著提升、人民币金融资产配置和风险管理中心地位更加巩固、全球金融资源配置功能明显增强的国际金融中心城市。重点在于充分发挥金融要素市场齐全的优势，以大幅度提高境外资源要素配置能力为主攻方向，补齐国际化程度不高、金融服务广度不够、世界一流大机构缺乏的短板，逐步实现国际资源循环良性发展，为 2035 年建成全球重要影响力的国际金融中心奠定基础。

（3）国际贸易中心。到 2025 年，基本建成全球贸易枢纽、亚太投资门户、国际消费中心城市、亚太供应链管理中心和贸易制度创新高地。重点是面向未来全球贸易新形态，紧扣国内大循环中心节点、国内国际双循环战略链接、国际贸易中心能力实现跃升的战略定位，充分利用自贸试验区、临港新片区和服务贸易创新发展试点等开放平台，瞄准最高标准的国际经贸规则，营造高度自由便利、具有国际吸引力的制度体系与政策环境，着力构建更高能级的新型贸易枢纽，打造全球资源配置与供应链管控功能强大的高质量外资聚集地和总部经济汇集地，建设具有全球影响力的大宗商品市场与国际化交易平台，推动国际高端消费中心与会展之都建设再上新台阶。

（4）国际航运中心。到 2025 年，基本建成便捷高效、功能完备、开放融合、绿色智慧、保障有力的世界一流国际航运中心。重点在于统筹推进现代流通体系建设，加快推进国际航运中心发展转型，提升国际物流联通能力，完善国际专业服务功能，培育以供应链服务为核心的国际枢纽经济，更好发挥上海在长三角区域一体化发展中的带动辐射能力；营商环境、制度型开放程度、通关时效达到国际先进水平,全球资源要素集聚能力和影响力更强,形成枢纽门户服务升级、引领辐射能力增强、科技创新驱动有力、资源配置能级提升的上海国际航运中心新发展新格局。

(5)国际科技创新中心。到2025年,基本建成全球科技创新中心城市。重点是进一步提高研发、投入强度,不断扩大战略性新兴产业规模,原始创新能力稳步提升,一批关键核心技术取得重大突破。科技创新策源功能进一步增强,科技成果转化率和科技对实体经济的支撑作用显著提高,创新主体群体不断发展壮大。国家实验室管理制度和运行机制等方面的改革取得实质性突破,形成适应创新驱动发展要求的制度环境。全球科技影响力明显提升,辐射带动长三角地区乃至全国创新发展的能力明显提高。

3. 中长期目标

到2035年,成为综合实力最强、资源配置能力最强、创新引领力最强的国际经济、金融、贸易、航运、科创中心之一,居于全球第一梯队前列。

(1)国际经济中心。到2035年,建成具有全球影响力的顶级国际经济中心城市。重点在于以改革开放创新为根本动力,以巩固和提升经济基础支撑力、市场主体凝聚力、高端产业引领力、发展新动能孵育力和发展要素配置力为途径,倾力打造全球资源配置的关键枢纽地、全球科技创新的重要策源地、全球高端产业孕育和发展的主要聚集地、中国与世界深度互联互通的开放高地。重点是以提高整体影响力、吸引力、竞争力为主攻方向,聚焦夯实产业基础能力、构建自主可控和安全高效产业链的目标,全面实现产业基础高级化和产业链现代化,努力构建以现代服务业为主体、战略性新兴产业为引领、先进制造业为支撑的现代化产业体系。坚持固本培元,做强做优做大国有资本和国有企业,深化混合所有制改革,破除民营企业发展障碍壁垒,大力引进跨国企业总部,培育和发展一批具有全球竞争力的世界一流企业。坚持共享发展,力争就业更充分、质量更高,确保居民收入较快增长,促进社会和谐包容,增强经济中心的普惠性和区域发展带动力。持续优化人才发展环境,集聚更多世界级科学家、企业家和战略投资家。

（2）国际金融中心。到 2035 年,建成世界一流的现代化国际金融中心。重点在于进一步扩大金融开放,明显提升国际化水平,汇集境内外的顶尖人才、高水平投资者和一手信息,显著提高金融服务质量,为全球优质融资项目提供一流金融服务。

（3）国际贸易中心。到 2035 年,建成全球领先的新一代国际贸易中心。重点是以全面加快转型、全面增强枢纽能级和全面提升全球资源配置能力为主攻方向,显著提升全球连通性、辐射带动能力,显著提升资源集聚、供应链管控能力,显著提升高端服务环节、双循环枢纽的核心竞争力,显著提升贸易平台国际化、数字化水平,显著提升贸易投资自由化便利化水平和制度环境吸引力,成为高水平对外开放

表 1.4　2025 年和 2035 年上海"五个中心"建设目标

	分阶段目标	
	2025 年	2035 年
具有世界级引领力的国际经济中心	经济总量进入全球城市前五 具有全球影响力的先导产业和战略性新兴产业高地基本形成;数字经济增加值比重显著提升	经济总量进入全球城市前三 具有全球影响力的先导产业和战略性新兴产业高地全面建成;数字经济增加值比重达到国际领先水平
具有世界级治理力的国际金融中心	国际金融中心综合实力进入全球前五 境外投资者、境外金融机构占比等不断提升;人民币金融资产、重要大宗商品等"上海价格"国际市场接受度更高、影响力更大	国际金融中心综合实力进入全球前三 金融市场国际化程度、金融服务广度、金融机构集聚度等达到国际领先水平;人民币金融资产、重要大宗商品等"上海价格"能够显著影响或主导国际市场交易
具有世界级主导力的国际贸易中心	国际贸易中心综合实力进入全球前三 对全球贸易形成一定主导力;能有效链接国内国际两个市场	国际贸易中心综合实力位居全球前两位 对全球贸易流向和流量具有强大主导力;能高效链接国内国际两个市场
具有世界级配置力的国际航运中心	国际航运中心综合实力稳定在全球前三 枢纽门户和资源配置能级大幅提升;示范引领作用和国际影响力显著增强	国际航运中心综合实力位居全球第一 枢纽门户和资源配置能级国际领先;示范引领作用和影响力国际领先
具有世界级创造力的国际科创中心	国际科创中心综合实力进入亚太前列 科技创新成果国际认可度和高科技企业的竞争力显著提升;初步形成以上海为核心的长三角协同创新共同体	国际科创中心综合实力进入全球前列 在若干新兴领域形成鲜明的优势;汇集全球顶级创新主体;成为全球区域集群的创新标杆和绿色科技创新全球领先者

资料来源:编写组根据相关规划文件整理。

的新标杆和引领中国参与国际合作竞争的新高地。

（4）国际航运中心。到 2035 年,建成世界领先的全球航运供应链枢纽。重点在于适应全球航运从服务船东到服务货主再到服务供应链的新趋势,以提升供应链创新能力为核心,以建设全球物流供应链枢纽为主攻方向,加快推进国际航运中心发展转型,实现数字化、绿色化、国际化、法治化,着力提升创新能力,加快打造竞争新优势,积极在新一轮国际航运中心的竞争和转型中发挥引领作用,为促进形成新发展格局提供新发展平台和载体支撑。

（5）国际科技创新中心。到 2035 年,形成具有全球影响力的科技创新中心城市的核心功能,原始创新能力突出、全球创新资源汇聚、辐射带动能力显著,成为科学新发现、技术新发明、产业新方向、发展新理念的重要策源地。重点在于,一是以提升基础研究能力和引领开放创新为主攻方向,带动产业创新升级。建立世界领先的大科学系列装置和设施基地,吸引全球优秀科学家共同研究前沿科学问题,争取在基础科学研究领域取得若干重大突破。二是建立高效的成果转化和技术转移体系,支撑产业创新发展,引领长三角先进制造业集群不断提升科技水平。发挥开放枢纽的区位优势,以重大制度突破吸引全球创新要素和资源,提升对"一带一路"沿线国家和地区乃至全球的辐射带动能力,力争成为全球创新网络中不可或缺的枢纽城市。

专栏 1.5　围绕上海城市核心功能,"五个中心"目标要求不断提高

1991 年,邓小平同志到上海视察时提出:"中国在金融方面取得国际地位,首先要靠上海。"1992 年,党的十四大报告明确提出:"尽快把上海建成国际经济、金融、贸易中心之一,带动长江三角洲和整个长江流域地区经济的新飞跃。"2001 年国务院批复《上海城市总体规划》,明确上海要建设国际经济、金融、贸易、航运中心之一。2009 年 4 月,《国务院关于推进上海加快发展现代服务业和先进制造业建设国际金融中心和国际航运中心的意见》正式发布,从国家战略和全局的高度,进一步明确了加快上海国际金融中心和国际航运中心建设的总体目标、主要

任务和政策措施。在这样的背景下,在上海历次五年规划(计划)文本中,城市核心功能的打造呈现明显的阶段性特征,且演进过程中的具体目标愈发清晰。

"九五"以来上海历个五年规划(计划)的"五个中心"建设的目标演进

	国际经济中心	国际金融中心	国际贸易中心	国际航运中心	科技创新中心
"九五"计划 (1996—2000)	初步确立上海国际经济中心城市的地位	以建设国际金融中心为目标,发挥上海金融先行的优势	以建设国际贸易中心为目标,按照"大贸易、大流通、大市场、大口岸"的方针,巩固和开拓国内外市场	以建设国际航运中心和国际信息中心为目标,大力增强交通通信业的辐射能力	—
"十五"计划 (2001—2005)	强化国际性经济中心的集聚扩散功能,力争成为国内外商业机会多、比较成本低的城市	全方位推进上海国际金融中心建设	全方位推进上海国际贸易中心建设	全方位推进上海国际航运中心建设	—
"十一五"规划 (2006—2010)	形成国际经济中心基本框架	形成国际金融中心基本框架	形成国际贸易中心基本框架	形成国际航运中心基本框架	—
"十二五"规划 (2011—2015)	全面提升经济中心城市的国际地位	从国家战略和全局的高度,进一步明确了加快上海国际金融中心建设的总体目标	基本形成国际贸易中心核心功能,着力提高市场开放度和贸易便利化水平	从国家战略和全局的高度,进一步明确了加快上海国际航运中心建设的总体目标	—
"十三五"规划 (2016—2020)	基本建成综合经济实力雄厚、产业能级高、集聚辐射能力强的国际经济中心	基本建成与我国经济实力以及人民币国际地位相适应的国际金融中心	基本建成具有国际国内两个市场资源配置功能、与我国经济贸易地位相匹配的国际贸易中心	基本建成航运资源集聚、航运服务功能健全、航运市场环境优良、现代物流服务高效,具有全球航运资源配置能力的国际航运中心	形成具有全球影响力的科技创新中心基本框架

续表

	国际经济中心	国际金融中心	国际贸易中心	国际航运中心	科技创新中心
"十四五"规划（2021—2025）	强化高端要素配置功能、增强集聚辐射能力，更加注重优环境、促联动、提能级，加快建设实力更强的国际经济中心	构建更具国际竞争力的金融市场体系、产品体系、机构体系、基础设施体系，建设具有较强全球资源配置功能、与我国经济实力和人民币国际地位相适应的国际金融中心	积极应对国际市场和全球价值链变化的挑战，实施贸易高质量发展战略，建设集散功能强劲、有形无形贸易统筹发展、高效链接国内国际两个市场的全球贸易枢纽	坚持区域协同和内涵提升，加快建设门户枢纽地位稳固、集疏运体系协调高效、航运服务品牌效应凸显、航运治理体系融入全球的国际航运中心	推动国际科技创新中心核心功能取得重大突破性进展，努力成为科学新发现、技术新发明、产业新方向、发展新理念的重要策源地

资料来源：编写组根据上海历次国民经济和社会发展五年规划（计划）整理。

1.4 上海加快建设"五个中心"的战略任务

经过多年的改革开放创新，上海"五个中心"建设已经取得了重大历史性成就。在现代化国家建设的新征程中，上海要加快建设"五个中心"，继续提升"五个中心"的能级、位势和水平，不断强化"四大功能"重大战略部署的实践落位，亟待在联动改革、主动开放和聚力创新上下功夫，最大限度地释放各类市场主体的活力和创造力，汇聚超大规模的高端生产要素和经济活动，塑造能级更高、能量更强的全球发展引领力。

1.4.1 着力提升"五个中心"的国际联通性

上海加快建设"五个中心"要以参与全球资源配置和国际规则构建为方向，不断做强国内大循环的中心节点和国内国际双循环的战略链接功能。

1. 对标高标准经贸规则先行先试

自 2018 年中美贸易摩擦以来，国际经贸规则构建的范式、路径发生了巨大变化。通观 CPTPP、USMCA、RCEP、CAI、DEPA 等高标准经贸规则,呈现出由传统的要素型开放向更深层次的制度型开放拓展的趋势,具有覆盖内容更广、自由化和便利化要求更高、透明度更强、数字贸易规则更突出、"竞争中立"更多指向国有企业等特点。上海在加快建设"五个中心"的过程中,应当注重准确识别高标准经贸规则,在保障安全的前提下,进一步加大接轨力度。接轨的目标应集中在以"通

表 1.5 "五区一港"对接国际高标准经贸规则的政策内容

类 别	具体内容
推动货物贸易创新发展	在再制造产品进口管理、船舶和航空器出境维修免关税等方面开展探索。如开展再制造产品进口试点,明确对符合条件的进口再制造产品不适用我国禁止或限制旧品进口的相关措施。商务部将会同有关部门,及时研究试点地区提出的具体试点产品方案,明确产品清单及适用的具体标准、要求、合格评定程序和监管措施,于 6 个月内作出决定,确保尽快落地见效
推进服务贸易自由便利	坚持内外资一致的原则,保障外资金融机构国民待遇。试点地区收到境外金融机构等提交的开展金融服务的申请后,原则上要在 120 天内作出决定;允许在试点地区注册的企业、在试点地区工作或生活的个人依法跨境购买境外金融服务等
便利商务人员临时入境	允许外商投资企业内部调动专家的随行配偶和家属享有与该专家相同的入境和临时停留期限,放宽相关外国企业高级管理人员及随行配偶和家属入境和临时停留期限等
促进数字贸易健康发展	对于进口、分销、销售或使用大众市场软件(不包括用于关键信息基础设施的软件)及含有该软件产品的,有关部门及其工作人员不得将转让或获取企业、个人所拥有的相关软件源代码作为条件要求;支持试点地区完善消费者权益保护制度,禁止对线上商业活动消费者造成损害或潜在损害的诈骗和商业欺诈行为
提升通关便利化水平	在符合我国海关监管要求且完成必要检疫程序的前提下,空运快运货物正常情况下在抵达后 6 小时内放行;对已抵达并提交通关所需全部信息的普通货物,尽可能在 48 小时内放行。通关时间标准更加透明,有助于提升经营主体进口环节的可预期性,为促进贸易发展营造更优的环境。同时降低通关成本。比如,明确海关允许原产地证书存在微小的差错,在确认货物原产资格的情况下,印刷错误、打字错误、非关键性信息遗漏等微小差错或文件之间的细微差异不影响企业享受优惠关税待遇,企业不必反复修改、递交申请的材料
营造公平透明、可预期的营商环境	聚焦知识产权、竞争政策、政府采购、环境保护等领域,提升便利化,增加透明度,进一步深化改革。如知识产权方面,进一步完善专利公报内容,将审查过程中予以考虑的专利申请人和相关第三方提交的专利和非专利文献引文列入需公开信息,方便申请人和公众及时、便捷查阅专利申请案卷

注:"五区"是指上海、广东、天津、福建、北京等 5 个自贸试验区;"一港"是指海南自由贸易港。

资料来源:根据 2023 年 6 月 30 日《关于在有条件的自由贸易试验区和自由贸易港试点对接国际高标准推进制度型开放的若干措施》国务院政策例行吹风会会议内容整理。

专栏 1.6　国际高标准经贸规则的特点与发展趋势

国际高标准经贸规则相比传统的经贸规则而言,自由化和便利化要求更高,涵盖领域更广,不仅涉及商品和要素流动型开放,还涉及规则等制度型开放。这在根本上与我国更大范围、更宽领域和更深层次的全面开放要求是一致的。

其一,国际高标准经贸规则自由化和便利化要求更高。《区域全面经济伙伴关系协定》(RCEP)的零关税比例平均达到 90％,CPTPP 的零关税比例达到 99％,都远远高于各国的 WTO 开放承诺。在海关程序、技术贸易壁垒、动植物检疫措施、服务贸易国内规制、投资措施等方面,国际高标准经贸规则对便利化作出了更高的要求。

其二,高标准经贸规则下,负面清单日益成为重要的开放方式。这使得不仅在货物贸易领域,而且在服务和投资领域,全面开放和国民待遇都成为原则,开放限制和非国民待遇成为例外。

其三,高标准规则的涵盖领域日益广泛,从边境措施向边境后措施扩展。近年来,原先在数字经济、环境保护、劳工标准、竞争政策、性别平等保障、反腐败、宏观货币政策等传统经贸协议中很少涉及的内容纷纷进入各类经贸协定。

其四,高标准规则从边境措施向边境后措施扩展,往往涉及更深层次的开放。例如,WTO《服务贸易总协定》的规则在国内规制、服务补贴等领域都不够健全,而近年在多边、双边和区域经贸谈判中,这些领域正在形成的新规则往往涉及更深层次的开放问题。

资料来源:崔凡,《国际高标准经贸规则的发展趋势与对接内容》,《人民论坛·学术前沿》2022 年第 1 期。

过相互开放扩大成员共同利益"为目标、以"要素与制度型开放"为特征的高标准经贸规则上。同时,加大在投资准入、货物和服务贸易、金融开放、数字经济、知识产权保护、国企竞争中立、政府采购、争端解决等领域的风险压力测试力度,力争探索在若干重点领域率先实现政策突破和制度支持。

2. 强化境内外联通合作

拓宽"五个中心"领域国内外合作联通的深度与广度,提升在世界市场的参与度和影响力。推动基础设施互联互通。深化"一带一路"沿线国家和地区金融市场间的股权和业务合作,推动金融基础设施跨境互联互通。提升航空枢纽航线网络覆盖面和通达性,积极服务国家"一带一路"倡议,拓展洲际航线网络,巩固亚洲国际航线网络,发展高品质国内航线网络,全面实施"通程联运",推进国际、国内两网深度融合。搭建多层次交流合作平台。进一步打响"虹桥论坛""陆家嘴论坛""北外滩论坛"等品牌,搭建国际化、多层次的科技、金融、贸易、航运和产业交流平台,积极主动参与国际交流合作,助力企业提升国际化水平和服务能级。积极参与全球治理。积极参与全球金融和科技治理,参与国际海事技术规则和标准的制定修订,提升在技术、标准等领域服务全球的综合能力。

3. 提升全球化运作水平

坚持能力建设和"走出去"发展并重的原则,形成更加国际化的主体体系,提升在世界市场的竞争力。强化国际化服务能力。对标世界一流企业,支持企业强化技术创新、产品创新和治理创新,加大具有国际影响力、话语权的产品和服务开发力度,拓展国际市场用户群,提升国际竞争力,培育世界一流企业和高增长企业。提升"走出去"发展竞争力。大力推进直接对外投资的经营方式,充分融入当地市场实现生产本地化。借助"一带一路"沿线国家的地理环境优势加快企业全球化布局,利用沿线国家市场规模差异以及发展水平差异,提前进行市场占领,扩大企业盈利范围。进一步提升专业服务业跨境服务的能力,完善公共服务平台的功能和作用,持续优化对外投资合作营商环境,助力企业高水平"走出去"。

1.4.2 着力提升"五个中心"的软硬实力

上海加快建设"五个中心",要在巩固提升关键要素配置规模与能级的基础上,更加注重相关领域核心功能与载体平台的建设。

1. 进一步放大总部经济优势

大力引进央企总部。央企作为体量规模大、资源配置力强的高能级市场主体,在补齐产业链短板环节、做强战略科技力量、构建资源调度网络方面具有举足轻重的地位作用,是上海"五个中心"建设的重要主力军。上海应围绕国际金融、贸易、航运、科创及高端产业领域,引导和支持更多央企和全国性功能机构将总部迁移至上海,或在上海设立特定业务运营总部。同时,鼓励支持上海地方国企与央企开展合作,提升相关实力。优化实施多维度总部经济政策体系。顺应全球跨国公司发展趋势,回应总部企业诉求,优化完善跨国公司地区总部支持政策,细化认定分类,聚焦于结算、销售、分拨、管理等功能提升,进一步在跨境资金流动、离岸贸易结算、跨境支付、通关等方面深化改革,健全全方位、多层次、宽领域的政策支持体系。利用浦东新区、临港新片区等区域的特殊政策和功能优势,创新对外投资合作方式,推动跨境换股、设立境外投资产业基金平台等试点政策落地。进一步深化"放管服"改革,细化认定标准,简化办事流程,减轻企业负担,消除市场壁垒,推出更为精准有效的扶持方式,着力提高企业和各类优秀人才的办事便利度,为民营企业总部发展营造更好环境。

表 1.6 中国 98 家央企地区分布

排名	总部地点	央企数量(家)
1	北　京	69
2	上　海	6
3	河北雄安新区	4
4	湖北武汉	3
4	广东深圳	3
4	香　港	3
5	广东广州	2
6	广东珠海	1
6	吉林长春	1
6	黑龙江哈尔滨	1
6	黑龙江齐齐哈尔	1
6	辽宁鞍山	1
6	辽宁大连	1
6	四川成都	1
6	江西赣州	1

资料来源:根据国务院国资委 2023 年 7 月 25 日公布的央企名录整理。

2. 加快标志性国际组织和机构集聚

目前,"五个中心"主赛道上的头部城市在很大程度上是相关领域国际性组织的集聚地。上海要找准定位、分类施策,加大国际性组织机构的吸引集聚力度。围绕金砖国家、"一带一路"倡议、RCEP 等国际经贸合作平台,进一步发展完善金砖国家开发银行功能,争取吸引更多国际金融组织机构落户上海。参照国际惯例,支持国内机构联合境外机构在沪设立一批数字经济、人工智能、生命科学等前沿领域国际性行业组织,提升中国参与国际标准制定的话语权。支持总部在香港的顶尖科学家协会在上海开展工作,发挥科学家群体的国际纽带作用,促成更多国际性科研机构和组织落地上海。要创新登记管理制度和配套政策,尝试提供"一窗式"服务,降低非政府间国际组织运作时的不确定性制度成本。

表 1.7 全球主要城市不同领域的国际组织分布 单位:家

	纽约	伦敦	巴黎	东京	布鲁塞尔	上海
政治法律类	343	693	842	161	2 817	3
经济贸易类	365	362	194	34	16	4
教育文化类	236	189	291	51	64	3
工程技术类	85	173	48	85	12	1
体育卫生类	42	31	4	8	161	2
生态环境类	53	31	16	8	129	0

注:国际组织包括政府间和非政府间国际组织。
资料来源:编写组根据 UIA 数据整理,截至 2023 年 4 月。

3. 提升重大基础设施硬件规模和能级水平

重大基础设施始终是"五个中心"相关领域功能的底层支撑和物质保障。上海要对标国际头部城市,找准自身薄弱环节,力争有较大幅度突破和提升。比如,对标新加坡在港口硬件基础提升上的新目标,自上而下推动大洋山区域沪浙合作开发,加快启动小洋山北作业区项目实施。优化长三角地区港口布局,健全一体化发展机制,加快形成分工合理、相互协作的世界级港口群。加强长三角地区空港布局优化和空域资源统筹,在洲际航线网络核心关键资源方面上海要争取重点倾斜。上海是外航首选之地,是联通国际的重要枢纽门户。争取以第六航权为主的相关航权资源向上海的洲际航线和枢纽承运人倾斜,进一步优化时刻资源配置政策,提升上海机场时刻容量。加强上海重大科研基础设施布局和功能建设。面向前沿基础和关键技术,加大重大科研基础设施、国家实验室、高等级功能性平台规划和建设力度,超前布局一批新的具有世界级影响力的大科学计划与大科学工程项目。完善数字经济基础设施和功能性机构布局。积极争取"云—网—端"国家级、骨干级重要设施在沪集中布局,争取在上海建设全国性贸易商务数据中心、全球航运数据中心和数字交易中心等重要功能性机构,率先打造多领域集成、高水平应用的城市智慧运行数字化支撑与协同平台,构建数字应用场景开发的底座基础。

专栏1.7　上海进一步推进新型基础设施建设的示范工程

（一）高性能计算能力提升工程

建设多元异构融合的新一代高性能计算集群,高性能算力峰值规模为100P—300P左右;按需建设峰值规模为1 000P—3 000P左右的自主可控智能算力芯片试验平台,重点满足中小企业和部分科学研究的人工智能计算需求。

（二）区块链技术应用工程

促进区块链技术与大数据、人工智能、物联网等技术的深度融合,支持在政务服务、城市治理、产业发展、金融服务、区域征信等领域打造若干创新应用。

（三）数据要素市场培育工程

支持创建国家级数据交易所,加快完善数据要素市场运行机制,基于区块链技术构建统一可互联的场内交易根架构,开发新一代数据交易平台,开展数据资产化路径探索。试点开展数据知识产权登记工作。

（四）公共数据授权运营试点工程

支持具备资质的经营主体构建安全可信的城市数据基础设施,支撑公共数据的开发利用和授权运营全生命周期监管;推动公共数据与行业数据融合应用,形成一批公共数据授权运营的规范制度和标准体系。

（五）机器人规模化应用工程

面向高端制造业，支持行业龙头企业加快协作机器人、人形机器人规模化应用，丰富系统性解决方案，拓展人机协同下制造业应用场景，发展柔性化生产等制造新模式，持续降低本土协作机器人产品与服务成本。

（六）高级自动驾驶公交示范工程

支持在中心城区开展特定时段、特定路段的智能网联公交示范运营，待条件成熟后逐步扩大应用范围和规模。推动5G等车联网通信网络建设和道路基础设施数字化改造，探索智能网联汽车发展新模式。

（七）智慧仓储设施提升工程

支持在跨境电商、医药冷链、商贸流通、生产制造等领域建设若干国内一流的智慧仓储设施，促进自动化、无人化、智慧化物流技术装备和自动感知、自动控制、智慧决策等智慧管理技术的集成应用。

（八）海上风电制氢先导工程

结合本市海上风电规划布局和区域用氢需求，择优支持具备绿氢制备能力的海上风电项目开展示范，试点高波动电力出力条件下的绿氢制备技术，率先形成氢电耦合调峰等标准。

（九）健康医疗数据赋能工程

面向临床研究、新药创制、健康分析等方向，探索建设医疗"数据超市"。建设国内首个跨医疗机构的临床研究数字孪生平台，提供临床资源对接、科研病例数据全程管理、过程分析与辅助决策等专业服务。

（十）新型智慧养老示范工程

支持智能设备在养老服务领域集成应用，构建智慧服务、智慧照护、智慧关爱、智慧管理、智慧安防"五位一体"的综合应用场景，为老年人提供实时、快捷、高效、低成本、人性化的新一代养老服务。

资料来源：《上海市进一步推进新型基础设施建设行动方案（2023—2026年）》。

1.4.3 着力提升"五个中心"的数字化绿色化水平

上海"五个中心"深化发展要进一步促进数字技术、绿色技术和实体经济深度融合,使其成为重组要素资源、重塑经济结构的关键力量。

1. 加快推进数字化转型

加快"五个中心"数字化转型,实现产业、金融、贸易、航运等领域的重新定义与流程蝶变,培育发展新动能。加强数据、技术、企业、空间载体等关键要素协同联动,积极推动数字健康、智能制造、数字零售、智能城市等产业发展,加快进行数字经济发展布局。合理推动人工智能、大数据、区块链等新技术深度融合,全面赋能金融科技应用。创新数字金融服务模式,有序开展数字人民币试点,发展可信交易和数字凭证,加快金融数字化转型。顺应航运产业数字化升级重构的趋势,推动口岸、航道、机场数字化建设和管理数字化转型,运用数字化手段提升航运服务能级。对标全球数字贸易发展趋势,促进数字经济和实体经济深度融合,加快发展数字贸易,建设数字贸易国际枢纽港。

2. 推动绿色低碳可持续发展

牢固树立绿色发展理念,全力支持国家碳达峰、碳中和目标实现,抢抓科技、金融、航运等绿色低碳转型的机遇,率先探索"五个中心"绿色化发展的有效途径。大力推进绿色低碳技术攻关和产业化。强化基础研究和前沿技术布局,聚焦能源、工业、交通、建筑、碳汇等重点领域低碳转型关键技术,加快绿色低碳产业发展,持续提升低碳零碳负碳科技创新策源和产业引领能力。建设可持续发展的绿色服务体系。绿色航运方面,共推长三角岸电装机容量整体提升,支持上海率先开展保税LNG加注试点,构建绿色航运联盟组织,在上海设立中国船舶能效管理中心,完善与推广绿色航运标准体系。绿色金融方面,丰富绿色信贷、债券、股票、保险、租赁、信托等绿色金融创新产品,增加绿色金融资产配置,鼓励金融机构积极参与碳普惠行动,开发基于碳普惠的创新产品,引导形成绿色生产生活方式。优化绿色政策支持体系。配合国家管理部门构建绿色金融、绿色航运标准体系,完善绿色金融、绿色航运业绩评价、考核等政策措施。

1.4.4　着力提升"五个中心"的开放水平

上海加快建设"五个中心"要以吸收高质量的在岸和离岸资源,提升对内对外开放水平为依托,更好地体现对全球市场的牵引力和区域发展的引领力。

1. 推动自贸试验区开放创新发展

对标贸易自由、投资自由、资金自由、运输自由、人员从业自由、信息快捷联通的目标,深化自贸试验区发展内涵。拓展服务业开放领域。推动修订自贸试验区负面清单,放宽外资股比限制、专业人员来华执业的国籍要求,允许律所合伙型联营,探索金融牌照预审核机制,简化外商独资医院的科室审批流程、提升审批时效等,加大对增值电信业务、医疗、法律、金融、教育等服务业领域的开放力度。促进贸易自由化便利化。积极推进相关区域实施真正的"境内关外"政策,简化集装箱国际中转手续,提升航运中心资源配置能力。允许以"物理围网＋电子围网"相结合的模式,将海关特殊监管区的主区贸易便利化功能应用到分区。在"境内关外"条件下,支持离岸贸易和离岸金融发展。争取优化资金监管。在保证不发生系统性风险的前提下,进行人民币资本项目可兑换、人民币跨境使用和外汇管理改革等方面的先行先试,进一步放开外汇业务管制,有条件地提高购汇额度上限。提升税制竞争力。按照"零关税、低税率、简税制"的要求,建立与高水平自由贸易港相适应的税收制度。

2. 促进长三角一体化发展

将"五个中心"建设深度融入长三角一体化发展当中,协同推进"五个中心"与长三角一体化建设,与其他地区实现规划衔接、设施互通、市场互联、产品互融、产业发展互补。打造长三角科技创新共同体。探索建立长三角基金研究资金池,引导各类力量强强联合,更好地开展跨学科交叉基础研究。加快长三角金融合作体制机制建设。引领长三角地区共同抓住长三角一体化国家战略的重要契机,破除行政分割与区域壁垒,加快建立跨区域金融合作与信息共享平台,加强长三角金融基础设施互联互通,推进长三角地区金融业务的"同城化""自由化",构建以上海为核心的长三角世界级金融集聚区。强化长三角贸易合作。打造长三角全球数字贸易高地,探索成立长三角数字贸易城市联盟,推动长三角生态绿色一体化发展示范区和虹桥国际开放枢纽拓展带建设,鼓励长三角地区展会、贸易投资促进活动加强协调。促进长三角产业合作。通过生产性服务赋能、终端产品带动、产业有序梯度转移,推动产业链补链固链强链,带动提升长三角产业集群发展的整体竞争力和影响力。

1.4.5 着力提升"五个中心"的融合效能

上海"五个中心"深化发展要着眼于交叉领域和基础支撑领域,聚力突破,久久为功。

1. 协同推进政策创新

贸易、金融、航运等领域业务存在联系紧密的交互环节,上海要进一步探索提升各领域政策的系统性和衔接度,促进相互赋能。要通过顶层设计、系统部署,推动"五个中心"的要素功能相互协调、相互支撑,释放改革活力,形成强大整体效应;各领域、各环节协同联动变革,避免因某一环节滞后导致全链"梗阻",努力实现"条条协调""块块贯通"。比如在钢铁、有色金属等期货市场上,试点对外资大宗商品贸易商开放,支持上海期货交易所在境外设立现货交割仓库,提升大宗商品交易定价权。支持在上海设立国际航运人民币结算中心,引导企业开展海运费人民币结算业务,拓展船舶融资租赁、海事保险等航运金融产品和业务。

2. 协同推进服务升级

促进贸易金融发展,鼓励跨国公司设立辐射亚太、面向全球的资金运营中心。推进货物贸易和服务贸易外汇收支便利化试点。提升跨境支付结算便利度,促进离岸贸易、转口贸易、跨境电商等新型国际贸易发展。支持虹桥商务区吸引和集聚更多有影响力的投融资机构和创新企业,加快建设虹桥国际开放枢纽。促进航运金融发展,支持金融机构针对航运企业特点开展信贷融资、船舶租赁、飞机租赁、资金结算等金融服务。发展航运运价指数期货等衍生品,扩大上海航运价格的国际影响力。吸引航运保险企业落户上海,丰富航运保险产品。依托人工智能、大数据、云计算、区块链、5G 等前沿技术,推动金融与科技联动发展。加强金融科技场景应用,促进金融科技产业集聚,探索金融科技监管模式创新,营造良好的金融科技发展环境。强化金融对科技的支持,推动技术产权证券化,强化科研攻关基金与产业基金统筹衔接,加强市区两级国有创投基金、产业投资基金的整合和联动,引导培育长期资本、耐心资本。

3. 强化人才支持保障

人才,尤其是战略性人才、国际化顶尖人才是"五个中心"加快建设的关键支撑。目前,全球对人才的争夺日益激烈。根据用人主体和国际机构反映,出入境限制和从业限制是当前制约国际人才在上海自由流动与从业的最主要瓶颈。此外,国际人才对税收和居留政策的优化诉求也较为迫切。上海应依托重点区域开展试点,探索更加灵活的永久居留推荐机制。扩大试点海外高尖端技术人才在华永久居留政策,简化出入境流程,做好相关政策储备。加快设立境外职业许可执业资格目录,加快实施免试执业、直接认定职称等便利化政策,探索在国际交流、重大展会期间等进行短期执业试点,加强国际合作,寻求执业资格互认。继续优化个人税收优惠方式,扩大15%个人所得税试点范围,争取试行直接扣税、财政补差额或者返补至个人的举措。率先建立个人破产制度,为个人规避创新过程中产生的风险提供制度保障。

本章主要参考资料

［1］崔凡:《国际高标准经贸规则的发展趋势与对接内容》,《人民论坛·学术前沿》2022 年第 1 期
［2］国务院发展研究中心编写组:《上海"五个中心"建设评估与研究》,2020 年 10 月
［3］上海市计划委员会:《上海市"十五"计划重大研究课题汇编(1999 年)上》,2000 年 1 月
［4］《上海市国民经济和社会发展第十四个五年规划和二〇三五年远景目标纲要》
［5］《上海国际金融中心建设"十四五"规划》
［6］《"十四五"时期提升上海国际贸易中心能级规划》
［7］《上海国际航运中心建设"十四五"规划》
［8］《上海市建设具有全球影响力的科技创新中心"十四五"规划》
［9］《上海市数字经济发展"十四五"规划》
［10］蒋昌建等:《上海"五个中心"新一轮发展战略:打造国家发展动力引领城市》,《科学发展》2022 年第 12 期
［11］顾锋等:《上海"五个中心"新一轮发展战略研究》,《科学发展》2023 年第 4 期

第 2 章

上海加快建设国际经济中心战略研究

国际经济中心是在全方位的全面开放背景下,以大规模经济活动聚集为基础,以经济基础支撑力、市场主体聚集力、高端产业引领力、发展新动能孵育力和资源要素配置力为支撑,通过"五大力量"相互循环累积作用而形成的能级强大、代表未来发展趋势、对区域经济、国民经济和世界经济具有巨大引领力、辐射力和带动力的国际化大都市。经过近两百年的工业化进程,上海对世界经济发展的影响力显著扩大,已基本建成国际经济中心。但是对标全球顶级城市,上海在现代化新征程中的国际经济中心建设任务依然繁重,必须进一步提升上海国际经济中心的地位,把上海打造成为全球顶级国际经济中心。

2.1 上海国际经济中心建设取得的成效

2.1.1 上海建设国际经济中心的历程与阶段性特征

自 1843 年上海开埠以来,上海经济迅速崛起,尤其在新中国成立之后,上海紧紧围绕服从、服务国家战略要求,经历了从"重要工业基础和财政支柱"到"社会主义现代化的中心城市",从"国际大都市"到"社会主义现代化国际大都市",并迈向

"具有世界影响力的社会主义现代化国际大都市"的演进过程。如今,上海已基本建成国际经济中心,成为全国改革开放的"排头兵"和"先行者"、世界观察中国经济的重要风向标。

1. 展露锋芒:新中国成立之前顺应工业化浪潮发展成为区域经济中心(1949 年以前)

1843 年正式开埠之后,上海凭借得天独厚的地理位置和自然条件成为中国对外贸易的重要港口,吸引了大量的外国资本和商贾前来投资和贸易。同时,上海也成了中国制造业的重要基地,各种工业和手工业部门逐渐兴起,如纺织、机械制造、化学等。甲午战争之后,清政府逐步开放民间私人资本投资现代工业,上海工业活动更加活跃,经济中心城市的优势逐步显现。1895—1911 年,在上海新办的民族工业企业数量达 112 家,占全国总数的 1/4。简氏兄弟的南洋兄弟烟草公司,荣氏的申新纺织集团、福新面粉集团等民族工业企业不断崛起,上海也逐步发展成为中国近代工业化的先锋城市。抗战前夕,上海经济跃居全国首位,1936 年上海地区生产总值为 15.59 亿元,占全国的 6.07%。"三二一"的经济结构也展现了上海经济发展的活力,第一、第二、第三产业的产值占比分别为 1.38%、25.21%、73.41%。

2. 中流砥柱:新中国成立后 30 年以工业为中心建设成为全国经济中心(1949—1978 年)

新中国成立初期,由于长期的战争和政治动荡,上海经济发展状况十分堪忧,恢复生产、稳定市场成为上海的首要目标。轻重工业比例失调、西方经济封锁等导致上海工业萎靡不振。为此,中央和上海人民政府通过整顿金融市场、控物价、财政收入集中管理、调集物资供给工业生产等方式,稳定工业生产、恢复经济活力。1949 年 7 月至 1950 年 1 月,纺织系统复工的企业数由 40% 上升到 90%,私营纱厂的产量增加了 75%,机器设备制造工业的企业开工率由 20% 增加到 60%。

1953 年,上海编制的第一个五年发展计划("一五"计划)确定了"维持、利用、积极改造"的基本方针,提出"利用其工业基础好的优势,支援全国的发展建设",明确了上海以工业建设为重点的城市发展方针。据统计,到 1956 年,上海共有 272 家轻工、纺织行业迁往内地,支援内地新兴城市建设。随着国际局势渐趋缓和,1956年,毛泽东在《论十大关系》重要讲话中提出要"利用和发展沿海工业老底子"。同年,上海市第一届党代会确定了"充分利用、合理发展"的工业建设方针。1958年11月,上海明确上海工业应该向高级、精密、尖端(简称"高、精、尖")方向发展。上海、嘉定、松江等10县划归上海市之后,上海的工业发展空间更加广阔。1959年,《关于上海城市总体规划的初步意见》明确提出上海城市职能是"中国的重要工业基础和财政支柱"。1963年,又提出建设"先进的工业和科学技术基地"的目标。上海朝着建设工业城市的方向不断前进,取得了相当的建设成就。1965年,上海地区生产总值超过了解放初期的5倍,达到113.55亿元,工业产值达到230.77亿元,上海工业品的年生产能力在全国占很大比重,钢占1/5,钢材、机床、棉纱均占1/4,缝纫机占2/3,手表占9/10,上海已发展成为名副其实的全国工业中心。"四五"期间,上海工业生产总值增长42.4%,平均每年增长7.48%。至1978年,上海全市工业总产值达207亿元,占全国的1/8。近200项工业产品产量位居全国第一,70多项工业产品赶上或接近当时的国际先进水平。其中,重工业产值达247.99亿元,较1952年增加32.7倍。

这一期间,上海工业行业体系不断完善、工业结构不断优化。1962年,上海共有220个生产门类,占全国256个统计行业的86%,除了采矿工业之外,上海基本齐备了各个产业行业。轻重工业比例也得到有效协调,工业发展重心从轻工业逐步转为重工业。上海已经能制造年产150万吨的炼钢设备、30万千瓦的火力发电机组、年产15万吨的化肥设备、年产75万吨的煤矿设备,以及大型电子计算机、高精度数控机床等精密产品。轻工业产品方面,上海更是全国优秀品牌最为集中的城市,永久牌、凤凰牌自行车,蝴蝶牌缝纫机,上海牌、宝石花牌手表,培罗蒙西装,英雄100型金笔,红双喜乒乓球,都是全国同类产品中的翘楚。"上海制造"已成为上海响亮的名片。

3. 蓄势待发:改革开放至浦东开发开放时期经济发展的重新思考(1979—1989年)

1978年,党的十一届三中全会提出将党的工作着重点转移到社会主义现代化建设上来。自此,中国开始走上改革开放的道路。1979 年 2 月,上海召开的市委工作会议明确提出要把上海建设成为先进工业、先进科学技术和对外贸易的基地(即"三个基地"),为全国社会主义四个现代化建设作出贡献的新任务。但是由于历史原因,20 世纪 80 年代,在计划经济时代对全国经济举足轻重的上海,却在改革开放的大潮中成为"后卫",上海经济发展优势发挥一度受限。1978—1990 年间,上海经济总量年均增幅低于全国平均水平 1.27 个百分点,1980—1990 年上海的 GDP 占全国的比重从 6.8% 下降到了 4.1%。1980—1990 年,上海的工业增加值从 231 亿元上升到 470 亿元,增幅为 103%;而同期全国工业增加值则从 1991 亿元上升到 6 840 亿元,增幅达 244%,全国的增幅是上海的 2.4 倍。

　　1980 年,上海地区生产总值为 1 309.61 亿元,上海是全国最大的工业基地城市,但是当时的上海工业改造与振兴的调查项目得出了"上海的工业生产能力在当时条件下,已经走到极致","上海曾经占全国优势的工业产品,已经不再拥有传统的优势"等结论。上海的工业生产被比喻为"用 20 世纪 30 年代的设备、60 年代的技术,造 80 年代的产品"。也就是说,按照传统的发展路径走下去,上海在 20 世纪末不可能完成工农业生产总值翻两番的目标和要求。1980 年 10 月,《解放日报》发表的文章《十个第一和五个倒数第一说明了什么?》引发了对上海经济发展方向的大讨论。1981 年起,上海开始了"上海向何处去、建设什么样的上海"的全面讨论热潮。1984 年 9 月,为解决上海城市发展问题,国务院派出调研组到上海开展"上海经济发展战略战役研讨会",围绕上海未来的发展方向、目标、路径、方法四个方面展开讨论,形成了《关于上海经济发展战略的汇报提纲》。该提纲明确提出了"上海应该从传统的工业基地向多功能中心城市转变","上海要大力发展第三产业","扩大开放","创造条件开发浦东,筹划新区建设"等发展方向。1986 年,国务院批复同意《上海市城市总体规划方案》,进一步指出上海的定位是"中国最重要的工业基地之一,最大的港口,重要的经济、科技、贸易、金融、信息、文化中心。未来应该建成太平洋西岸最大的经济贸易中心之一"。

　　尽管被认为是中国改革开放的"后卫",20 世纪 80 年代,上海在经济体制、土地制度、扩大对外开放、财政金融体制等领域进行了大量突破性探索,为国际经济中心的全面建设奠定了坚实的改革基础。伴随着上海闵行经济技术区、虹桥经济技术开发区、漕河泾新兴技术开发区等国家级开发区的建设,上海产业开始升级,日用机械、家用电器等耐用消费品和高中档工业品日益丰富,在运载火箭、人造卫星、6 000千瓦燃气轮机、1.2万吨水压机、20万倍大型电子显微镜、人工合成胰岛素、研制导弹等方面,也取得了举世瞩目的成就。1989年,上海工业总产值达到1 524.67亿元。

专栏2.1 十个"第一"和五个"倒数第一"说明了什么?

1980年10月,《解放日报》发表《十个第一和五个倒数第一说明了什么?》,文章列举了上海在经济上的十个全国"第一"和五个"倒数第一"。

十个全国"第一"是:(1)工业总产值占全国1/8强,产值之大,居全国各省市第一位;(2)出口总产值占全国1/4强,其中上海市产品占60%,创汇之多,居全国第一位;(3)财政收入占全国总收入的1/6,上缴国家税利占中央财政支出的1/3,上缴之多,居全国第一位;(4)工业全员劳动生产率1979年为30 013元,高于全国各省市平均数1.5倍以上,居全国第一位;(5)工业每百元固定资产实现的利润,1979年全市平均为63.73元,是全国平均数的4倍,居全国第一位;(6)工业资金周转率为69.5天,周转之快,为全国大城市的第一位;(7)按人口平均计算每人每年国民生产总值,1979年为1 590美元,生产水平之高,居全国第一位;(8)能源有效利用率,1979年为33%,高于全国28%的平均水平,居全国第一位;(9)商品调拨量,上海商业部门调往各地的日用工业品占全国调拨量的45%,居全国第一位;(10)输送技术力量,解放以来上海迁往内地的工厂达300多家,并通过其他各种途径,输送技术人员、技术工人100万人,居全国首位。

五个"倒数第一"是:(1)市区每平方公里平均有4.1万人,城市人口密度之大,为全国之"最";(2)建筑密度高达56%,按人口平均计算,每人拥有道路仅1.57

平方米,绿化面积仅 0.47 平方米,建筑之密、厂房之挤、道路之狭、绿化之少,均为我国大城市之"最";(3)上海市区按人口平均计算,每人居住面积为 4.3 平方米(包括棚户、简屋、阁楼在内),4 平方米以下的缺房户有 918 000 多户(其中困难户、结婚户、特困户、外地调沪无房户共 69 000 多户),占全市户数 50% 左右,缺房户比重之大,为全国大城市之"最";(4)上海平均每万辆车一年死亡人数为 42.5人,车辆事故为全国大城市之"最";(5)由于"三废"污染严重,上海市区癌症发病率之高为全国城市之"最"。

文章在分析这些现象的原因时,得出结论:上海在经济发展指导思路上出现了偏差:重生产,轻消费;重挖潜,轻改造;重速度,轻效果;重积累,轻补偿。

资料来源:沈峻坡,《十个第一和五个倒数第一说明了什么?》,《解放日报》1980 年 10 月 1 日。

4. 蒸蒸日上:浦东开发开放以来经济飞速发展基本建成国际经济中心(1990—2012 年)

1990 年,党中央国务院批准上海浦东新区开发开放,旨在通过浦东的开发和开放,推动中国经济的快速发展和改革开放的深入推进。1992 年,党的十四大提出上海建成"一龙头(浦东开发开放)、三中心(国际经济、金融、贸易中心)"的战略目标。上海国际经济中心建设则是浦东开发开放的重要内容之一,旨在将上海打造成为具有全球影响力的经济中心城市。根据"浦东开发可以后来居上""一年变个样,三年大变样"的指示和要求,上海经济也迎来了历史上发展最快、最为辉煌的时期。1957—1990 年上海 GDP 从仅为 69.6 亿元增长到 781.66 亿元,而 1990—2010 年上海 GDP 从 781.66 亿元跃升至 17 436.85 亿元。

1992 年 12 月,上海市第六次党代会确定,产业结构实施大调整,从"二三一"向"三二一"转变,城市空间布局实施中心城区"退二进三",重建上海多功能中心城市。1999 年,上海三产增加值占 GDP 比重首次超过二产比重,形成了"三二一"产业结构体系。浦东新区陆家嘴金融贸易区、金桥出口加工区、外高桥保税区、张江高新科技园区四个重点开发区的建设,跨国公司及其功能性机构的不断入驻,有力

表 2.1　1990 年以来浦东新区承担的战略性试验任务

年份	主　要　任　务
1990	浦东开发开放,最先成为新区
1995	启动与国际接轨的先行先试功能性发展战略
1999	"聚焦张江",实施高新技术发展战略
2005	国家综合配套改革战略实施,浦东成为首个综合改革试验区
2009	浦东与南汇两区合并,新浦东承担起国际金融中心和国际航运中心建设的重任
2013	上海自贸试验区在浦东设立,中国自贸试验区改革大幕正式开启
2019	上海自贸试验区临港新片区正式揭牌,又一场面向未来的开发开放奏响序章
2021	高水平改革开放打造社会主义现代化建设引领区

资料来源:编写组整理绘制。

推动了上海经济的快速发展。1990—2000 年,上海 GDP 占全国的比重从 4.1％恢复到了 5.1％。2000 年,上海的工业增加值上升到了 1999 亿元,相较 1990 年的增幅为 347％;同期,全国的工业增加值则为 39 931 亿元,较 1990 年的增幅为 482％。全国的增幅仅是上海的 1.4 倍,较 1980—1990 年的 2.4 倍的差距显著缩小。同时,随着"引进来"与"走出去"相结合的开放战略的不断推进,上海产业对外利用外资步伐不断加速。上海的投资主体基本形成了以国有经济为主导,集体、外资等多种经济主体共同发展的投资多元化格局。2000 年,上海批准外商投资工业项目 938 项,合同外资 48.42 亿元,外资制造业的投入占上海制造业投资总额的 1/3。2000 年,上海人均 GDP 首次突破 4 000 美元,超过世界中等收入国家(地区)平均水平,并且成为全国除港、澳、台地区外第一个跃上人均 4 000 美元新台阶的省级地区。

2001 年,国务院批复《上海市城市总体规划(1999 年至 2020 年)》。立足国家赋予上海的要崛起成为又一个国际经济中心的战略目标任务,指出上海是全国重要的经济中心,要"把上海市建设成为经济繁荣、社会文明、环境优美的国际大都市,国际经济、金融、贸易、航运中心之一"。随着中国加入 WTO 以及对外开放政策的不断深入,上海进一步提高利用外资质量和水平,把开放的重点由制造业领域扩大到服务业领域,使金融、贸易、会展、旅游等第三产业成为外商投资的热点。《上海市管理跨国公司设立地区总部的暂行规定》《上海市鼓励跨国公司设立地区总部的规定》等政策相继出台，上海以打造总部经济发展高地为重要契机，实现了上海产业结构的调整与升级。

2007 年，习近平在上海市第九次党代会报告中首次提出"四个放在"，并提出之后五年的奋斗目标：形成国际经济、金融、贸易、航运中心基本框架。至 2012 年底，在上海的地区总部累计达到 403 家，并且保持着每年新增 50 家以上的良好势头。2012 年，上海 GDP 总量突破 2 万亿元大关，第三产业增加值占 GDP 的比重首次超过了 60%，上海国际经济中心建设稳步迈上新台阶。

5."排头兵"和"先行者"：党的十八大之后再出发（2013 年至今）

党的十八大以来，进入中国特色社会主义新时代，以习近平同志为核心的党中央对上海发展始终关切，要求上海当好全国改革开放排头兵、创新发展先行者，把自贸试验区、科创板、长三角一体化、进博会和建设具有全球影响力的科创中心等重大任务交予上海。2018 年习近平总书记考察上海时，特别指出上海作为中国最大的经济中心城市和长三角地区合作交流的龙头，要不断提高城市核心竞争力和国际竞争力，要全面提升上海在全球城市体系中的影响力和竞争力。国务院批复同意的《上海城市总体规划(2017—2035 年)》提出了至 2020 年，上海要"基本建成国际经济、金融、贸易、航运中心，形成具有全球影响力的科技创新中心基本框架"的发展目标。

近十年来，上海综合经济实力持续增强，经济结构不断优化，对内对外全方位开放格局基本形成，对世界经济发展的影响力显著扩大，已基本建成国际经济中心。2017 年上海 GDP 突破 3 万亿元，2021 年上海 GDP 突破 4 万亿元。上海经济结构逐步转向国资、民资、外资"三足鼎立"，以现代服务业为主体、战略性新兴产业为引领、先进制造业为支撑的现代产业体系初步形成，第三产业增加值占地区生产总值的比重从 2012 年的 60.13% 提高到 2022 年的 74.12%。2022 年全年，上海实际使用外资超过 239 亿美元，规模创历史新纪录，跨国公司地区总部、外资研发中心累计分别达到 891 家和 531 家，上海是中国内地外资总部型机构最多的城市。上海高水平开放格局基本形成，"走出去"网络遍及全球 178 个国家和地区，"一带一路"建设成为上海对外经贸合作的新机遇和新空间。

2.1.2 新阶段上海建设国际经济中心的再认识

经过近 40 年的改革、开放、创新、建设,上海经济实力在全球城市网络中位居前列,经济结构持续优化,基本形成以现代服务业为主体、以战略性新兴产业为牵引、以高端制造业为支撑的富有韧性的现代产业体系,质量效益好,实体经济能级高,基本建成了与中国经济实力相适应的国际经济中心。但是,新征程上,上海仍需不断缩减与全球顶级城市的差距,提高国内经济首位度,进一步提升上海国际经济中心地位。

1. 上海对世界经济发展的影响力显著扩大,国际经济中心地位基本稳固

当前,上海国际经济中心建设取得重大进展,全球资源配置、科技创新策源、高端产业引领、开放枢纽门户等功能突出,在全球城市网络中的吸引力、创造力、竞争力极大增强,基本建成了国际经济中心城市。

首先,经济基础支撑力持续扩大,经济规模跃居全球城市前列。1978—2022 年,上海 GDP 连年攀升,经济规模与排名不断提升。2022 年,全市生产总值为 44 652.8 亿元,位居全国城市第一、亚洲城市第二、全球城市第四;全市居民人均可支配收入达 79 610 元,在全国 31 个省区市中位居首位。

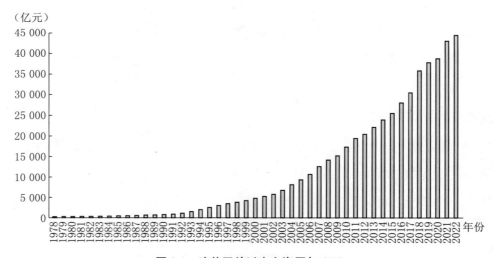

图 2.1 改革开放以来上海历年 GDP

资料来源:上海市统计局。

其次,上海已经跻身全球经济体系重要枢纽。国际上有影响力的城市评价指标体系均表明上海目前已跻身全球经济中心城市行列。麻省理工学院世界城市实验室的《全球城市 500 强(2022)》报告表明,在全球 500 强城市榜单中上海排名第八位,其中在经济能力单项指标排名中,上海归类于最高的一档。全球化与世界城市研究网络发布的 2020 年世界城市排名榜单中,上海居于伦敦和纽约之后,与新加坡、巴黎、东京同处"A+"行列,进入具有较高集聚和服务能力的全球顶级城市行列。根据日本森纪念财团发布的《全球城市实力指数(2022)》报告,上海在 48 个城市中位列第十,其中,在经济项目的"GDP 增速"类目排名中位列榜首。根据科尔尼发布的《全球城市综合排名》,上海在 156 个世界城市中排名第 16 位。

2. 与全球顶级城市相比,上海国际经济中心建设任务依然相当繁重

与全球顶级国际中心城市相比,上海对世界经济的影响力还有明显差距,发展中还存在不少明显短板,补短板、强弱项、固根基、聚体量、提能级的任务依然十分艰巨繁重。

从经济基础支撑力看,上海还需要进一步做大经济规模,大幅度提高经济发展水平。2022 年,上海的 GDP 为 6 638.7 亿美元,虽然已高于中国香港、新加坡和伦敦,但是还不到纽约和洛杉矶的 60%。同年,上海人均 GDP 为 26 657 美元,即使与全球顶级城市中发展水平较低的东京相比,也要低 50% 左右。

从市场主体聚集力看,上海还需要聚集更多的经济活动和提高市场环境质量。上海聚集经济主体的规模小于新加坡、日本东京和中国香港等城市。2023 年"《财富》世界 500 强"排行榜中,上海有 12 家企业上榜,远少于北京的 54 家和东京的 36 家。2022 年"胡润世界 500 强"榜单中,上海仅有 3 家企业上榜,比 2021 年减少 4 家,远少于纽约的 31 家、东京的 16 家和伦敦的 15 家。

从高端产业引领力看,上海还需要继续做大、做强、做优高端产业。上海高端制造业的附加价值不高,存在低端化发展的特征,部分重点产业仍以加工组装为主,与全球顶级城市差距较大。2020 年,上海战略性新兴产业增加值率(21.25%)低于工业增加值率(27.64%),长期来看差距不断拉大,与发达国家和城市 30% 以

上的水平相差甚远。三大先导产业的生产和服务能级亟须提升,人均产值均不及工业的平均水平。集成电路方面,关键技术"卡脖子"严重,先进工艺技术同国际水平相差 2—3 代,装备产品技术仍处于中低端,在国际上整体处于"跟跑"水平。生物医药方面,研发投入规模和研发强度与国际先发地区差距较大,整体处于"跟跑"水平。人工智能方面,基础层、技术层亟须填补空白,在国际上整体处于"并跑"水平。

从资源要素配置力看,上海要大幅度提升对于境外资源要素的配置能力。目前,上海汇聚和配置的主要还是国内生产要素,境外要素相对较少。2022 年,上海吸引的 FDI 总规模为 239.56 亿美元,远少于新加坡的 1 410 亿美元和中国香港的 1 180 亿美元。据国际大会及会议协会(ICCA)统计,2022 年上海共举办国际协会会议与国际社团会议 16 次,显著少于新加坡的 101 次和首尔的 66 次。

3. 从国内看,上海亟须巩固经济发展优势

改革开放 40 多年来,中国的对外开放从过去沿海、沿边、沿江对外开放,扩展到对内对外全方位开放,这一升级过程促进了东中西部各省市充分竞争、快速发展,特别是各城市群中心城市在国家中的地位和作用不断提升,上海过去一些优势方面现在成为制约城市发展的短板。

一是城市首位度有待提升,经济总量从全国省市第一位下降为全国城市第一位,相较第二位城市的相对优势越来越弱。1978 年,上海工业总产值占全国 1/8 强,出口总产值占全国 1/4 强,财政收入占全国总收入的 1/6,都处于全国省市第一位。在过去的 40 余年里,上海经济总量虽然大幅增长,但占全国的比重呈逐年下降趋势。特别是最近十年以来,上海 GDP 总量占全国的比重持续下滑,经济首位度逐步下降。2021 年,上海经济首位度数值仅为 3.8%,且仍有下降趋势。与排名第二的北京相比,1978 年上海的 GDP 为 273 亿元,北京的为 109 亿元,北京的 GDP 仅相当于上海的 40%;2022 年上海的 GDP 为 4.47 万亿元,北京的为 4.16 万亿元,北京的 GDP 已达到上海的 93%,差额仅为 3 100 亿元。上海保持全国城市经济总量第一位的压力越来越大。

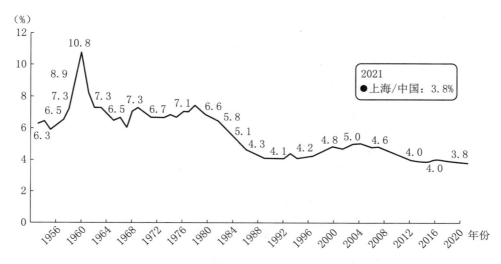

图 2.2　1956—2021 年上海经济首位度变化

资料来源：上海市统计局。

专栏 2.2　上海经济首位度下降的原因分析

首先，产业新旧动能转换不畅，爆发式成长的新产业培育不足。一是传统制造业非高端化问题。受制造业在全球分工体系中"低端锁定"等影响，上海制造业高附加值环节缺失，进而影响到科技创新和实体经济的有机结合，导致科技成果转化难、产业化难和全要素生产率提升难。二是服务业结构不合理问题。上海服务业占比虽然超过 70％，但其内部金融业、房地产占到近 30％，批发零售和交通运输等占到近 30％。而从对标的全球顶级城市看，医疗保健、教育培训、文体旅游等产业规模占比均超过 50％。三是新领域新赛道显示度不高。从对标的国内城市看，上海在能够引领产业规模化成长的新领域（如互联网经济、数字经济、健康经济等）布局不多、聚焦不够。如对比深圳电子信息产业、杭州数字经济、武汉大健康产业，上海相关产业的显示度不高，品牌影响力有限。尽管近几年上海在人工智能、大数据、5G 等领域加快布局，但成效尚未显现，特别是民用航空等长周期、大投入的产业尚未形成爆发式增长态势。

其次,"五个中心"的高端服务能级不足。其中,国际经济中心综合实力仍显不足,经济主体活跃度仍然较弱,在新经济领域落后于北京、深圳和杭州,在高新技术领域缺乏龙头企业和成长性好的中小企业。

最后,区域腹地支撑上海产业升级的作用有待增强。一是上海功能性机构对外辐射服务通道不畅。长三角的人才、技术、产权、信用、数据等要素市场普遍存在行政性分割情况,表现为标准不统一、规则不一致、平台各自为政,这使上海很多功能性服务机构难以大规模"走出去",也难以牵头整合分散的市场机构和平台。二是上海功能性机构整合区域相关机构的力度不够。虽然长三角联盟性合作很多,但多数没有上升到产权纽带、品牌纽带、利益纽带、平台纽带,因此能够形成直接带动作用的成功案例较少。三是上海自身内部尚未形成强有力的积极政策,支持各类功能性机构集团化开辟对外辐射服务通道。无论从制造业还是从服务业看,相对于北京、深圳的对外拓展,上海在对外投资布局上相对滞后,对外辐射力处于相对弱势地位。

资料来源:邓智团,《进一步提升上海经济首位度研究》,《科学发展》2023年第5期。

二是"排头兵"的国家战略定位不再具有独特性。上海从全国最大的工商业城市和经济重镇定位,到"一个龙头、三个中心"的国家战略地位确立,再到自贸试验区建设、科创中心建设两大国家战略定位,上海以全国改革开放排头兵、创新发展先行者的身份,着力推动改革开放向纵深发展。"中心""排头兵""先行者""核心城市"等在20世纪90年代到21世纪初一直是上海这座城市国家战略定位独特的代名词。但随着改革开放的纵深推进,从过去沿海、沿边、沿江对外开放,到现在全方位开放的巨大变迁,全国东中西部各省市充分竞争、高速发展,特别是各区域中心城市在国家中的地位不断提升,这不断挑战着国家对上海城市战略定位的独特性。

表 2.2　上海城市战略定位的演变过程

年份	上海城市定位
1986	太平洋西岸最大的经济贸易中心之一
1991	社会主义现代化国际都市
1992	远东地区经济、金融、贸易中心之一和国际化城市
1996	国际经济、金融、贸易中心之一和国际经济中心城市
2001	国际经济、金融、贸易、航运中心城市之一和社会主义现代化国际大都市
2006	国际经济、金融、贸易、航运"四个中心"
2009	加快发展现代服务业和先进制造业,建设国际金融中心和国际航运中心
2011	具有全球资源配置能力的国际经济、金融、贸易、航运中心,基本建成经济繁荣、社会和谐、环境优美的社会主义现代化国际大都市
2017	加快推进"五个中心"建设,努力把上海建设成为卓越的全球城市和社会主义现代化国际大都市
2018	新时代改革开放的排头兵,创新发展的先行者
2021	基本建成具有世界影响力的社会主义现代化国际大都市

资料来源:根据历次规划文本和公开资料整理。

从国家五大世界级城市群规划对核心城市的战略定位来看,深圳定位于经济特区、国际化城市;北京定位于国际交往中心、政治中心;成都定位于西部地区的中心城市,全球竞争力的世界文创名城;武汉也定位于国家中心城市。其内涵跟上海现阶段战略定位存在部分重叠。在分领域的发展上,比如科技上,深圳、北京均提出建设科技创新中心,在金融上,深圳提出成为全国性金融中心之一,在商务上,成都定位为最佳新兴商务城市等,也逐步替代上海各领域定位的独特性。

表 2.3　五大城市群中心城市的城市定位

城市群	核心城市	城　市　定　位
长三角城市群	上海	是中华人民共和国省级行政区、直辖市、国家中心城市、超大城市,国务院批复确定的中国国际经济、金融、贸易、航运、科技创新中心,是国家物流枢纽,新时代改革开放的排头兵,创新发展的先行者
珠三角城市群	深圳	中国经济特区、全国性经济中心城市和国际化城市,粤港澳大湾区四大中心城市之一,国际性综合交通枢纽,国际科技产业创新中心,中国三大全国性金融中心之一,全球海洋中心城市,中国特色社会主义先行示范区,综合性国家科学中心
环渤海城市群	北京	是中华人民共和国首都、省级行政区、直辖市、国家中心城市、超大城市,国务院批复确定的中国政治中心、文化中心、国际交往中心、科技创新中心

续表

城市群	核心城市	城　市　定　位
成渝 城市群	成都	四川省省会、副省级市、特大城市、成都都市圈核心城市,国务院批复确定的中国西部地区重要的中心城市,国家重要的高新技术产业基地、商贸物流中心和综合交通枢纽,最佳新兴商务城市、中国内陆投资环境标杆城市、国家小微企业双创示范基地城市、中国城市综合实力十强、中国十大创业城市、中国外贸百强城市,正加快建设具有全国引领力、全球竞争力的世界文创名城
长江 中游 城市群	武汉	湖北省省会,中部六省唯一的副省级市,特大城市,国务院批复确定的中国中部地区的中心城市,全国重要的工业基地、科教基地和综合交通枢纽,长江经济带核心城市、中部崛起战略支点、全面创新改革试验区、全国三大智力密集区之一,中国光谷致力打造有全球影响力的创新创业中心

资料来源:根据各城市群规划文本整理。

从长三角城市群内部来看,南京、杭州、宁波和合肥等副中心城市定位也逐步缩小与中心城市上海的差异,比如南京定位于国际物流枢纽、长江国际物流航运中心,与上海的国际航运中心、国际贸易中心的功能存在竞争关系;杭州的科教中心、

表 2.4　长三角中心城市的目标定位

城市	城　市　定　位
上海	按照打造世界级城市群核心城市的要求,加快建设具有全球影响力的科技创新中心,发挥浦东新区引领作用,推动非核心功能疏解,推进与苏州、无锡、南通、宁波、嘉兴、舟山等周边城市协同发展,引领长三角城市群一体化发展,提升服务长江经济带和"一带一路"建设的能力
南京	南京都市圈核心城市,中国东部地区重要的中心城市、全国重要的科研教育基地和综合交通枢纽,国际物流枢纽,长江国际物流航运中心,长三角辐射带动中西部地区发展的国家重要门户城市,东部沿海经济带与长江经济带战略交汇的重要节点城市,首批国家历史文化名城,中华文明的重要发祥地,中国南方的政治、经济、文化中心,国家重要的科教中心
杭州	杭州都市圈核心城市,浙江省经济、文化、科教中心、长江三角洲中心城市之一,环杭州湾大湾区核心城市,沪嘉杭 G60 科创走廊中心城市,国际重要的电子商务中心,长江三角洲特大城市
合肥	长三角城市群副中心,综合性国家科学中心,"一带一路"和长江经济带双节点城市,具有国际影响力的创新之都,国家重要的科研教育基地,现代制造业基地和综合交通枢纽,合肥都市圈中心城市,皖江城市带核心城市,G60 科创走廊中心城市
宁波	中国东南沿海重要的港口城市、长江三角洲南翼经济中心,打造全球一流的现代化综合枢纽港、国际航运服务基地和国际贸易物流中心,形成长江经济带龙头龙眼和"一带一路"建设支点

资料来源:根据各城市规划文本整理。

合肥的综合性国家科学中心等定位也逐步拉小与上海的全球科创中心的距离。上海的城市战略定位正在受到空前的挑战，而且随着区域经济一体化的加快，这种挑战将愈演愈烈。而伴随科学技术日新月异进步的现代交通运输工具和集疏运体系的发展，也会逐步削弱城市发展所依托的区位优势。

4. 在现代化的新征程中，必须进一步提升上海国际经济中心的地位

当前，新一轮科技革命和产业变革的力量正在积聚，世界各主要国家正在为抢占科技和产业制高点开展前瞻性谋划和战略性布局。各国围绕新技术革命和产业变革的竞争呈现白热化态势。与之同时，随着国际力量对比格局的变化，世界正处于百年未有之大变局。从内部条件看，进入新时代，我国社会主要矛盾已经转化为人民日益增长的美好生活需要和发展不平衡不充分之间的矛盾。社会主要矛盾的变化，必然要求发展的战略安排、战略重点和路径方式的转变，必然要求发展更加平衡、更加普惠和更可持续。与全面建成小康社会相比，新时代的现代化任务更为艰巨，挑战更为严峻。上海进一步提升上海国际经济中心地位，是上海自身发展的需要，更是国家发展的需要。

上海地处长江经济带和沿海经济带的交汇之处，是贯通"一带"和"一路"的枢纽性节点，是中国经济最发达、国际化程度最高的城市，是国家实施新的现代化战略布局的可靠依托，是国家实现新的现代化战略意图的主力军。未来的上海，应该在中国融入全球，统筹利用好两种资源、两个市场，推动构建高水平开放型经济中发挥更大的先导作用；在贯通两个循环，形成国内国际双循环相互促进的新发展格局，实现国家发展和经济安全的统一中发挥更大的支撑作用；在带动长三角、引领全中国，形成均衡共富的区域发展格局中发挥更大的引擎作用；在辐射亚太、重塑世界分工格局，应对外部大变局、大挑战中发挥重要的枢纽作用。为此，上海应根据新时代国家现代化的目标要求和以习近平同志为核心的党中央赋予的使命任务，确立更高目标，并始终不渝地坚持下去，直到取得具有决定性意义的新成果。

在全面建成小康社会目标达成之后，根据党的十九大部署，2035 年中国要基本

实现社会主义现代化。据判断,在基本实现现代化之时,中国已成为世界第一大经济体。2035 年的上海,必须与中国的这一新地位相匹配,不仅经济总规模要与之相称,而且经济增长带动力、发展趋势引领力、国际交往规则重塑引导力都要与之相匹配。迈向 2035 年的上海,必须把习近平总书记 2019 年考察上海时提出的"上海要强化全球资源配置、科技创新策源、高端产业引领和开放枢纽门户等四大功能"的指示精神贯彻始终,落实到各项战略安排和各项具体举措之中。

综合以上分析,从现在起到 2035 年,上海应以建设全球顶级国际经济中心为目标,以改革开放创新为根本动力,以巩固和提升经济基础支撑力、市场主体凝聚力、高端产业引领力、发展新动能孵育力和资源要素配置力为途径,倾力打造全球资源配置的关键枢纽地,倾力打造全球科技创新的核心策源地,倾力打造全球高端产业孕育和发展的主要聚集地,倾力打造中国与世界深度互联互通的开放最高地。

2.2 主要国际经济中心城市发展演进规律与经验借鉴

2022 年,上海的 GDP 在中国城市中排名第一,在亚洲城市中排名第二。上海是一个国际经济中心,同时也是全球人口规模和都会面积最大的城市之一。按照"十四五"规划,上海将继续深化建设国际经济中心,构建城市发展新格局,以提升城市能级和核心竞争力为主要目标,提高上海在全球范围内的吸引力,扩大上海在世界范围内的辐射面。

2.2.1 主要国际经济中心城市的演进历程

美国纽约、英国伦敦、日本东京、法国巴黎和美国洛杉矶等国际经济中心城市在演进历程上各有千秋,但又遵循普遍规律。上海在打造国际经济中心时不仅要遵循这些普遍规律,还要结合新时期、新格局下中国经济的新发展理念,彰显中国特色社会主义发展道路。

1. 纽约

纽约是美国最大的金融、商业和文化中心，也是国际大都市之一。纽约作为国际经济中心城市的演进历程可以概括为"国内制造中心—国内金融商贸中心—国际金融商贸中心—国际决策控制中心—创新创意中心"。作为海港城市，纽约的繁荣先是以贸易为基础的。17世纪末至18世纪初，纽约便初步发挥起地区经济中心的作用，对外面向宗主国及其他地区进行贸易活动，对内开放农产品交易集市并完善交通网，以此带动农副产品等商品的生产、加工和流通。但与北美第一批市镇中同为殖民地经济的费城和波士顿相比，纽约此时尚不具备优势。

整个工业化时代，纽约是典型的综合型城市。在工业化时代初期，纽约制造业开始兴起，但主导产业为劳动密集型和资本密集型的轻工业，尚未大规模发展类似于航空、钢铁、汽车等类型的重化工业。第二次工业革命的发生，推动纽约制造业展现出更加强劲的发展势头。在20世纪初，美国工业进入重化工业阶段，而纽约作为全美最大的工业基地，其工业结构只是在轻工业内部发生由低端向高端转移的趋势，重化工业并不具备优势。总的来说，从19世纪末到20世纪中叶，纽约始终保持着国内制造业中心城市的地位。

而在20世纪60年代至70年代中期的十多年间，纽约制造业快速衰退，经济地位明显下降，生产性服务业占据了主导地位。纽约华尔街是美国乃至世界金融的核心，拥有纽约证券交易所和纳斯达克证券交易所，美国七家大银行①中有6家位于华尔街，2 900多家世界金融、证券、期货及保险和外贸机构均设于此。总的来说，从20世纪50年代到20世纪末，纽约通过"两个转型"顺利过渡成为国际经济决策和控制中心。纽约的"两个转型"可以概括为以制造业主导转向以服务业主导，在服务业内部以传统服务业为主导转向以现代服务业为主导。随着时间的推移，服务业的重要性逐渐增加，而在服务业内部，最初主导的是传统服务业，如餐饮、零售和酒店业。然而，现代社会的发展带来了数字化、科技和知识经济的兴起，使得

---

① 美国七家大银行是：花旗银行、摩根大通银行、美洲银行、瓦乔维亚银行、美国富国银行、美国合众银行、亚特兰大银行。

现代服务业,如信息技术、媒体、软件开发和专业咨询等,成为主导力量。这个内部的转型反映了经济的变革,城市逐渐依赖更为高级和高附加值的服务来推动经济增长。通过这"两个转型",纽约产业内部结构极大优化,纽约从工业化城市顺利过渡到后工业化城市。

表 2.5　1950—1987 年纽约地区劳动力结构的变化　　　　　　　单位:%

	1950	1960	1970	1980	1987
制造业	29	28.8	20.6	17.4	10.5
建筑业	6	4.1	3.5	2.7	3.3
消费者服务业	40.4	38.7	39.3	39.9	23.8
生产者服务业	25.8	28.3	36.6	40.0	46.1

资料来源:俞文华,《战后纽约、伦敦和东京的社会经济结构演变及其动因》,《城市问题》1999 年第 2 期。

同时,随着美国经济地位提升,金融和生产服务业在纽约形成集聚效应,跨国公司总部聚集,纽约制造、商贸蓬勃发展积累起雄厚的产业基础,工业资本与金融资本相结合的大财团在此基础上兴起,这些大财团如摩根、洛克菲勒等,基本由托拉斯组织演变形成。以上这些条件的存在助力纽约成功地摆脱衰退的阴影并再度繁荣,成为国际经济控制与决策中心的高峰。

从 21 世纪初以来,特别是以华尔街为代表的资本驱动型经济在 2008 年金融危机之后遭受重创,纽约强烈意识到单一经济基础的不稳定性和经济基础多元化的必要性。受此影响,纽约开始重新制定城市发展战略,把握信息、数据、物联网等新兴技术带来的机遇,积极建设"全球科技创新领袖城市",以文化创意产业发展引领金融资本驱动转向创意创新驱动。创新创意产业成为纽约经济增长的新引擎,纽约顺势成功过渡为国际创新创意中心。美国创新战略等政策的实施为纽约打造国际创新创意中心提供了极为必要的帮助,纽约顺势制定出相应的创新发展规划,并从多个方面加大对科技创新产业的投资力度。同时,纽约还针对创新型企业当前的发展需求提出了专项政策,这些政策帮助纽约在世界创新创意中心的定位上站稳脚跟。

表 2.6   纽约创新型企业发展面临的问题及对策

主 要 问 题		目 标 政 策	
缺少技术人才	城市中的大学不培养工程师和技术专业人才	STEM 教育和技术校园	设立 STEM 学院和 Cornell-Technion 创新学院
缺少种子资本	种子资本基金不投资纽约公司	纽约种子基金	设立种子资本基金用于投资纽约的技术型初创企业
缺少可负担的空间	办公室空间对于初创企业过于昂贵	孵化器网络	带加速器和企业导师网络的共享办公室网络
技术社区规模小且缺乏组织	技术社区规模小而零散	竞赛和推广活动	大数据开发和 BigApp 竞赛,树立示范典型的推广活动,市长为社区提供支持

资料来源:Mulas,V. and C.Q.Torres,2015,"New York Case Study",draft paper prepared for the Shanghai 2050 Study.

2. 伦敦

历史上并没有明确记载伦敦最早的起源,但伦敦的建城史大约可以追溯到 2 000 年前,在一定程度上我们能够从它的演进历程中窥见国际经济中心城市崛起和发展的脉络。伦敦的国际经济中心主要沿"国际港口贸易中心—国际金融中心—全球制造业中心—国际生产指挥控制中心—全球创意中心"的方向演进。

起初伦敦主要围绕着伦敦市和威斯敏斯特市两大城市发展,形成双城记,伦敦市后来发展成为现在的伦敦金融城,威斯敏斯特市则聚集了当时的王室和政府。至 14 世纪时,制造业和贸易活动是中世纪伦敦发展的两大基石,奠定了伦敦成为英国主要城市的地位。由于英国的主要贸易对象是亚洲、非洲、美洲各国,因此拥有绝佳地理位置的伦敦便发挥了传统商业中心和港口城市的作用。到了 19 世纪初,伦敦发展速度加快,聚集了多达 100 万的人口。在当时,原本的伦敦城区已经不堪容纳如此庞大的人口,因此伦敦城区扩展到了周边地区,形成了大伦敦都市圈。国际贸易活动的发展也促进了伦敦金融和保险业的发展,推动港口城市伦敦逐渐形成国际金融中心。19 世纪中期,伦敦已发展出百余家独资银行。到 20 世纪初,英国更是形成了以伦敦为首的五大股份银行,仅伦敦的银行存款总额就占据了全英国的 2/3。

19 世纪 50 年代到 20 世纪 50 年代的百余年也是伦敦加速工业化和城市化的时期。1898 年,面对人口的不断快速膨胀,英国又一次提出新城运动,这一次大规模的新城建设使得伦敦摆脱拥挤不堪的城市生活,伦敦都市圈再度发展。1920—1930 年的十余年间,一系列以重工业为主的新兴工业部门在伦敦相继建立,城市经济也大幅提升。在城市都市圈的规划建设上,伦敦同样领先世界。20 世纪 60 年代,伦敦又抓住了第三次工业革命的机遇,驶入现代发展的快轨,一举成为全球制造业中心。机器时代为伦敦的大规模工业生产注入了强劲动能,其控制范围涵盖整个英国的生产系统,这个时期的采煤业和纺织业是工业内部的主导产业,轻纺工业在其中的占比更高。

20 世纪 60 年代末,英国制造业出现大规模衰退现象,伦敦的经济受到重创而一蹶不振,但金融服务业从社会文化氛围吸取了创新精神,从中嗅到了一丝商机,制造业从业者开始大量转移至金融服务业,造就了伦敦服务业的蓬勃发展,也稳定了伦敦的国际金融中心地位。商务服务业、酒店餐饮业等生产性服务业的就业人数逐年增长。

表 2.7　1971—1989 年伦敦都市圈和大伦敦就业变化　　　　　　　　　　单位:千人

年份	伦敦都市圈			大　伦　敦		
	总就业	制造业	生产性服务业	总就业	制造业	生产性服务业
1971	5 795	1 756	651	3 937	1 049	520
1978	5 679	1 425	738	3 663	769	560
1981	5 562	1 263	753	3 567	681	568
1984	5 513	1 106	856	3 463	569	631
1987	5 630	985	1 021	3 505	432	753
1989	5 692	933	1 114	3 481	444	793

资料来源:俞文华,《战后纽约、伦敦和东京的社会经济结构演变及其动因》,《城市问题》1999 年第 2 期。

通过这些就业人口的流动,伦敦的服务业结构实现了从传统向现代的过渡。得益于这场关键性的成功转型,伦敦进入了服务业尤其是高端生产性服务业极度发达的阶段。20 世纪末,伦敦顺利完成了服务业的高端化转型。

进入 21 世纪以来,这种高端化趋势仍在延续。来自各国的优秀人才齐聚伦敦,每天有几百种语言在这里使用。同时,伦敦享有"博物馆之都"的盛名,其拥有的博物馆数是纽约或巴黎的两倍之多,丰富的文化资源为伦敦大力发展创新创意产业提供了有效资源,推动伦敦由资本驱动型经济向创新驱动型经济转型。2001 年,"创意伦敦"工作组大胆提出"将创意产业定位为城市的核心产业",在相关政策规划文件和举措的引导下,伦敦创意产业迅猛发展。2004 年,伦敦推出了首个城市文化发展战略,明确了四个目标,即发展优秀文化、发展创意文化、发展公众接受的文化和发展有价值的文化。文化创意产业作为城市软实力的主要代表,也是伦敦成为世界级城市的必经之路。因此,伦敦不仅是全英国创意中心,更是全球创意中心。

3. 东京

东京作为亚洲第一大城市,与美国纽约、英国伦敦并称为"三大世界级城市",但与纽约、伦敦的城市演变进程相比,东京的城市化道路便稍加曲折,其国际经济中心的演化历程可以概括为"国内工业中心—国际制造中心—国际金融中心—国际高端产业中心"的路径。

东京的发展史可以追溯至四百多年前,17 世纪初德川家族在这里建立了德川幕府,东京便开启了它的繁荣时期。1868 年明治维新以后,工业化在东京展开,促使东京开启城市化进程。前期稳定的国内社会环境使得城市化得到快速发展,20 世纪初的东京,重工业遍地开花。然而,地震和战争的破坏,严重影响了东京的经济发展,城市发展受挫。二战结束后,东京乃至日本的经济一片狼藉,首都东京只剩不到三百万的人口。随后的 1946—1955 年间,东京经历了长达十年的经济恢复时期,这十年间以发展轻工业和农业为主,旨在恢复国民经济。1956—1973 年间,东京进入以重化工业为主的工业化中期阶段,经济高速增长。20 世纪 60 年代伊始,东京拥有超过千万的人口,经济发展上彰显人口红利,产业结构完全转变为资本密集型制造业,东京作为国际制造中心的地位凸显。

1973—1990 年,世界石油危机造成制造业成本大幅上升,重化工业带来的环境污染问题也逐渐引发人们的关注,东京经济增速减缓。在此背景下,日本及时调整能源结构,逐渐由资本密集型产业向知识密集型产业调整,并陆续出现诸如机器制造业类的知识密集型产业,产业结构得到优化升级。20世纪80年代起,日本进入后工业化时期,离岸金融市场在东京生根发芽,金融业发展迅速,而制造业随着金融业的涌进便逐步向郊区扩散。金融业的兴盛也为其他相关服务业打开了进入中心城区的大门,越来越多的大型公司总部、交易所、外资银行及金融市场在东京不断集聚,国民经济发展的核心产业由制造业转为第三产业。东京顺势成为全国性的资源配置中心和经营决策中心。

表 2.8 　1970—1990 年东京都就业结构变化

年份	总数（万人）	第一产业		第二产业		第三产业	
		人数(万人)	占比(%)	人数(万人)	占比(%)	人数(万人)	占比(%)
1970	567.07	5.93	1.0	220.25	38.1	339.64	59.9
1975	561.99	4.29	0.8	192.85	34.3	361.86	64.4
1980	567.20	3.96	0.7	180.54	31.8	381.86	67.3
1985	600.55	3.75	0.6	178.59	29.7	414.53	69.0
1990	628.41	3.31	0.5	178.66	28.4	438.57	69.8

注:就业总数中还包括不能分类的就业人数。
资料来源:《日本城市统计年鉴(1992)》。

20世纪90年代以来,东京经济进入了"零增长"阶段。但这一阶段,日本全国的大学中有1/3坐落在东京,全日本有超过一半的大学生在这些东京的大学就读。另外,东京政府还制定一系列教育政策支持,培养高端人才,助力科技发展。在当时,东京聚集了日本绝大部分公司,而东京的千田代区则是日本科技型企业最为集中的地区,主要为高新技术企业。东京借助其教育优势、人才优势和政策支持,专注于各类高端产业尤其是高端制造业的发展,逐渐符合国际高端产业中心的定位。当前,东京仍然是全球生产性跨国公司总部最多的城市之一。

4. 巴黎

巴黎是欧洲三大都市之一,与伦敦、米兰并列。巴黎的国际经济中心演进历程可以概括为"工业中心—制造业中心—服务业中心—文化创意中心"。

在世界资本主义的发展历程中,法国属于较早发展的国家之一。工业革命开始后,它与英国同为世界强国,而巴黎长期以来都是法国最密集的工业区之一。巴黎的工业化在 19 世纪初得到较快发展,先是重化工业、冶金工业等领域的生产,继而出现了电子、汽车和航空等产业。当时,法国冶金工业产值的几乎半数来自巴黎。

20 世纪初至二战时期,工业快速发展,巴黎等几个大城市聚集了法国绝大多数工业资源。大量巴黎的上流社会富人们对于服装、奢侈品的需求也随之提高,相关产业应运而生,此时巴黎的工业结构更加完善。

二战结束,法国国民经济亟待恢复,而巴黎地区坐拥众多优越条件来恢复或发展工业经济,如产业基础雄厚,能源供给低廉,劳动力资源丰富,购买力强大,各行业间协作水平高,交通等配套设施完善等,愈发吸引工业和人口的进一步集聚,仅巴黎地区的工业就业就占到全法国总就业的 1/5。但随之而来的是巴黎地区地价大幅上涨,甚至高达中小城市的 10—15 倍,工业产品成本也大幅度上升。同时,工业生产使得城市环境每况愈下,城市间的经济水平逐渐失衡。

20 世纪 60 年代,法国政府为了改变这种局面,开始重新规划巴黎地区。法国政府在此实行"工业分散"政策,严格限制巴黎中心的工业集中,主要将诸如时装、衣服、室内装饰等工业部门和手工业留在市区,而传统的资本、劳动密集型工业部门,如汽车制造业、食品加工业、印刷出版业、电力和电子工业等,则被逐渐转移至郊区。这项政策并没有对法国工业的整体发展产生负面影响。20 世纪 80 年代至21 世纪初,全法国工业产值不断提高,而占国民生产总值的比重却一直下降,由此看来,巴黎地区实施的"工业疏散"政策收效明显。

法国向来重视文化战略,而巴黎一直是艺术家向往的圣地。进入 21 世纪之后的巴黎大力发展文化产业,致力于打造浪漫之都,享有"世界艺术长廊"的美誉。

当前,巴黎的文化产业主要有覆盖面广、涉及行业多等特点,除了视听艺术、表演艺术、出版、印刷等之外,还包括各种富含创意的传统奢侈品行业所涉及的传统

表 2.9 巴黎大区的在业人口的行业统计(2019 年 12 月)

	人　　口	占　　比
管理类与高技术含量职位	1 688 314	27.70%
服务行业工作者、销售和行政支持	1 614 023	26.50%
技术类和中层员工	1 553 833	25.50%
劳　　工	840 028	13.80%
技能型商人和业务主管	293 645	4.80%
农业、渔业和林业经营者	5 362	0.10%
其　　他	99 892	1.60%
15—64 岁在业人口总数	6 095 147	100%

资料来源:法国国家经济和统计研究所。

工艺领域,如高级成衣、香水、皮革、葡萄酒、餐饮和旅游业等。2003 年,法国文化产业部门中,大巴黎吸收 45% 的就业人口,小巴黎吸收 38% 的就业人口。

文化创意产业在巴黎能够发展壮大,离不开政府导向、企业运作和协会管理。政府管理和产业政策是巴黎时尚产业能够很好发展所不可缺少的支持条件,即使受欧债危机影响,政府仍然加大文化产业的投资,从中可以看到法国对于文化产业的战略定位。

5. 洛杉矶

洛杉矶在 2022 年的全球城市 GDP 排行榜中位列前十,在美国国内仅次于纽约。洛杉矶的国际经济中心沿"汽车装配中心—重工业发展中心—影视娱乐中心—金融和高科技中心"的历程演进。

洛杉矶的经济发展经历了几个关键阶段。最初,洛杉矶是落后的养牛小镇,依托西部的工业发展,在 20 世纪 30 年代逐渐成长为地区性的中心城市。在 1913 年,随着福特生产线的推行,美国汽车行业迎来了黄金时代,汽车的普及促进了洛杉矶石油产业的发展。同时,造船、航空、汽车和电影工业也初见起色,好莱坞影视中心就是这一时期发展起来的。

到了 20 世纪 40 年代,好莱坞已发展成世界电影制作中心,聚集了美国八大电影公司,年产影视片数百部,控制了全球电影市场。二战后,洛杉矶通过加强太平洋经济圈的联系,走出了产业转型的关键一步——大力发展金融服务业与高新技术产业。依托其西部国际大港的地位,进出口产业大有前景,洛杉矶吸引了大量亚太地区的移民和投资,提高了资本流动与劳动效率,繁荣了城市经济。

从 60 年代开始,洛杉矶的金融、投资等现代服务业发展迅速,产业结构转向高新技术产业。20 世纪末,洛杉矶金融业一举超越旧金山,成为美国最主要的金融中心之一,其实力仅次于纽约。

如今的洛杉矶已经发展成为美国重要的工商业、国际贸易、科教、娱乐和体育中心之一,拥有的科学家与技术人员数量居全美首位,有"天使之城"的称号。

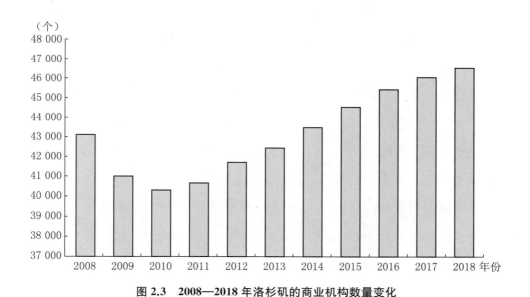

图 2.3　2008—2018 年洛杉矶的商业机构数量变化

资料来源:California EDD；Analysis by Beacon Economics.

2.2.2　国际经济中心城市的演进规律

纵观国内外经济中心城市的发展历程,每个经济中心城市都依据自身的发展基础、历史条件和资源禀赋实现其自身的逐步升级过程。但在发展历程中也表现出一些共性规律。从经济中心的内容演进上看,国际经济中心的内容从制造业中心向服务业中心转变,从传统劳动密集型、资源密集型服务业向现代科技密集型和知识密集型服务业转变,从一味强调经济硬实力向关注经济硬实力的同时更加强调经济软实力转变;从经济中心的演进时机上看,经济中心的发展需要把握经济周期性规律和科技革命机遇;从经济中心的演进范围上看,经济中心从国家经济中心向国际经济中心扩张,从经济功能向非经济功能扩张。

1. 经济中心内容演进的"三大转变"

从制造业中心向服务业中心转变。二战后,各国的产业结构均出现一定程度的转变,从制造业向服务业的"退二进三"的转变是主要的趋势。一方面,生产技术的大幅提升改变了以前的生产模式,大规模生产使得供给关系出现新的均衡,制造部门不再需要大规模人口;另一方面,各种新技术、新产业和新模式的出现使得服务需求增加。在制造业城市中,生产服务业和教育医疗产业是表现最为突出的服务业部门,创造了大量的工作岗位。就生产性服务业而言,它不仅在以纽约市为代表的已具备相当基础的城市增长迅猛,而且在那些制造业占比较大、服务业较为薄弱的城市中,也进展迅速。传统观点认为制造业部门是生产性服务业的服务对象,但在制造业持续下滑的情况下,各主要城市的生产性服务业却逆势上扬。这说明,本地的服务型企业是生产性服务业增长的重要动力。此外,很多制造业城市的生产性服务业具有很强的出口导向,也服务于外地市场。同时,制造业城市的医疗产业也具有较强的出口能力,本地市场不是其唯一的增长动力。这种转变不仅反映了经济发展的趋势,也表明了服务业在促进城市经济增长和提升城市竞争力方面的重要作用。为了适应这种转变,制造业企业也需要进行服务化转型,通过提供产品设计、维护保养等服务来提高产品附加值、增加企业利润、增强市场竞争力。同时,制造业企业还可以通过应用新材料、新技术、新工艺等手段来实现高端化转型,提高产品质量和附加值。纽约、东京和巴黎都是从制造业中心逐步转变为服务业中心的,其中金融中心是服务业中心的核心内容,金融带动其他服务产业集聚。

从传统服务业向现代服务业转变。从服务业内部来看,从传统的劳动密集型、资源密集型服务业向现代的科技密集型和知识密集型服务业转变。比如伦敦的服务业逐步向金融、会计和律法等领域转变。过去30年,以批发零售贸易为代表的生活性服务业就业比重维持不变(大约为 10%),但经济比重下降。专业技术服务、金融服务、商务服务等不仅就业规模上升,而且经济规模不断上升。这一趋势是由多种因素驱动的,包括技术进步、全球化、消费者需求的变化等。传统服务业在过去的几十年中为城市的经济增长和就业作出了重要贡献,但随着时间的推移,现代服务业逐渐成为城市经济发展的新引擎。现代服务业相对于传统服务业,更加注重知识、技术、资本密集型行业,如金融、信息、文化创意等。这些行业的发展需要高素质的人才、先进的技术和先进的管理方法。国际经济中心城市通常具有人才、技术、资本等优势,具备发展现代服务业的良好基础。

从经济硬实力向经济软实力转变。纽约、伦敦和巴黎的经济中心最终都转向文化创意、创新经济内容,不再局限于传统的产业经济内容。说明经济硬实力在向经济软实力转变,对全球经济的影响力不断上升。经济硬实力指的是一个国际大都市的经济实力、工业化水平、科技创新能力和国际竞争力等方面,而经济软实力则指其文化影响力、品牌价值、商业环境和社会和谐等方面的实力。随着全球化的深入发展和国际竞争的加剧,经济硬实力的重要性日益凸显。从一味强调经济硬实力向关注经济硬实力的同时更加强调经济软实力转变。随着消费者需求的变化和市场竞争的加剧,经济软实力已经成为一个国家或地区经济发展的重要支撑和保障。全球新冠疫情发生后,这些城市提出打造低碳经济和数字经济中心,其经济软实力发展目标进一步凸显。

2. 经济中心演进时机的"两把握"

把握经济周期性规律。经济具有周期性规律,经济发展呈现出一定的周期性波动,通常表现为经济的扩张、繁荣、衰退和萧条等阶段。二战后的 1950—2010 年的 60 年间正好是一个长波周期,这些城市的崛起成为全球经济网络的枢纽基本也在这 60 年间。经济中心的发展把握和顺应了经济周期的发展规律,加强宏观政策的逆周期调节和产业政策的顺周期调节是纽约、伦敦等一众国际大都市,甚至是中小型城市的共同特征。国际大都市通过对经济周期性规律的把握,可以更好地理解经济发展的趋势和变化,从而采取相应的政策措施来应对不同阶段的经济形势。

在经济的扩张和繁荣阶段,国际大都市通常会采取积极的政策措施来促进经济增长和就业。例如,纽约在二战后加大基础设施建设,鼓励创新创业,优化营商环境等。在经济的衰退和萧条阶段,国际大都市则会采取相应的政策措施来稳定经济增长和就业,如加大财政支出、实行宽松的货币政策等。例如,新冠疫情发生以来,主要国际大都市均实行了不同程度的量化宽松政策。把握经济周期性规律的重要性在于,通过对经济形势的准确研判,可以更好地制定经济发展战略和政策,以应对不同阶段的经济形势,同时也可以帮助城市更好地把握市场机遇和风险,及时调整经济结构,推动经济的转型升级。

把握科技革命机遇。各国际经济中心城市都是通过把握历次科技革命的机遇实现产业和经济跃迁的。比如,蒸汽革命最早发生在伦敦,对伦敦的影响是全方位的。蒸汽革命使得英国成为全球第一强国,同时也全面重塑了伦敦的经济社会体系。人口规模不断增加,城市范围不断扩张,经济结构也步入工业化时代。后来的电气革命以及信息化革命不断叠加,使得伦敦、纽约这样的城市最先发生变革。这些城市也是通过把握住科技革命的机遇实现经济扩张的。比如纽约的银行业体系从二战前就开始实施全球布局,2008 年金融危机之后,纽约认识到,仅仅依靠金融将会错过全球科技发展的浪潮,于是提出了一系列发展科技的举措。纽约市政府和高校、研究机构合作,投资于人工智能、大数据、金融科技等领域的研发,推动科技创新和产业升级。

3. 经济中心演进范围的"两扩张"

从国家经济中心向国际经济中心扩张。国际经济中心城市首先是国家经济中心,然后不断发展成为国际经济中心。比如 19 世纪末期,东京到横滨的铁路修建很大程度上改善了东京与日本国内其他地区的交通物流效率。随后东京发展成为日本的制造业中心,从国内到国际的蜕变,东京得益于其金融开放和创新升级政策。20 世纪 80 年代日本推动日元成为国际化货币,东京迅速崛起成为国际金融中心,与此同时,东京利用人才优势和高校科研优势,大力发展现代科技,从而成为全球高端制造业的中心地。到了 20 世纪末,东京已经崛起为与伦敦、纽约齐名的全球经济中心。在从国内向国际的扩张过程中,有几大关键要素,一是建设开放型经济。这些城市都积极吸引外资企业,并鼓励本国企业走出去,参与国际市场竞争。二是打造全球金融中心。立足城市的金融业体系,吸引大量国际资本和金融机构聚集,成为全球金融中心之一。通过提供多样化的金融服务和产品,实现从国内金融中心向国际金融中心的转变。三是推动国际贸易和合作,立足重要港口和交通枢纽条件,积极推动国际贸易和合作。通过与世界各国建立贸易关系,扩大自身的经济影响力,并逐渐发展成为国际经济中心。四是注重培养国际化人才。通过加强教育和培训,提高人才的国际竞争力,进一步推动向国际经济中心的转型。五是加强国际交流与合作。积极与其他国家和城市建立经济合作关系,分享经验和资源,更好地把握机遇并发展成为国际经济中心。

从经济功能向非经济功能扩张。国际经济中心城市在发展早期,仍然是全球经济和金融中心,但随着其经济金融功能的不断增强和巩固,非经济功能逐步提升。比如纽约从 20 世纪开始就成为全球事务的管理与控制中心,以联合国总部为中心集聚了全球的各类经济社会型组织。巴黎也是各类国际组织的集聚区。这些组织以国际大都市的经济功能为基础,不断发展政治领导力。此外,由于城市的领先性,国际经济中心城市的旅游功能也始终占据高位。这些城市成为重要的旅行目的地,吸引大量游客,并非由于出色的自然景观,而是由于其建筑景观,以及文化创意产业的集聚,包括艺术、设计、传媒和创意科技领域的发展。此外,国际经济中心的非经济功能还体现在民生服务方面。这些城市通过加强教育、医疗、社会服务和文化设施的发展,以提高居民的生活质量,从而使城市更具吸引力,吸引更多人前来生活和工作。

专栏 2.3 知识产业与国际经济中心城市作用的强化

知识产业以各种尖端技术产业、信息产业、文化产业及专业知识提供型的服务产业为代表。知识在社会中将日趋重要,成为基本的战略资源。随着技术的进步和国际贸易的扩大,要在竞争程度不断加剧的一体化世界市场上进行有效的竞争,使企业提高生产能力和增加财富,就必然引起对知识需求的增加。据分

析,技术进步通常会减少制造业所需的原材料和劳动力的数量,却能增加扩张智力基础所必需的实际知识的数量。因此,在后工业化社会,生产线上所需的人越来越少,而更多的人加入支持和改善智力基础的行列,这个智力基础控制和支撑着整个生产过程。越来越重要的不是在哪儿生产物质产品,而是在哪儿能保持智力基础。

国际经济中心城市较之其他城市具有更大的优势。

首先,在后工业化社会,高速发展的科技,及时的国际通信和空中旅行等因素,使全球的生产及市场得以从严控制。无论何时何地,技术、管理、金融等方面的协助,都能由中心机构在顷刻间提供。作为中心机构重要组成部分的跨国公司总部在空间选址上首先选择了国际经济中心城市,这就要求国际经济中心城市适应这种新的趋势。

其次,产业社会中的国际经济中心城市,尽管拥有较发达的金融业、商业及各类文化旅游业、生活服务业,但制造业(诸如汽车工业、电子工业、电气工业等)仍是其主导产业,制造业就业人口及制造业产值在城市经济中占有支配地位。但是,随着制造业技术的老化或标准化,技术上的优势已不复存在,产品的附加值减少,加上大城市的劳动力成本较高等因素,在竞争的压力下,迫使许多传统的制造业向低劳动成本的地区转移。因此,可以认为国际经济中心城市新的比较优势是人力资源、文化遗产及良好的基础设施和知识环境,所有这些因素有利于逐步向知识产业调整。

最后,国际经济中心城市具备创新的传统,拥有丰富的人力资源、雄厚的金融资本,且信息产业已具雏形,更易于接受新技术、新知识,以适应后工业化中以知识为基础的生产和再生产的要求。

所以,随着知识对世界经济的发展的作用增大,知识产业在全球经济的地位日益提高。而国际经济中心城市要发展,就须率先进行调整,以适应这种变化。从这一趋势看,国际经济中心城市在全球经济中的命脉作用将进一步强化。

资料来源:蔡来兴,《国际经济中心城市的崛起》,上海人民出版社1995年版。

2.2.3　对上海的借鉴与启示

一座城市很难凭一己之力逆转整个经济周期,因此,加快建设国际经济中心城市要顺应经济周期性规律。在经济繁荣期间,国际经济中心可能经历更多的商业活动和投资;在经济衰退时,可能需要采取适当的政策来应对,以减轻衰退的影响。从 2008 年金融危机之后,全球经济步入了一个下行通道,全球 GDP 增速放缓,新冠疫情反复、俄乌冲突、能源危机、货币紧缩等多重冲击,对全球政治、经济甚至意识形态领域均带来深刻变革。同时,中国内部也在进行平台经济整改、房地产市场调控、资管新规落地等重点产业调整。全球经济的底层逻辑和发展环境或正发生重大变化,未来全球经济将步入供需两弱的状态。人力资本积累受阻和大国博弈推动下的产业转移搬迁也会使总需求扩张受限。因为难以在短时间内实现生产水平和劳动力成本的完全替代,劳动和资源成本中枢将较疫前有所上升,企业利润下滑,经济陷入大范围深度衰退概率上升,全要素生产率降低,不仅提高通胀中枢,还将限制技术革命推进节奏。

在整个中国经济参与全球化的大背景下,自浦东开发开放以来,每逢全球经济步入增长谷底或危机萧条期,上海反而几乎都会迎来一个城市经济跃升的"黄金窗口",正所谓"危中有机",在变轨或转型中实现新的跨越。这是由上海特殊地位所决定的,无论是对外开放还是对内辐射,上海均能承担国家重大战略任务。因此,围绕人才、科技创新、土地、政策等资源要素的重组和现代经济产业体系的重构,率先发现支撑未来经济增长的结构性潜力,率先实现支撑高质量发展的创新动力转换,在大变革、大调整中实现综合实力和城市能级的大跃升。当前,上海将再一次迎来"每逢谷底必有跃升"的战略机遇期,也肩负着代表国家参与全球竞争与合作的历史重任。

科技和产业革命是国际经济中心发展的重要跃迁机遇。进入 21 世纪以来,全球科技创新进入空前密集活跃的时期,新一轮科技革命和产业变革正在重构全球创新版图、重塑全球经济结构。以人工智能、量子信息、移动通信、物联网、区块链为代表的新一代信息技术加速突破应用,以合成生物学、基因编辑、脑科学、再生医学等为代表的生命科学领域孕育新的变革,融合机器人、数字化、新材料的先进制造技术正在加速推进制造业向智能化、服务化、绿色化转型,以清洁高效可持续为目标的能源技术加速发展将引发全球能源变革,空间和海洋技术正在拓展人类生存发展新疆域。信息、生命、制造、能源、空间、海洋等的原创突破为前沿技术、颠覆性技术提供了更多创新源泉,学科之间、科学和技术之间、技术之间、自然科学和人文社会科学之间日益呈现交叉融合趋势。重大原创性基础研究和引领性原创成果不断涌现,可能的重点突破方向日益清晰明朗,如人工智能、生命科学、新能源、新材料等众多领域,都孕育着革命的重大突破。上海打造成为国际经济中心城市,必须抓住这些可能孕育颠覆性技术的机遇。抢占科技制高点、取得领先地位,关键在于拥有全球人才,瞄准科创策源地功能。上海应争夺国际化人才,在全球科技创新中争夺一席之地。建立全球高端人才引进"直通车"制度,提高对资金、信息、技术、人才、货物等要素配置的全球影响力。不断强化人才的"磁场效应",努力打造拥有全球资源配置能力的国际化人才高地。培育金融科技、智能制造、数字经济、集成电路、量子科学等"卡脖子"技术人才成为上海发展的当务之急。

加快建设国际经济中心还应关注一些重要的非经济功能。非经济功能可以服务经济功能,经济功能的扩张也能拓展非经济功能。首先要加强全球资源配置力,在全球资源配置上拓展"辐射度",发展更高能级的总部功能。引进国际国内知名商业主体和消费品牌,推出全球营运商计划,助推跨国公司在上海的机构将运作范围从中国区向亚太区和全球拓展,培育一批真正意义上的全球营运"头部"企业。布局一批高能级功能性平台。其次要加强全球门户开放枢纽功能。扩大开放、深化改革,也正在成为中国应对挑战的战略方针。要着力推动重大改革举措优先在自贸试验区新片区试点,加快推进还不适合复制、不适合推广的做法在新片区之内进行压力测试。通过制度创新,不断推出符合中国国情和上海特点的有特色的制度,使长三角地区成为全国经济发展强劲活跃的增长极,全国经济高质量发展的样板区,率先基本实现现代化的引领区和区域一体化发展的示范区;成为新时代改革开放的新高地,助力中国成为深度融入经济全球化的重要载体。

2.3　上海加快建设国际经济中心的战略思路

自党的十四大明确提出"尽快把上海建成国际经济、金融、贸易中心之一"以来,上海历届市委、市政府始终牢记中央嘱托,带领全市人民坚定不移推进国际经济中心建设,着力提升上海在世界经济体系中的地位,使上海逐步由全国的经济中心发展成为辐射范围巨大、影响程度深广的国际经济中心。面向 2035 年,上海要建设社会主义现代化国际大都市,要在服务构建新发展格局中打造国内大循环的中心节点和国内国际双循环的战略链接,代表国家更好参与高水平国际合作竞争,上海应立足现有基础,对标全球前沿城市,顺应时代潮流,以超前性思维进行新的全局性、战略性谋划,以创新性政策思路引领发展,把国际经济中心建设推上更高阶段,使上海在引领全国参与高水平国际竞争合作和世界经济秩序重塑中居于枢纽地位,在建设社会主义现代化强国新的伟大征程中发挥更强的引领和支撑作用,对世界经济发展形成更强辐射力、更大影响力和更高引领力。

2.3.1　指导思想

上海应以建设全球顶级国际经济中心为目标,以改革开放创新为根本动力,以巩固和提升经济基础支撑力、市场主体凝聚力、高端产业引领力、发展新动能孵育力和资源要素配置力为途径,倾力打造全球资源配置的关键枢纽地,倾力打造全球科技创新的核心策源地,倾力打造全球高端产业孕育和发展的主要聚集地,倾力打造中国与世界深度互联互通的开放最高地。

2.3.2　基本原则

1. 遵循国际经济中心城市发展规律

国际经济中心的发展无不体现出全球经济和国内经济的天时、地利、人和。在天时方面,全球化浪潮和国内经济发展阶段决定了国际经济中心的功能、规模和形态。在地利方面,沿海沿江的港口条件在不同的发展阶段发挥着不同作用,国际超大型空港和国内铁路、公路的枢纽性作用助推流量型城市的形成。在人和方面,全球经济、区域经济和国内经济的一体化进程,带动各类生产要素向经济中心城市高效集聚。在国家层面和城市层面,都要顺势而为,在制度建设和发展规划方面形成有利于国际经济中心城市发展的生态环境。

2. 充分发挥上海的独特优势

上海作为中国最大、最发达的城市,依托整个国家(特别是长三角城市群)超大市场规模,具有其他国内城市无可比拟的优势。同时,在国际上,上海地处亚太地区沿海城市带的地理中心;在国内,上海地处长江经济带和沿海经济带的交汇之处,是贯通"一带"和"一路"的枢纽性节点。另外,上海还是中国市场环境最开放、政府管理最高效、科创能力最顶尖、基础设施最完善的城市之一。这些优势决定了上海必须承担的责任,即在新发展阶段引领中国更高水平的改革开放。但是,也必须看到上海与其他顶级国际经济中心相比存在较大差距,上海自身在国际化、开放度、承载力、包容性等方面还存在短板。这些短板影响上海建设顶级国际经济中心的速度和质量,也是未来上海发展要重点突破的领域。

3. 深度协同周边区域一体化发展

辐射带动引领全国特别是辐射带动长江经济带、长三角的发展,既是上海作为国内现代化水平最高的地区的使命,也是建设全球顶级国际经济中心的需要。为建成全球顶级国际经济中心,上海必须走高端化发展路线,这既需要利用域外的高端要素,也需要利用域外的地理和市场空间进行结构调整、产业升级。强有力的外部支撑是上海建成全球顶级国际经济中心的必要条件。上海应在全面落实《长江三角洲区域一体化发展规划纲要》中发挥垂范作用,深度融入长三角一体化发展,与其他地区实现规划衔接、基础设施互通、要素市场互联、产品市场互融、产业发展互补。坚持把上海发展放在全国发展的大格局中,依托长三角一体化发展和上海大都市圈,突破行政边界束缚,在更大范围内谋划布局、统筹资源,推进"五个中心"

的功能升级,发挥上海的龙头效应。

4. 引领更高水平的改革开放

当前,中国正面临推进更高水平改革开放的艰巨任务。在国际上,以美国为首的发达国家对于中国的技术追赶持有戒心,对技术和知识产权的转让设置各种壁垒。目前,中国经济结构已经出现服务业占比越来越高的"后工业化"趋势,传统制造业出口拉动经济增长的动力日渐减弱,服务贸易将成为下一阶段中国与世界各国合作共赢的必然选择。由于服务贸易更多地涉及制度和文化的差异性,更高水平的改革开放将是中国经济未来必须推进的方向,以防止中国在技术、标准、规则等方面与其他国家之间脱钩。

在这一形势下,习近平总书记要求上海继续当好全国改革开放排头兵、创新发展先行者,勇于挑最重的担子、啃最难啃的骨头,发挥开路先锋、示范引领、突破攻坚的作用,为全国改革发展作出更大贡献。为了不负重托,上海应以浦东新区高水平改革开放、打造社会主义现代化建设引领区为契机,发挥中国(上海)自由贸易试验区临港新片区作用,进一步深化改革,完善与国际经济中心城市相配套的市场经济制度,将上海建设成为衔接中国特色社会主义市场经济与未来新型国际经济秩序的节点型城市,成为市场决定资源配置、政府发挥协调作用、法制保障公平正义的典范。

2.3.3　战略定位

到 2035 年,上海的国际经济中心地位应与中国经济的全球新地位相匹配,在经济基础支撑力、市场主体聚集力、高端产业引领力、消费中心辐射力、发展新动能孵育力、资源要素配置力等各方面,建设成为领先全球的国际经济中心,并在引领上海都市圈和长三角一体化发展中发挥更大作用。

在经济基础支撑力方面,到 2035 年,以上海为中心的上海都市圈经济总规模应达到国际领先水平,人均 GDP 率先接近或达到中等发达经济体水平。在市场主体聚集力方面,上海应成为各类先进生产要素的集聚地,成为跨国公司和国内企业设立总部或亚太总部的首选城市之一。在高端产业引领力方面,上海应建成引领全球的高科技产业,且具有先进的研发、设计和咨询能力,赋能全球、全国和长三角城市群的先进制造业,使得现代服务业和先进制造业相互促进,构建成引领亚太和全球经济的高端产业结构。在消费中心辐射力方面,依托教育、医疗、文娱、旅游、商贸、会展、美食等服务消费产业,建成顶级国际消费中心城市,并以高品质生活形成对国内外人才的强大吸引力。在发展新动能孵育力方面,建成全球法制最健全、营商最高效、生活最便利、文化最活跃的城市,并以此吸引国内外顶尖人才,持续产生发展新动能。在资源要素配置力方面,以企业总部和亚太总部为载体,以金融、贸易、航运、会展等生产性服务业为依托,配置全国和全球资源要素。

2.4　上海加快建设国际经济中心的重点举措

2.4.1　发展目标

未来上海应该在中国融入全球,统筹利用好两种资源、两个市场,推动构建高水平开放型经济中发挥更大的先导作用;在贯通两个循环,形成国内国际双循环相互促进的新发展格局,实现国家发展和经济安全的统一中发挥更大的支撑作用;在带动长三角、引领全中国,形成均衡共富的区域发展格局中发挥更大的引擎作用;在辐射亚太、重塑世界分工格局,应对外部大变局、大挑战中发挥重要的枢纽作用。到2025年,经济总量进入全球城市排名前五,具有全球影响力的先导产业和战略性新兴产业高地基本形成,数字经济增加值比重显著提升,规模能级大幅提高,核心功能大幅增强,辐射带动作用大幅提升,全面跻身并稳固在国际经济中心的全球第一梯队。到2035年,经济总量进入全球城市排名前三,具有全球影响力的先导产业和战略性新兴产业高地全面建成,数字经济增加值比重达到国际领先水平,成为综合实力最强、资源配置能力最强、创新引领力最强的国际经济中心之一,居于全球第一梯队前列。具体来看:

一是做大经济规模。国际经济中心应该有相当大的经济体量,同时,与其他地区相比,也要处于较高的发展阶段上。

二是集聚市场主体。国际经济中心应该有完善的政策体系和市场环境容纳各类市场主体,以通过市场主体的竞争与合作,释放巨大的发展活力,形成巨大的辐射能量。

三是做强高端产业。国际经济中心应该站在全球产业发展的前沿,并应该有能力推动全球产业前沿不断向外延伸。

四是强化创新能力。国际经济中心应具备新知识创造的能力和把最新科学技术知识转化为现实生产力的能力。

五是优化资源配置。国际经济中心应当处于产品和要素全球流动网络的枢纽地位,并应具有强大的产品和要素跨国配置能力。

2.4.2　战略任务

上海基本建成国际经济中心,主要靠改革、开放和创新。上海要建成全球顶级国际经济中心,依然离不开改革开放和创新。新时代改革开放和创新任务不同,环境也不同。要适应新环境,围绕新任务,探索改革开放和创新的有效路径和可行方法,以主动开放、整体改革、全方位创新形成强大能量,有力推动上海尽快建成全球顶级国际经济中心。

1. 推进上海都市圈建设,更好地服务长三角一体化发展,提升经济基础支撑力

一是在长三角一体化示范区的基础上,通过国家层面制定上海都市圈规划和管理机制,加强上海都市圈在基础设施、公共服务、土地、人口、产业发展、政策制定实施等方面的一体化,以此形成可复制可推广的跨行政区划的都市圈建设方案,并加快形成上海都市圈一体化建设机制,推进都市圈一体化进程。

二是以长三角一体化示范区和上海"五个新城"建设为战略节点,全面提升上海与周边中小城市的都市圈一体化水平。在"五个新城"建设中形成紧凑型、高效率且生态宜居的现代化城市样板。为克服传统城市规划存在的惯性思维,可在"五个新城"中加强与新加坡、东京以及香港等顶级城市的合作,划定适当的区域建设

现代化的立体城市,并作为与其他亚太城市合作的样本,在建设过程中实现以土地综合用途为抓手的 TOD 建设模式。

三是牵头设立长三角一体化发展基金,形成城市群内部的成果分享和成本分担机制。首先,关于城市群一体化基金的资本构成问题,初始的股权比例可与城市群内部不同城市当年 GDP 的占比保持一致,这能保证城市群内所有城市都能参与一体化基金的设立。股权结构确定后,地方政府缴纳相应的资金并作为原始资本,后续投入可通过国家税务总局税收收入划拨的方式来补充。这既可以保证基金的可持续性,也能确保相关收益分享都通过国家税务总局划转,保证公平性。在融资方面,基金可以作为债务融资主体,向金融机构借款和发行公司债券。在运营方面,基金也可以进行国际国内的市场化投资并提供相应回报。其次,关于城市群一体化基金的用途,一方面可以用于提供跨界的公共品,既要对中心城市及周围优势地区增加跨界基础设施建设,增强其经济和人口的承载力,也要推进城市群内部公共服务均等化和对相对欠发达地区的有效的转移支付;另一方面也可以用于城市之间的产业协调,甚至共建产业园。在实践中,已经出现一些"飞地经济"的实践模式,即中小城市联合大城市,利用大城市的综合优势共建产业园,并分享由产业园产生的税收收入。共建产业园的建设用地指标可以来自相对外围的中小城市,而资金投入则更多来自大城市。如果"飞地经济"的产业占地更多、技术水平相对较低,则更宜建在外围城市。

2. 提升要素市场国际化程度,强化上海全球资源配置功能

一是增强金融要素市场全球定价能力和话语权,提升金融市场国际化水平,打造人民币金融资产配置和风险管理中心,构建更加国际化的金融市场体系、金融机构体系和业务创新体系。

二是提升各类高能级市场平台的国际影响力,聚焦钢铁、有色金属、石油化工等领域,加快建设大宗商品交易全球集散与定价中心,大力集聚各类强链接广辐射的技术、数据等高能级平台。

三是提升高端要素在全球价值链中的位势,依托临港新片区、虹桥商务区、张

江科学城等重点功能区域建设,加快探索资金、税制、数据、人才等政策突破,促进重点区域内高端要素便利化、自由化流动,吸引各类国际总部与功能性机构集聚。

四是围绕新业态新模式发展云服务、数字内容、数字服务、跨境电商等新型特色数字贸易,吸引和培育一批数字跨国企业总部,参与构建全球数字贸易规则,探索制定与数据交易相关的地方性法规,建设要素自由流动、数字规则完善、总部高度集聚的数字贸易国际枢纽港。

3. 深化土地等生产要素的相关体制改革,强化市场主体集聚力

一是突破上海发展的土地资源约束。突破以上海行政管辖边界进行城市规划的体制制度,在都市圈范围内,更合理地进行土地资源空间规划,突破传统的以城市行政管辖范围设定开发强度的政策。以"五个新城"为重点,更多供应建设用地,加快农村集体经营性建设用地入市,允许上海从外省市购入建设用地指标,并在长三角内部的人口流出地区通过农村宅基地复耕,实现与上海之间的耕地占补平衡,保持结对城市间农业用地总量不减少,突破上海本地基本农田规划限制。

二是在增加建设用地的过程中,增加经济和人口的承载力,加快推进外来人口长期稳定就业和市民化,形成土地和户籍制度联动改革的超大城市改革模式。在城市建设用地方面,实行复合功能的建设用地综合开发,实现存量用地在不同用途之间更为灵活地转换。推进既有的闲置商服用地转居住用途,鼓励有闲置用地的企事业单位自建员工宿舍或长租公寓。适度放松容积率管制,提高建设用地利用效率和单位面积上的产出,从而为中心城区城市更新释放新动能。

三是加快推进集体经营性建设用地直接入市。深化宅基地改革,将宅基地纳入集体经营性建设用地入市范围。对未入市的宅基地上的建筑物,允许其以使用权买卖的方式进行产权变更,或以长期出租的形式转为经营性用途和进行使用权变更。对农业用地,允许在种植业、养殖业、生态旅游等方面进行综合利用。在人口方面,以户籍制度改革为突破口,形成适应城市可持续发展的人口管理体系。以上海都市圈为范围,进行人口规模科学预测,制定可持续的人口发展目标,缓解上海人口老龄化对经济社会综合发展的不利影响。同时,加快户籍制度改革,放宽落

户标准,完善积分落户制度,确保以实际居住的社保缴纳年限作为积分落户的主要标准。加快实现本科及以上学历毕业生找到工作且缴纳社保1年后即可落户的做法,并率先在上海各文化艺术团体的演职人员中落实。以1年1个百分点以上的速度提高户籍人口占比,到2035年,将上海非本地户籍人口占常住人口比重降到15%以内,实现在本地连续居住5年以上的外来人口全部落户。在非本地户籍常住人口中,以居住证为标准实现公共服务全覆盖。对于居住在都市圈外围但工作于上海的人口,逐步实现以就业地社保缴纳年限为主的积分落户标准。

四是着眼于上海都市圈建设,提供与常住人口增长相适应的保障性住房、教育、医疗、养老等公共服务,在都市圈范围内加强公共服务的共享。在人口统计方面,逐步试行都市圈范围内的人口统计,对于上海中心城区,利用大数据技术手段逐步实施白天人口和夜间人口统计。根据不同区位的白天人口和夜间人口数量,提供针对不同类型就业、消费和居住需求的基础设施和公共服务。

4. 促进上海产业升级和国际化,增强高端产业引领力

一是提升上海科技、研发、金融、贸易、设计、咨询等现代服务业的质量,更好地为长三角城市群乃至整个中国的制造业赋能。提升张江高科技园区以及上海各大高校在科技创新方面的引领作用。通过竞赛、收藏、拍卖、会展等手段,以设计的数字化呈现和利用为新契机,加快推进"国际设计之都"建设。

二是提升虹桥国际中央商务区的中心地位,将其打造成为富有特色的现代服务业集聚区,跨国公司总部、亚太总部基地,研发基地,以及亚太地区的教育和医学中心。提升虹桥交通枢纽地位,提高虹桥国际机场的亚太国际航班比例,更好地发挥上海地处亚太海岸线中点的地理优势,使虹桥机场具备服务亚太地区当日商务往返的功能,并通过航空与高铁的联运,实现在长三角主要城市高铁站直接值机和托运行李服务。

三是大力发展文化产业。推动国际优秀文化、国内各地文化和上海传统文化共同繁荣的发展格局。提高在酒店、机场、国际社区、图书馆等公共空间对于境外媒体和出版物的可及性。通过引进、合作和自创,形成若干固定剧场的音乐剧演

出,常年持续演出,形成品牌效应,打造"国际演艺之都"。在黄浦江沿线开辟"星光大道",展示以上海为主要发展地的文艺、体育界名人。充分发挥地铁站的展示功能,增加地铁站周围对历史的介绍和陈列,在人流不太密集的时段和站点开放执牌的流动演艺。鼓励在图书馆、书店等公共空间开展各种科技、学术、文化类讲座。推出原创性、首创性的文化作品,形成首发优势和规模效应。打造一批具有国际知名度和影响力的文化品牌,提升"上海首秀"的平台能级。构建文化创意产业要素集聚和整合能力,形成文化创意产业链,构建对全球文化资源的市场配置能力,打造具有引领性的创意经济。打造国际文化大都市的人才高峰,吸引国内外文化名人纷至沓来。

四是加快服务业和制造业深度交互融合,强化服务业对制造业的赋能以及制造业对国际和国内全产业链的引领作用。随着中国经济发展现代化水平不断提高,以及上海城市功能不断升级,上海的制造业将发生实质性变化。上海生产性服务业的赋能作用越强,上海的制造业越强大,对国际国内全产业链的引领作用也越强,在这一过程中,服务业占比将持续提高。因此,上海在未来发展中应摆脱强调制造业占比的传统思维,聚焦重点领域,强化先进制造业的引领功能。在新一波产业发展前沿方向上,进一步发挥集成电路、生物医药、人工智能三大产业的引领作用;在电子信息、生命健康、汽车、高端装备、新材料、现代消费品等六大重点产业形成集群式发展。

5. 加快提升创新经济势能,进一步增强创新对实体经济的支撑带动功能

一是前瞻布局一批战略性和基础性前沿项目,力争产出更多有显示度和影响力的重大科技成果和原创突破。

二是着力建设一批有竞争力的创新平台和科研机构,推进张江综合性国家科学中心建设,积极参与全球科技开放合作,加快构建科技成果转移转化促进体系。在集成电路、人工智能和生物医药等关键领域建立目录清单,构建完善多元、长期的创新资金支持体系,加快完善针对创新型经济的配套措施等。

三是持续增强企业的创新主体地位,做大做强一批龙头企业,制定实施科技

型、创新型中小企业壮大培育计划,优化国有经济创新激励制度。

四是不断优化创新创业的良好氛围,构建基础研究投入稳定增长机制,突出创新人才的吸引培育,加大国际化人才吸引力度。

6.加快提升总部经济能级,进一步增强对产业链、供应链、价值链的高端引领功能

一是不断丰富总部型经济的企业形态。推动外资跨国公司总部机构持续集聚、能级提升,加快培育具有较强国际竞争力的本土跨国公司,积极吸引央企总部机构来沪发展,加大民营企业总部吸引力度。

二是持续完善总部型经济的功能和区域布局。出台针对性政策措施,增强总部企业全球投资、资金统筹、贸易综合、科技创新、辐射带动等功能,鼓励各区及重点区域结合区域发展定位和产业特点,制定支持总部企业的政策措施,建设一批总部型经济集聚区。

三是实施总部企业培育计划,构建从"种子企业"到"总部企业"的发展梯队。促进大中小微企业联动发展,推动形成"总部企业＋中小企业供应链群落"的联动发展格局。

7.在制度型开放中为增强资源要素配置力提供保障

一是建立重大改革特别授权机制,对涉及调整现行法律法规的重大改革,按法定程序由全国人大和国务院以一揽子和分批方式同意授权。赋予上海自贸试验区和临港新片区更加充分的地方立法权和改革自主权,推动各项改革开放和制度创新举措高效落实。在国家支持下,加大制度型开放的压力测试力度。以上海自贸试验区和临港新片区"特殊经济功能区"建设为核心,通过对标 WTO 改革、CPTPP和 TiSA 等全球高标准经贸新规则,及国际最高水平自由港的制度和政策体系,为中国参与高水平经贸规则制定探索新路径、积累制度改革经验。

二是发挥上海自贸试验区临港新片区和浦东新区引领现代化城市发展的作用。以临港新片区建设为依托,在国际经贸往来和人员交流中,率先建设衔接中国特色社会主义市场经济与未来新型国际经济秩序的窗口,成为市场决定资源配置、

政府发挥协调作用、法制保障公平正义的典范。在货币可自由兑换、信息互联互通、多元文化交流互鉴等方面,率先建成具有最高服务水平的全球城市。在国家支持下,开展数据开放的先行探索。顺应世界经济数字化发展转型的大趋势,以临港新片区国际数据港建设为抓手,用好上海先行先试开放平台,率先探索数据跨境流动,大胆推进数字贸易开放。在数据接入方面,在浦东社会主义现代化建设引领区率先实现与境外互联互通,并在整个上海逐步推广,在过渡期先实现技术上互联,同步进行内容监管。放宽云计算、互联网数据中心等增值电信业务的外资准入。切实推进信息数据跨境传输便利化,开通国际互联网数据专用通道,探索数据跨境流动的安全评估和管理监管新机制。建立商业数据跨境传输服务支撑体系,吸引集聚世界级互联网平台企业,打造新一代数字化智能化国际贸易枢纽。

三是加快服务业开放,采取负面清单管理模式并动态调整。切实执行"法无禁止皆可为"的原则,稳定创新预期。对一些创新领域内出现的新问题,在进行行政性监管时加强对法律依据的研究,避免行政性违法,并依法设定从政令发布到执行的过渡期。聚焦在国际经贸规则制定,特别是服务贸易规则制定中的重点问题,在知识产权保护和所有制中性等方面,率先建设成为与国际规则对接的城市,并参与国家在国际经贸规则制定方面的工作。按照上海"十四五"规划制定的目标,打造国际知识产权保护高地,推进国资改革纵深发展,大力支持民营经济发展壮大。将竞争中性和所有制中性与法治化原则相结合,在反垄断法和反不正当竞争法的基础上,用法治手段破除政策性垄断,推进相关政策由差异化、选择性向普惠化、功能性转变。

本章主要参考资料

［1］国务院发展研究中心课题组:《上海"五个中心"建设评估与研究》,2020 年
［2］孙怀仁主编:《上海社会主义经济建设发展简史(1949—1985 年)》,上海人民出版社 1990 年版
［3］苏智良:《180 年来,上海腾飞的动力在哪里》,上观新闻,2023 年 5 月 15 日
［4］郭继:《上海发展的战略定位是如何演进的》,《文汇报》2022 年 8 月 22 日
［5］邓智团:《进一步提升上海经济首位度研究》,《科学发展》2023 年第 5 期
［6］上海市人大财政经济委员会:《关于本市高端产业发展情况的调研报告》,2021 年 11 月

［7］赵莉：《国际大都市增长方式转变的规律与启示》,《新视野》2009 年第 1 期

［8］俞文华：《战后纽约、伦敦和东京的社会经济结构演变及其动因》,《城市问题》1999 年第 2 期

［9］刘波、白志刚：《伦敦世界城市建设的特征及对我国城市发展的启示》,《城市观察》2012 年第 5 期

［10］周振华：《伦敦、纽约、东京经济转型的经验及其借鉴》,《科学发展》2011 年第 10 期

［11］朱晓龙、王洪辉：《巴黎工业结构演变及特点》,《国外城市规划》2004 年第 5 期

［12］齐骥：《我国文化产业集群的发展和治理——以国际经验为视角》,《发展研究》2013 年第 8 期

［13］陆铭：《上海建设国际经济中心升级版的战略思路研究》,澎湃新闻,2023 年 4 月 11 日

第 3 章

上海加快建设国际金融中心战略研究

上海国际金融中心建设是党中央、国务院从改革开放和社会主义现代化建设全局出发,交给上海的一项重大国家战略任务,也是推进中国式现代化的重要组成部分。自 1992 年党的十四大首次提出要把上海建成国际金融中心以来,历经多年耕耘,上海已经基本建成与中国经济实力以及人民币国际地位相适应的国际金融中心。当前至 2035 年是全球百年变局加速调整,中华民族伟大复兴全面展开的关键时期,尽管上海国际金融中心建设成就巨大,但爬坡向上的难度也在日益增加。站在新的历史起点上,上海国际金融中心将承担起全新的战略使命,力争在强化城市"四大功能"方面取得新的突破,进一步开创上海国际金融中心建设新局面。

3.1 上海加快建设国际金融中心的基础优势和短板瓶颈

3.1.1 上海国际金融中心的建设历程与成效

1992 年 10 月,党的十四大报告首次提出要"尽快把上海建设成为国际经济、金融、贸易中心之一",上海国际金融中心建设自此翻开了篇章。2004 年 2 月,根据中央对上海的战略定位,上海市委市政府颁布《推进上海国际金融中心建设行动纲要》,并将建立人民币产品中心作为建设上海国际金融中心的突破口。这是自1992年中央提出"建设上海国际金融中心"国家战略以来,上海第一次明确国际金融中心的建设路径。2009年4月,国务院第19号文《关于推进上海加快发展现代服务业和先进制造业建设国际金融中心和国际航运中心的意见》发布,进一步明确将上海国际金融中心建设纳入国家统一规划指导,强化了上海国际金融中心建设的国家战略地位,并旗帜鲜明地指出,"到2020年上海要基本建成与我国经济实力及人民币国际地位相适应的国际金融中心"。

新时代十年来,以习近平同志为核心的党中央对上海"五个中心"建设提出了更高要求,上海国际金融中心迈入了发展快车道。2013年9月29日,中国(上海)自由贸易试验区正式挂牌,其中重要内容之一就是推动金融业改革开放,标志着上海国际金融中心建设步入更高层次发展阶段。随着金融开放政策的不断出台,近年来上海国际金融中心改革创新力度持续加大。2015年4月,上海自贸试验区扩展区正式揭牌,陆家嘴金融片区、金桥开发片区、张江高科技片区等三大片区正式纳入上海自贸试验区范畴。2018年11月5日,习近平总书记在首届中国国际进口博览会开幕式上宣布增设中国上海自由贸易试验区临港新片区。2019年1月,《上海国际金融中心建设行动计划(2018—2020年)》出台,再次明确"到2020年,上海基本确立以人民币产品为主导、具有较强金融资源配置能力和辐射能力的全球性金融市场地位",从六个方面详细阐述了2018年至2020年上海基本建成国际金融中心的主要任务和政策举措。2020年2月14日,央行、银保监会、证监会、外汇管理局、上海市政府联合发布《关于进一步加快推进上海国际金融中心建设和金融支持长三角一体化发展的意见》,围绕推进临港新片区金融先行先试、加快上海金融业对外开放以及金融支持长三角一体化发展推出多项政策,为新时代加快建设上海国际金融中心指引新的方向。

上海国际金融中心建设历经30余年,通过不断迭代升级,完成了从建立框架到健全体系的发展过程。当前,上海已基本建成了与中国经济实力以及人民币国际地位相适应的国际金融中心。2021年8月,上海市政府发布《上海国际金融中心建设"十四五"规划》,提出到 2025 年,上海国际金融中心能级显著提升,服务全国经济高质量发展作用进一步凸显,人民币金融资产配置和风险管理中心地位更加巩固,全球资源配置功能明显增强,为到 2035 年建成具有全球重要影响力的国际金融中心奠定坚实基础。这一规划的出台,标志着上海金融中心建设开始迈入高质量发展新征程。

1. 金融核心功能显著增强

近十年来,上海金融总量大幅跃升,成为驱动经济增长的重要引擎。2022 年,上海金融业增加值达到 8 627 亿元,占地区生产总值的比重接近五分之一,占全国金融业增加值的 8.9%。全年通过上海证券市场股票筹资 8 477.18 亿元,发行公司债和资产支持证券共 43 217.07 亿元,金融服务实体经济的核心功能显著增强。一是普惠金融服务提质增量。在 2021 年工信部发布的中小微企业发展环境评估中,上海的融资环境排名全国第一;金融服务科技创新的力度进一步增强,2022 年市辖内科技型企业贷款余额较年初增长 52%,市融资担保中心承做政府性融资担保贷款规模同比增长 45%,其中为科技型企业提供担保贷款占比约为 57%,中国集成电路共保体累计提供风险保障超万亿元,首台(套)重大技术装备保险累计为 176 个重点创新项目承保,有力支撑高新技术产业蓬勃发展。二是金融支持绿色低碳发展成效显著。为更好地服务国家碳达峰、碳中和目标,上海正加快打造国际绿色金融

表 3.1　全球主要金融中心金融业增加值及其占比

	金融业增加值(亿美元)	地区生产总值(亿美元)	金融业增加值占比(%)
上海(2019)	956.82	5 530.96	17.30
纽约(2019)	3 221.07	15 689.73	20.53
伦敦(2017)	854.85	5 378.08	15.90
东京(2017)	754.07	9 479.42	7.95

注:上海的数据由人民币直接转换为美元,2019 年全年人民币平均汇率为 1 美元兑 6.898 5 元人民币;伦敦和东京的数据分别由英镑和日元转换为人民币,再转换为美元。2017 年度全年平均汇率为 1 美元兑 6.754 7 元人民币,100 日元兑 6.024 5 元人民币,1 英镑兑 8.697 8 元人民币。

资料来源:上海数据来源于 Wind;纽约数据来源于 New York City Controller;伦敦数据来源于 Office for National Statistics;东京数据来源于 Tokyo Statistical Yearbook 2018。

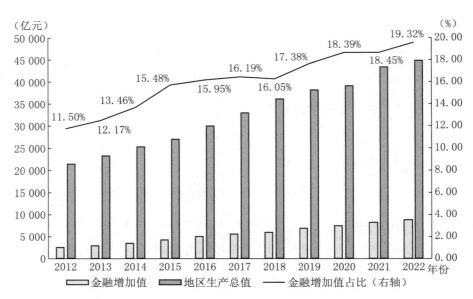

图 3.1　2012—2022 年上海金融业增加值及其占比情况

资料来源:根据上海市统计局历年国民经济和社会发展统计公报数据绘制。

枢纽。截至 2022 年底,上海金融机构绿色贷款余额达 8 423.9 亿元,同比增长 39.4%,高于同期各项贷款增速 32 个百分点;首单"碳中和"专题"债券通"绿色金融债券、首单低碳转型绿色公司债、首单"碳中和"绿色资产支持商业票据等在沪陆续发行。2021 年 7 月,上海全国碳排放权交易市场上线启动运营,至 2022 年全国碳市场现货交易累计成交量为 5 088.95 万吨,成交额达 28.14 亿元;全国碳市场碳排放配额(CEA)累计成交量为 2.30 亿吨,成交金额突破 100 亿元大关。三是金融推动长三角高质量一体化发展持续推进。上海陆续发布《关于在长三角生态绿色一体化发展示范区深化落实金融支持政策推进先行先试的若干举措》等系列政策,推进金融服务 G60 科创走廊、虹桥国际开放枢纽等建设,助力长三角共建"产业链""供应链",推动商业银行设立长三角管理总部、示范区分支行,创新开展跨区域联合授信等。

　　2. 多元市场格局日益完善

　　目前,上海已经形成了多层次的金融市场体系和金融产品体系,市场要素齐全、技术手段先进,成为全球金融资源配置功能高地。截至 2022 年,上海汇聚各类金融要素市场和金融基础设施 15 家,金融市场交易额达 2 932.98 万亿元,同比

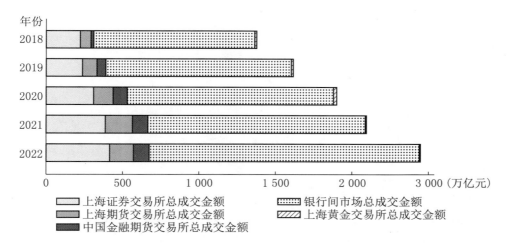

图 3.2　近五年上海金融市场交易额变化

资料来源：上海统计局，《上海云概览》。

增长 16.8%。其中上海证券交易所有价证券、中国金融期货交易所和银行间市场成交额分别增长 7.6%、12.6% 和 23.8%。上海证券市场的首发募资额全球第一，场内黄金现货交易和交割规模均居世界第一；上海期货交易所螺纹钢、白银、锡、天然橡胶等多个期货品种交易量位居同类品种全球第一位，原油期货市场也已跃居全球第三大市场。上海期货交易所已经成为全球三大铜定价中心之一。原油期货成功上市后，上海成为继纽约、伦敦后全球第三大原油期货市场。上海

表 3.2　上海证券交易所主要细分市场 2020 年与 2012 年情况对比

	主要指标	指标值（截至 2020 年 7 月 22 日）	较 2012 年增长情况
股票市场	上市公司家数	1 669 家	增长 75%
	总市值	42.2 万亿元	增长 166%
	成交额	44.8 万亿元	增长 337%
	投资者股票账户	2.53 亿个	增长 181%
债券市场	债券现货挂牌数	1.8 万只	增长 18 倍
	债券托管量	11.5 万亿元	增长 700% 多
基金市场	基金市场产品总数	341 只	增长 7 倍

资料来源：上交所调研资料。

（万亿元）

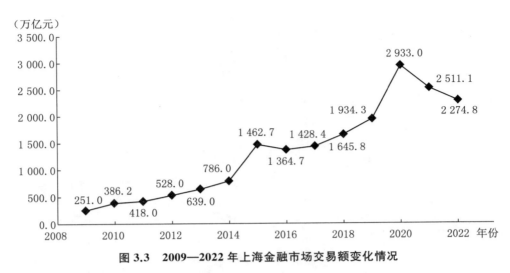

图 3.3　2009—2022 年上海金融市场交易额变化情况

资料来源：根据上海统计局历年国民经济和社会发展统计公报绘制。

黄金交易所黄金现货交易量连续多年位居全球第一，全球首个以人民币计价的黄金基准价格"上海金"发布。多年来，上海金融市场产品从单一到多元，推出了国债期货、股指期货、外汇期权等一系列重要金融产品工具，为金融资产定价、发行、交易和风险管理等提供了坚实保障。上海银行间同业拆放利率（Shibor）、贷款市场报价利率（LPR）等基准利率市场化形成机制深入推进。CFETS 人民币汇率指数成为人民币汇率水平的主要参照指标。国债上海关键收益率（SKY）成为债券市场重要定价基准。"上海金""上海油""上海铜"等价格的影响力日益扩大。

专栏 3.1　中国期货市场发展及特色

根据美国期货业协会（FIA）统计，在 2022 年上半年全球各类期货和期权品种成交量排名中，中国品种在农产品品种前 20 名中占有 16 席，在金属品种前 20 名中占有 14 席，在能源品种前 20 名中占有 5 席，在贵金属品种前 20 名中占有 3 席。十年来，国内新上市期货和期权品种有 76 个，是之前 20 多年上市品种数量的 2 倍多，目前品种总计已过百。中国国期货市场总资金突破 1.6 万亿元，总持仓突破 3 600 万手,均创历史新高。

中国期货市场呈现出鲜明的中国特色:

一是推出了中国特色期货品种。依托中国完整的工业体系,发掘国民经济重要产业链的中间产品,上市以 PTA、燃料油、塑料等品种为代表的中间产品期货有 25 个,其中 19 个为国内独有上市品种,受到了境内外市场的广泛关注,特别是甲醇、热轧卷板等品种的成功上市和运行,吸引境外交易所研发上市同类产品。中间产品期货在服务保供稳价、增强产业链韧性等方面的积极作用已初步显现。从中间产品期货发力,增强中国产业链、供应链的全球竞争力,建设具有中国特色的商品定价中心,成为一个趋势。

二是构建了中国特色监管制度。中国期货市场坚持底线思维,结合发展实际,创设期货市场监控中心,构建"一户一码"、保证金安全存管监控等制度,确立证监会、派出机构、期货交易所、中国期货市场监控中心和中国期货业协会"五位一体"的期货监管体系,并通过期货和衍生品法把特色监管制度以国家法律形式确定下来,体现了借鉴国际最佳实践和立足国情市情的有机统一。

三是创新中国特色业务模式。服务实体经济能力大幅提升,助力脱贫攻坚和乡村振兴等国家战略,创立并稳步扩大"保险＋期货"模式,构建农业补贴、农产品期货和农业保险的联动机制,形成了农产品市场风险向期货市场转移、最终由期货经营主体承担而农业经营主体受益的闭环。

资料来源:祝惠春:《期货市场规模和影响快速提升》,《光明日报》2022 年 10 月 1 日。

3. 改革创新发展成效凸显

上海持续聚焦"五个中心""四大功能",积极推进金融改革发展先行先试,全力服务国家战略。在上海自贸试验区临港新片区金融业创新改革方面,上海立足《关于进一步加快推进上海国际金融中心建设和金融支持长三角一体化发展的意见》,陆续发布了《全面推进中国(上海)自由贸易试验区临港新片区金融开放与创新发展的若干措施》等一系列创新政策,率先实施优质企业跨境人民币结算便利化、一次性外债登记、限额内自主借用外债、融资租赁母子公司共享外债额度、取消外商直投人民币资本金账户等一系列金融创新举措。上线跨境人民币贸易融资转让服务平台,五大行金融资产投资公司获批在沪开展股权投资业务。在创新设立科创板、试点注册制方面,自上交所率先设立科创板以来,科创板发行上市审核2.0、做市商制度等相继推出,科创板支持科技创新的上市包容效应、产业集聚效应、品牌示范效应、科创成长效应逐步显现,也为中国全面实行股票发行注册制奠定了坚实基础。截至2023年5月末,科创板已上市企业528家,累计首发募集资金为8223.6亿元,总市值达6.7万亿元。"科技履约贷""科创助力贷"等科技专属信贷产品持续完善,形成了专利许可收益质押融资模式、科创企业专属评级授信模型等创新成果。上海还在全国率先开展了期货保税交割、巨灾保险、个人税收递延型商业养老保险和外资股权投资企业(QFLP)、合格境内有限合伙人(QDLP)等创新业务试点。上海把绿色金融作为国际金融中心建设的重要组成部分,积极推动绿色金融改革创新。不仅增设了上证180碳效率指数、中证上海环交所碳中和指数等一系列绿色指数,还依托上海环境能源交易所,在国家核证自愿减排量(CCER)质押、碳基金、碳回购、碳信托、借碳等方面取得创新突破。

4. 开放枢纽地位更加巩固

近年来,上海致力于金融开放门户枢纽建设,积极推动国际国内金融市场双向开放。目前上海拥有的各类持牌金融机构中外资金融机构占比已经超过三成,外资法人银行、保险机构、基金管理公司均占内地总数的一半左右,包括金砖国家新开发银行、全球清算对手方协会(CCP12)和跨境银行间支付清算公司在内的一大批总部型、功能性金融机构或组织相继落沪。借力自贸试验区及新片区金融开放试点,上海加快银行间债券、外汇、货币等金融市场开放步伐,成功启动"债券通""沪港通""沪伦通"等开放试点,先后推出了黄金"国际板"和再保险"国际板";"熊猫债"发行主体不断多元化,境外主体市场参与度提高,发行规模进一步扩大,有力提升人民币资产吸引力。上海还通过打造全球资产管理中心进一步巩固全球资产管理枢纽地位。2021 年 5 月,上海发布《关于加快推进上海全球资产管理中心建设的若干意见》,提出力争到 2025 年打造成为亚洲资产管理的重要枢纽,迈入全球资产管理中心城市前列。中国证券投资基金业协会备案的 38 家外资私募证券投资基金管理人有 32 家落户上海,全球排名前 20 的资管机构有 17 家在沪设立主体并展业。全国首家外资独资公募基金——贝莱德、首家从合资转为外资独资的公募基金——上投摩根等先后入驻上海。此外,上海与其他金融中心城市的金融合作不断深化,尤其是与“一带一路”沿线国家和地区的金融机构交流日益密切。上海证券交易所成立国际交流合作中心,并参与了收购巴基斯坦证券交易所、孟加拉国达卡证券交易所部分股权,参股哈萨克斯坦阿斯塔纳国际交易所等。

表 3.3　上海主要支付清算基础设施发展情况

	成立时间	主要业务或产品
中国银联	2002 年 3 月	全国统一的银行卡跨行信息交换网络,提供银行卡跨行信息交换相关的专业化服务,管理和经营“银联”品牌,制定银行卡跨行交易业务规范和技术标准
上海清算所	2009 年 11 月	为金融市场直接和间接的本外币交易及衍生产品交易提供登记、托管、清算、结算、交割、保证金管理、抵押品管理,以及信息服务、咨询业务等服务
中国信托登记公司	2016 年 12 月	信托产品及信托受益权登记与信息统计平台,信托产品发行交易平台,信托业监管信息服务平台
跨境清算公司	2015 年 7 月	为境内外金融机构人民币跨境和离岸业务提供资金清算结算服务
城银清算公司	2018 年 12 月	为城商行等中小金融机构提供支付清算服务
中央国债登记结算公司上海总部	2017 年 12 月	各类金融资产的中央登记托管结算机构
中国证券登记结算公司上海分公司	2001 年 9 月	为登记阶段系统参与者参与场内场外、公募私募以及跨境证券现货和衍生品投融资提供服务
上海股权托管交易中心	2010 年 7 月	上海唯一合法的区域性股权市场

资料来源:编写组整理。

专栏 3.2　人民币跨境支付系统(CIPS)简介

随着人民币跨境使用需求不断增长,跨境人民币业务各项政策相继出台,跨境人民币业务规模不断扩大,迫切需要建设金融基础设施支撑业务发展。为满足人民币跨境使用需求,进一步整合现有人民币跨境支付结算渠道和资源,提高人民币跨境支付结算效率,中国人民银行于 2012 年启动人民币跨境支付系统(Cross-border Interbank Payment System,CIPS)建设。致力于提供安全、高效、便捷和低成本的资金清算结算服务,是我国重要的金融市场基础设施,在支持上海国际金融中心建设、推动金融业双向开放、增强金融服务实体经济能力、服务"一带一路"资金融通、助力人民币国际化等方面发挥着重要作用。

2015 年 10 月 8 日,CIPS(一期)成功上线运行,同步上线的有 19 家直接参与者和 176 家间接参与者,参与者范围覆盖六大洲 50 个国家和地区。CIPS 的建成运行是我国金融市场基础设施建设的又一里程碑事件,标志着人民币国内支付和国际支付统筹兼顾的现代化支付体系建设取得重要进展,对推动人民币成为全球主要的支付货币、推进人民币成为特别提款权(SDR)篮子货币发挥了重要作用。

CIPS 上线以来,系统运行稳定,可用率保持 100%,参与者规模持续扩大,业务量稳步攀升,系统功能逐步完善。截至 2019 年末,CIPS 共有 33 家直接参与者,903 家间接参与者,分别较上线初期增长 74% 和 413%,覆盖全球六大洲 94 个国家和地区,CIPS 业务实际覆盖 167 个国家和地区的 3 000 多家银行法人机构。自 CIPS 上线以来,涉及"一带一路"沿线国家和地区的参与者数量逐步攀升,沿线国家金融机构通过 CIPS 开展人民币跨境支付业务的积极性不断提高。截至 2019 年末,"一带一路"沿线 59 个国家和地区(含中国内地和港澳台地区)的 1 017 家法人银行机构通过 CIPS 办理业务。

CIPS 按计划分期建设,一期系统上线后,系统功能不断完善,二期顺利完成投产。CIPS 二期具备以下功能特点:一是丰富结算模式。在实时全额结算模式基础上引入定时净额结算机制,实现流动性更为节约的混合结算机制,满足参与者的差异化需求。二是支持金融市场业务。根据不同金融交易的资金结算需要,系统能够支持人民币付款、付款交割(DvP)结算、人民币对外币同步交收(PvP)、中央对手集中清算和其他跨境人民币交易结算等业务。三是延长系统对外服务时间。系统运行时间由 5×12 小时延长至 5×24 小时＋4 小时,全面覆盖全球各时区的金融市场,充分考虑境外参与者和其客户的当地人民币业务需求,支持当日结算。四是拓展直接参与者类型。引入金融市场基础设施类直接参与者,明确不同类型参与者的准入条件,为引入更多境外直接参与者做好制度和业务准备。五是进一步完善报文设计。增加报文类型和可扩展性,优化报文字段定义,便利参与者和相关部门进行合规管理。六是建成 CIPS 备份系统。实现主系统向备份系统的实时数据复制,提高了 CIPS 的业务连续运行能力。

资料来源:人民币跨境支付系统官网。

5. 金融营商环境持续优化

近年来,上海大力推进金融法治建设,打造近悦远来的金融营商环境。上海在国内率先设立金融法院、金融仲裁院等机构,建立完善金融侦查、检察、审判专业化机制,颁布了《上海市推进国际金融中心建设条例》《上海市地方金融监督管理条例》,率先推出《上海国际金融中心法治环境建设》白皮书等等。上海贯彻落实新时代中央对金融监管的要求,不断完善金融监管体系,防范化解金融风险取得重要成果。目前,落户上海的人民银行征信中心已建成全国集中统一的企业和个人金融信用信息基础数据库,首家全国性证券金融类公益机构——中证中小投资者服务中心落户上海,上海市金融消费纠纷调解中心成立,形成金融纠纷多元化解决机制。国际金融人才高地建设取得积极进展。随着上海"金才工程"的深入实施,海外金才、领军金才、青年金才三类重点人才不断集聚,同时本土化金融人才培养开发工作体系进一步健全,服务政策不断完善。金融中心城市品牌知名度日益扩大、城市治理水平不断提高,"一网通办""一网统管"深入推进。上海推动金融集聚区建设成效明显。陆家嘴金融城在全国率先实施"业界共治＋法定机构"公共治理架构，沿黄浦江金融集聚带承载力不断提升。"陆家嘴论坛""外滩金融峰会"等已经成为国内外金融高端对话交流的重要平台。

3.1.2 对标国际存在的主要短板和瓶颈

经过前一阶段发展，上海国际金融中心建设已经取得显著成效，但对标纽约、伦敦等全球领先的国际金融中心，对照实现中华民族伟大复兴的战略要求，上海国际金融中心建设还存在较多短板，其中关键在于上海国际金融中心的国际化程度偏低，全球资源配置功能不强，与新时代的发展要求和地位不相匹配。

1. 国际化程度偏低，市场定价能力有限

在沪的大类金融市场的国际化程度普遍不高。全球融资服务能力偏弱。境外机构在中国发行的债券(熊猫债)金额不大、占比低。其中 2021 年发行 1 065.16 亿元，仅占中国债券市场发行总量的 0.17%；并且尚无境外企业在境内发行上市。外国投资者在中国金融市场的参与度较低。外资在中国股市和债市中的占比较长时期维持在 3%—5% 区间，不同程度低于日本、韩国、巴西等国家。由于中国在资本项下的可兑换性不足，人民币对国际汇市的影响有限，上海在全球外汇交易总量中的占比为 1.6%，远低于伦敦(43.1%)和纽约(16.5%)。

表 3.4 上海期货交易所与芝加哥商品交易所期货产品种类比较

	产品种类	期货及期权资产类别
上海期货交易所	22 个期货品种，9 个期权合约	期货品种：铜、铜(BC)、铝、锌、铅、镍、锡、氧化铝、黄金、白银、螺纹钢、线材、热轧卷板、不锈钢、原油、低硫燃料油、燃料油、石油沥青、丁二烯橡胶、天然橡胶、纸浆、20 号胶；期权合约：原油、铜、铝、锌、螺纹钢、天胶、黄金、白银、丁二烯橡胶
芝加哥商品交易所	1 272 个期货产品和 930 个期权产品，总计 2 202 个项目和商品	4 个品种序列(农产品、金属、能源、化工)共 84 个品种

资料来源：上海期货交易所。

国际金融市场对"上海价格"的认可度还不高。上海期货市场的国际化品种有限,金融衍生品数量还不够丰富,缺乏有效的风险对冲工具,因此目前"上海价格"的影响力主要局限于国内。2020 年原油、铁矿石、铜、大豆等大宗商品贸易跨境人民币收付金额为 2 525.66 亿元,仅占人民币跨境收付总金额的 0.9%。

资本市场发展质量仍有较大提升空间。上海证券市场规模较大,但韧性、稳定性和可预期性不足,场内机构投资者的比重偏低,股指易受到国际地缘政治、自然事故、贸易摩擦等外部负面事件影响。直接融资市场服务国家战略和实体经济的能力不足,导致本土资本市场在促进科技创新资本形成、推动创新要素合理定价、优化创新资源配置、激发创新主体活力等方面发挥的作用难以与纽约、伦敦相比。此外,高新技术产业和战略性新兴产业的红筹企业回归国内 A 股上市还存在许多现实的门槛和困难。

表 3.5　2019 年主要证券交易所国外上市公司数量及其占比

	上市公司数(家)	国外上市公司数(家)	国外上市公司占比
上海证券交易所	1 572	0	0
纽约交易所	2 243	514	22.92%
伦敦交易所	2 055	385	18.73%
东京交易所	3 702	4	0.11%

资料来源:上海数据来源于上海证券交易所;纽约数据来源于 New York Stock Exchange;伦敦交易所数据来源于 London Stock Exchange;日本交易所数据来源于 Japan Exchange Group。

2. 龙头领军企业缺失,头部机构集聚不足

一方面,头部金融机构在沪集聚程度不够,总部型金融机构的行业影响力不足。上海证券机构的全球影响力不仅明显落后于纽约和伦敦,即使与北京和深圳相比也有一定的差距。比如总部设立在上海的证券公司中,海通、国泰君安和申万宏源三大本土券商在《财富》中国 500 强企业的排名偏后;在资产管理领域,全球排名前十的资管公司中,9 家公司总部设在美国。

表 3.6　2022 年世界 500 强金融机构总部在国际金融中心分布　　　单位:个

总部城市	银行:商业储蓄	财产与意外保险(股份)	多元化金融	人寿与健康保险(互助)	商业保险	总计
纽约	4	2	2	2	1	11
伦敦	3	0	0	0	3	6
东京	3	3	0	1	2	9
上海	2	0	0	0	1	3
北京	6	1	1	1	2	11
总计	18	6	3	4	9	40

资料来源:FortuneGlobal500.

另一方面,在沪金融机构的规模大小、盈利能力和风险定价能力较弱。上海银行业资产规模、证券公司营业收入低于纽约和伦敦,保费收入与其他国际金融中心相比差距较大。上海金融中心的风险管理产品和手段偏少、规模偏低,严格的准入制度导致参与市场交易的境内金融机构数量较少、类型单一,容易出现需求同质、交易方向单一等问题;同时,由于目前国内金融机构对国际产业资本的参与深度不足,对国际大宗商品等金融产品的定价影响力较弱。

3. 制度建设相对滞后,金融开放亟待加强

从最新的服务贸易限制指数(STRI)看,中国金融业开放水平虽有提升,但总体排位仍然较低,其中外资准入和竞争壁垒两个方面的限制成为上海国际金融中心的重要短板,尤其是现有的金融开放举措与国际制度标准和金融惯例的差距依然较大。一是相关金融法律法规调整滞后,部分开放措施未能有效转化为通行的制度和标准。各国推动服务业开放主要是通过体制机制改革及相关法律法规"立改废"实现的,而我们的扩大开放更多是依靠政策推动。例如,部分金融产品创新已由审批制改为备案制,且备案产品范围逐步扩大,但未能在现行的《银行业监督管理法》中体现,导致 STRI 对中国该项评价仍为"限制"级别;又比如《外商投资法》严格限制政府采购中的不公平竞争行为,但实际操作中,《政府采购法》相关的表述未作相应修订,因此中国的政府采购仍被认为限制金融服务贸易。

二是原则性、鼓励性的政策较多,但政策的针对性和可操作性有待加强。上海国际金融中心的部分规则设计与国际先进规则还有差距,关键措施的精准度有待提升,

一些对改革需求最迫切、最关键领域的创新突破举措还停留在指导意见层面。例如，在金融信息数据保护和跨境流动方面，仅有网信部门的原则性规定，对标国际经贸新规则的具体条款存在显著差距；与此同时，中国在法律层面禁止数据跨境传输，在数据跨境流动五项措施评分中全部显示为"限制"，严重影响了涉外金融业务的开展。

三是适应金融业制度型开放的管理体制机制还不完善。准入后的管理制度改革还需深化，"准入不准营"问题仍旧存在，对外资的经营模式、牌照、业务范围、经营条件、业务许可等边境内措施方面有待进一步开放。外资金融机构设立分支机构和拓展经营范围仍存在额外限制。提升贸易便利化水平有较大努力空间和潜力，境外投资管理制度的备案制改革有待进一步落实，金融风险防范机制还待完善。

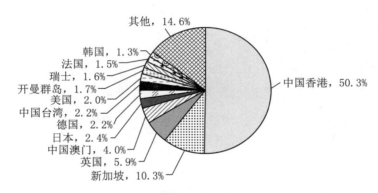

图 3.4　2022 年人民币跨境收付金额国别和地区分布情况

资料来源：中国人民银行网站。

4. 转型发展任务艰巨，"创新赛道"仍需发力

当前，纽约、伦敦等全球主要金融中心城市纷纷面向绿色化、数字化转型，寻求新的发展动能。上海在绿色金融、数字金融等新赛道上具有一定先发优势，但也面临诸多挑战。一方面，上海绿色金融发展尚处于起步阶段。尽管近年来上海已经在绿色金融方面做出诸多尝试，但由于是"全新赛道"缘故，绿色投资理念倡导、绿色金融政策扶助、绿色金融基础设施建设还缺乏统一标准规范，国内金融中心城市之间的分工重点仍不明确，与国际主流碳金融领域的对接也不够顺畅。虽然上海是绿色金融的先发城市，但在沪金融机构引领绿色发展和绿色金融市场创新能力偏弱,相关信息数据透明度低,绿色中介体系发育严重滞后。在 2021 年 10 月全球绿色金融指数(GGFI)排名中,上海仅位列第 14。

另一方面,在"数字金融"实际应用中还需要进一步厘清创新与监管的关系。尽管上海有支付等方面的领先优势,但未来继续领跑的难度加大,其中不仅有发展增速放缓、国内外竞争者追赶的挑战,还有金融创新纳入法治规范的监管压力。比如在沪中小银行在开放合作方面的深度和广度不够,存在商业模式、数据安全、技术漏洞等方面的风险,在飞速发展的金融科技大趋势下面临"被挤出"的巨大压力;又比如,一些数字金融技术的可靠性争议较大,以及对货币政策和跨境资金流动的潜在影响还难以完全确定。对于在金融要素市场产生的海量数据如何定价、流转、使用、创造价值、分配价值等根本问题,上海还缺乏明确的法制保障,与国际国内数字金融立法的前沿城市仍存在差距。

5.营商环境有待完善,人才队伍还要加强

一是与国际金融市场法律制度衔接有待加强,跨境金融纠纷缺乏话语权。上海在金融法律和规则体系方面,如证券名义持有和多级托管制度、结算交收方式、信息披露、会计准则、投资者保护、金融违法行为查处等,与国际金融市场通行规则还存在较大差异;对金融活动规范依据的大多是应事而设的行政措施,与发达国家金融中心成熟稳定的金融法律相比,可预见性和保障性明显偏弱。因此,在客观上造成我们在解决国际金融争议纠纷方面的能力弱的困境。由于金融案件审计的经验不足,案件审理易受外部因素影响,金融司法的公正性面临考验;国内当事人对仲裁方式不够信任,仲裁解决金融争议还远未达到预期目标。

二是金融配套中介数量不足,专业金融服务质量不高。上海仅有 30 余家国际专业律师事务所和国际知名管理咨询机构,远低于纽约(148 家)和伦敦(126 家),且服务对象的丰富程度和便利化程度有待提升。部分国际金融机构反映,在沪开展业务仍然受执业资格、合作机制等重重限制。国际性的中资金融服务品牌缺乏,相关法律、会计等专业服务领域则缺少国际职业资质互认制度,这在很大程度上又进一步限制了上海利用广泛国际化金融人才提供专业服务的有效性。

表 3.7 部分国家与地区综合税费率比较 单位:%

	2013	2014	2015	2016	2017	2018	2019
英 国	34.7	33.5	32	30.9	30.7	30	30.6
美 国	43.8	43.8	43.9	44	43.8	43.8	36.6
日 本	48.7	50.3	50.4	48.8	47.4	46.7	46.7
新加坡	20.1	18	18	19.1	20.3	20.6	21
中国香港	22.6	22.8	22.8	22.9	22.9	22.9	21.9
中 国	68.8	68.6	67.9	68.2	66.5	64	59.2
世界平均	41.9	40.6	40.5	40.3	40.4	40.3	40.4

注:综合税费率(Total Tax & Contribution rate,TTCR)是指企业最终负担的全部税费占其税前净利润的份额,综合税费率由企业所得税率(Profit Taxes)、劳工税费率(Labour Taxes,由雇主承担的社会保险及住房公积金部分)和其他税费率构成(Other Taxes,土地增值税和房产税等其他税费)。
资料来源:世界银行。

三是真正"高端性、创新型、国际化"金融人才依然严重缺乏。与世界其他金融发达城市相比,上海金融人才缺口依然巨大。上海金融从业人员接近 47 万,虽总量在国内首屈一指,但比重仅为全市就业人员总数的 4.5%,不及纽约(10%)和伦敦(25%)。高端金融人才占比更低,特别是具有国际视野的复合型人才,比如"金融+科技"、"金融+律师"、绿色金融人才极为匮乏。从全球金融中心指数(GFCI 34)看,上海的金融人力资本甚至无缘进入前 15 名,尤其是技术人员的可用性已经成为上海国际金融中心建设的重要制约因素。

3.2 主要国际金融中心城市的发展规律与经验借鉴

3.2.1 主要国际金融中心城市的发展规律

国际金融中心是一国金融体系的核心和国际金融市场的关键组成部分,其汇聚了大量国际金融资源要素,是国际金融规则制定地和金融风险转移地。从历史上看,经济发达国家或地区都高度重视国际金融中心作用,从而掌握国际资本流动、定价、交易等的控制权,取得世界经济金融领域的主动权和话语权,维护本国在世界经济和金融全球化一体化过程中的利益。

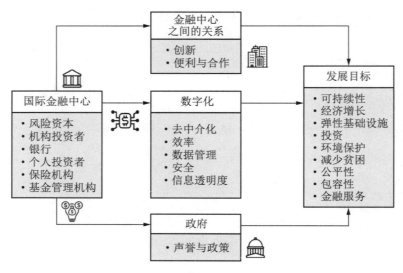

图 3.5 全球金融中心建设目标

资料来源：International Financial Centres：Facilitating Financial Inclusion Via Digitalization.

　　早期的佛罗伦萨、安特卫普和阿姆斯特丹国际金融中心都以贵金属为经营标的。伦敦国际金融中心兴起后,实行金本位制,表面上仍以贵金属为经营标的,但实际上英镑已经取得世界货币地位,因此国际金融中心主要依托英镑为计价单位和支付手段。二战后,美元在取代英镑的国际地位后,各主要国际金融中心以美元为主要标的。因此纽约作为美元资本的输出中心,崛起成为新的国际金融中心。伦敦在衰落一段时期后,通过经营欧洲美元市场重新崛起;与此同时,东京、香港和新加坡国际金融中心也都经营各自区域的离岸美元市场而成为国际金融中心城市。

　　目前,国际上对于金融中心的定位主要分为以下三类:(1)全球金融中心:目前仅有伦敦、纽约、香港和新加坡可称为全球性金融中心,是全球金融资源集中和分配的枢纽;(2)区域金融中心:可以实现大规模的跨境交易,包括首尔、法兰克福等;(3)专业金融中心:在某个细分门类下的全球业务领导城市,包括资管业务领先的苏黎世和爱丁堡,再保险业务领先的汉密尔顿等。

　　按照《全球金融中心指数(GFCI)报告》,全球金融中心城市的竞争力分解为商

```
                    竞争力评价体系
```

商业环境	人力资本	基础设施	金融部门	声誉
·政治稳定与法律 体系 ·制度与监管环境 ·宏观经济环境 ·税收与成本 竞争力	·技能人才可得性 ·灵活的劳动力 市场 ·教育与发展 ·生活质量	·已有基础设施 ·ICT基建 ·交通基础设施 ·可持续发展	·产业集群的 深度与广度 ·资本可得性 ·市场流动性 ·经济产出	·城市品牌与吸引力 ·创新水平 ·文化多样性 ·与其他中心城市 的比较定位

图 3.6　全球金融中心评价体系

资料来源：英国智库 Z/Yen 集团、中国（深圳）综合开发研究院，《全球金融中心指数报告》。

业环境、人力资本、基础设施、金融部门发展程度与声誉五个维度，而人力资本中的技术人员可得性与商业环境中的制度与监管是其中最为重要的两个因素。根据最新的全球金融中心指数排名（GFCI 34），上海位列第七，纽约和伦敦继续保持着第一、第二的位置，香港则位列第四。

值得一提的是，亚太地区前五大国际金融中心的差距正在不断缩小，呈现出收敛的趋势。以东京和新加坡为代表的传统国际金融中心的地位和作用已经大不如前，而上海和北京的赶超趋势则非常强劲。

表 3.8　GFCI 34 前十大全球金融中心城市

金融中心	GFCI 34		GFCI 33		较上期变化	
	排名	得分	排名	得分	排名	得分
纽　约	1	763	1	760	0	↑3
伦　敦	2	744	2	731	0	↑13
新加坡	3	742	3	723	0	↑19
香　港	4	741	4	722	0	↑19
旧金山	5	735	5	721	0	↑14
洛杉矶	6	734	6	719	0	↑15
上　海	7	733	7	717	0	↑16
华盛顿	8	732	11	713	↑3	↑19
芝加哥	9	731	8	716	↓1	↑15
日内瓦	10	730	23	701	↑13	↑29

资料来源：英国智库 Z/Yen 集团、中国（深圳）综合开发研究院，《全球金融中心指数报告》。

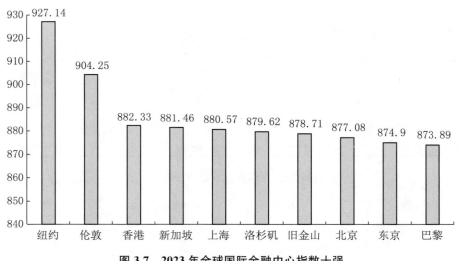

图 3.7　2023 年全球国际金融中心指数十强

资料来源:英国智库 Z/Yen 集团。

全球金融中心的成功取决于多种因素的结合。全球金融中心的功能就像一个枢纽,而区域参与者就是辐条。以纽约和伦敦为代表的国际金融中心是大型的国际全方位服务中心,拥有先进的结算和支付系统支持大型国内经济,拥有深度和流动性市场,资金来源和用途都是多样化的,法律和监管框架足以保障委托代理关系和监督职能的完整性。其他因素如金融资源的集中集聚,仍然是顶级国际金融中心站在全球金融体系和全球金融网络制高点的主要原因。与此同时,纽约、伦敦等顶级国际金融中心的发展脉络呈现出以下新特点:

1. 金融与科创深度融合

从全球产业革命历史看,每一次产业革命的兴起无不源于科技创新、成于金融创新。金融创新和科技创新协同配合是一国科技进步和经济增长源源不断的动力。科技水平位于世界前列的美国、日本分别采取了不同的金融支持创新的模式。美国的科技融资模式以风险投资和纳斯达克股票市场为主,并以硅谷银行和政府政策优惠支持等方式为辅助。据美国风险投资协会(NVCA)统计,2021 年美国有近万家企业接受了风险投资的发展注资,平均每天获得风投注资的初创型公司超

专栏 3.3　发挥"上海优势"推动金融科技中心建设

科技创新是引领现代化建设的重要动力。当前,上海正努力推动国际金融中心和科技创新中心联动再上新台阶。业内达成的共识是,对于打造国际金融中心"升级版"的上海来说,要进一步缩短与世界顶级金融中心之间的差距,背后的一大驱动力正是来自金融科技。

《上海国际金融中心建设"十四五"规划》明确提出包含金融科技中心在内的"两中心"建设目标。2020 年,首届外滩大会就用一场全球范围内高级别的金融科技盛会,展现一座城市的决心:加速迈向具有全球竞争力的金融科技中心。上海也主动把握金融业数字化、网络化、智能化发展趋势,积极促进金融科技创新实践。

如今,在各方共同推动下,上海金融科技创新深入推进,产业生态持续完善,重大试点有序开展,营商环境日益优化,金融科技中心建设取得积极成效。

金融科技是技术驱动的金融创新,推动金融发展提质增效的关键在科技。金融机构、金融科技企业、科技创新企业等主体是金融科技产业发展最主要的参与者和推动者。随着越来越多优质金融科技企业和相关前沿技术领域头部企业争相落地,上海已成为国内最主要的金融科技头部企业集聚地之一。以金融科技独角兽和科技企业为例,万得信息、银联商务、空中云汇、X transfer 等入围全球金融科技独角兽企业榜单,正在不断发展壮大;中电金信、蚂蚁链、万向区块链、零数科技、优刻得、云轴科技、冰鉴科技、数库科技、商汤科技、依图科技等一系列细分领域龙头科技公司也在持续汇集。

与此同时,海量应用场景和市场体量则是上海发力金融科技的独有优势。在国家金融管理部门指导支持下,上海有序实施金融科技领域重大试点,推动金融科技研发应用水平走在全国前列。在沪金融要素市场、金融机构、金融科技企业通过加强金融科技应用,打造了一批行业性、标杆性数字化转型应用场景,包括上海证券交易所的"上证链"、上海保险交易所的"保交链"、上海期货交易所的"智能风控平台"等。

资料来源:《全球金融科技进入"上海时间"》,《文汇报》2023 年 9 月 7 日。

过 30 家。日本的模式则是银行与科技企业融资形成有序的对接,以都市银行为代表的大型金融机构支持大型企业的科技创新,中小金融机构支持中小企业的科技创新,并设立银行贷款证券化等新型金融工具,分散对科技型中小企业贷款的风险。以金融创新更好地服务科技创新,实现产业资源与金融资源的有效对接,形成多元化、多层次、多渠道的科技投融资体系。这既是主要国际金融中心蓬勃发展的重要历史因素,也是未来金融创新持续推进的主攻方向。

当前,数字技术已成为新的发展引擎,数字经济的蓬勃兴起为数字金融构筑了广阔的舞台。随着金融科技渗透到供应链金融、跨境金融、数据资产化等多个领域,构建了诸多新兴金融生态,发展金融科技成为全球各大金融中心城市竞相布局的"主战场"和战略"风口"。例如,伦敦已经成为公认的全球领先的金融科技中心,拥有约 7.65 万名金融科技工作者,预计 2030 年将增加至 10.55 万人。此外,金融科技在提高金融普惠性、韧性方面也发挥着非常关键的作用。

2. 风险管理功能日益凸显

金融衍生品是当代资本市场的核心组成部分,具有规避风险、价格发现、投机交易三项功能。在不确定性风险较高的当下,发达的货币市场、资本市场和保险市场都需要一个与之相匹配的金融风险管理市场。由于各类投资者风险偏好和风险敞口不断变化,全球金融衍生品市场规模快速扩张成为国际金融中心城市发展的重要特征。根据美国期货业协会(FIA)对全球 80 多家交易所的数据统计,2022 年全球期货和期权成交量为 838.48 亿手,比上年增长 34.0%,创历史新纪录。全球外汇和衍生品交易集中在英国、美国、新加坡、中国香港和日本五个市场,合计占 78%,且美元计价的全球利率衍生品交易占全球交易量的 44%。此外,金融衍生品通过其价格发现功能,增强市场的流动性和影响力,进而确立对金融产品的定价权。纵观全球市场,大宗商品交易基本形成"东方交易、西方定价、美元计价、期货基准"的格局,因此纽约、芝加哥、伦敦等传统金融中心城市同时也成为全球三大大宗商品定价中心。从计价货币来看,美元仍然处于绝对主导地位。根据联合国贸易和发展会议统计,截至 2021 年 1 月,在 50 种大宗商品价格序列中,有 37 种大宗商品以美元计价,份额超过七成,其余 13 种则以欧元计价。按照实际交易量来测算,美元在全球大宗商品市场中计价份额可能超过 90%。

3. 离岸金融业务蓬勃发展

离岸金融市场促进了国际融资渠道畅通,对国际贸易和世界经济的发展起着重要的推动作用。美国通过创新方式,建立了独特的离岸金融中心和离岸银行业,即在美国本土以纽约为中心,建立国际银行业务设施,本国及外资银行可足不出国地在岸从事本币离岸业务,纽约由此成为提供全面服务的全球国际金融中心。伦敦通过发展欧洲美元市场,不仅促进了英国经济金融的发展,也没有因纽约崛起而没落,继续扮演全球金融中心的角色。相比之下,一些缺乏本国或本地区经济支撑的国际金融中心,更倾向于利用法律、税收、监管等多方面的政策优惠,吸引离岸金融业务的聚集。例如,中国香港的国际金融中心地位得益于人民币离岸金融的蓬勃发展。其在人力资本、基础设施以及声誉三个方面均处于领先地位。香港离岸人民币业务自 2004 年开始以来,从最初的银行零售业务发展为如今的涵盖债券发行、贸易结算、财富管理和对外投资等多元化业务。2020 年中国内地与中国香港地区的人民币跨境收付金额占到跨境收付总额的 46%,而在货物贸易跨境人民币结算上,与中国香港货物贸易中使用人民币结算占全部货物贸易跨境人民币结算的42.2%,中国香港继续保持中国内地货物贸易人民币结算境外最大交易对手地区。

4. 开放自由度不断提升

尽管国际经济出现"逆全球化"趋势,但金融双向开放始终是构成纽约、伦敦等顶级国际金融中心城市竞争力的基础,包括开放资本市场、实行汇率和利率市场化、给予外资金融机构国民待遇、允许混业经营等开放新举措层出不穷。作为全球顶级国际金融中心,纽约的金融市场规模大、种类齐全,可提供几乎所有国际金融业务,市场交易覆盖所有金融产品,且交易主体及主要客户高度国际化,市场具有丰富的流动性,各类金融创新活跃,全球资源配置优势突出。显然,这种发展态势与美国金融业一直以来秉持的监管框架下鼓励最大程度的自由创新原则是不谋而合的。这种制度虽有一定风险,但美国监管机构解决金融危机的方式往往是提供更复杂全面的监管措施,而不是消灭现有的金融模式和现已被创造的金融创新内容。市场机构通过充分理解新规则,并在此基础上继续通过合规创新提高盈利。金融监管和自由市场之间的"技术竞争"从一定程度上提高了双方的韧性和能力,共同推动提升美国金融体系的地位和纽约国际金融中心的不可替代性。

5. 绿色金融助力转型升级

应对气候变化、加速全球绿色低碳转型是当前大势所趋。金融作为现代经济的核心,在助力绿色低碳转型过程中发挥了重要的作用。从近年来伦敦等金融中心城市的发展轨迹看,发展绿色金融、加快推进绿色低碳产业和项目,有序推动高

专栏 3.4　绿色金融

绿色金融的发展可追溯至二战以后,发达国家都经历了黄金经济增长时期,但是同时也伴随着环境污染、资源短缺等一系列的问题。因此,在 20 世纪六七十年代,无节制地使用资源和破坏环境的生产经营行为引发了欧美公众的强烈抗议。这些抗议运动使得绿色环保成为一种公众的价值取向,这种价值取向转而又逐步影响到公众消费的选择,环境因素就从公众运动渗透到人们的消费领域,进而推动了消费者对绿色产品的需求。企业出于自身利益的考虑就会努力提供公众偏好的绿色产品,包括在产品生产和项目融资的过程中更加注重环保问题。

此后,随着商誉资产、声誉风险等概念逐渐得到公众认可,价值环境法律法规完善,投资者也慢慢意识到环境绩效可能会影响到财务绩效。关注环境保护的社会责任投资还能得到财务和非财务上的回报,不仅可以实现经济目标,还能实现社会伦理责任和绿色发展的目标,所以经济金融部门"像检测其竞争对手一样检测其借款人的环境资产和负债的价值"。在这一阶段,绿色低碳的概念也逐渐开始融入包括金融在内的经济部门发展当中,绿色金融这一说法虽然没有被明确提出,但这期间涉及的"伦理投资""责任投资""道德投资"的理念和内涵与绿色金融是大体相似的。

资料来源:何茜,《绿色金融的起源、发展和全球实践》,《西南大学学报(社会科学版)》2021 年第 1 期。

碳行业和经济活动向低碳转型是重要趋势。当前,全球绿色金融市场继续发展,包括绿色债券、绿色贷款、可持续基金在内的绿色金融产品的发行规模持续扩大。根据气候债券倡议组织(CBI)统计,2014—2021 年,全球绿色债券的发行规模从 370 亿美元增加到 5 090 亿美元。2022 年末,中国绿色贷款余额达 22.03 万亿元,存量规模居全球第一。此外,2022 年 11 月,二十国集团(G20)领导人峰会批准《G20 转型金融框架》,首次就发展转型金融达成国际共识,与可持续发展挂钩的债券和贷款领域的转型金融产品创新将成为国际金融中心城市竞相争夺的又一个"风口"。

3.2.2　对上海的借鉴与启示

结合全球金融中心城市在金融创新和国际化发展中的趋势规律,新时代加快建设上海国际金融中心应当从充分发挥优势、着力补足短板入手,以科创金融、离岸金融等重点领域为突破口,紧贴服务实体经济核心功能,加快金融改革创新,持续扩大金融业高水平对外开放,从而提升上海国际金融中心的能级。

1. 抢占科技金融新赛道,推动"两个中心"协同共振

科技金融是未来全球金融中心创新发展的核心所在,是目前国际金融中心竞争的两个重点方向之一。推动金融和科创两大中心融合发展将是上海国际金融中心能级提升的重要突破方向。上海科技金融发展已经具备良好基础,近年来打造了张江高科等一批科创产业研发基地,科技创新成果丰硕。2022 年 11 月,中国人民银行等八部委联合印发《上海市、南京市、杭州市、合肥市、嘉兴市建设科创金融改革试验区总体方案》,既是对上海前期科技金融基础工作的肯定,又是对未来推动上海国际金融中心科技金融高水平发展的期望。所以,上海应当抓住建设科技金融试验区的契机,紧扣科技高水平供给和产业高质量发展,以加快构建广渠道、多层次、全覆盖、可持续的科技金融服务体系为主线,突出金融供给侧精准发力,协同推进原始创新、技术创新和产业创新,助力打造科技创新和制造业研发生产新高地,为全国深化金融支持科技创新和服务实体经济探索新路径,打造新样板。

专栏 3.5　我国科技金融制度和市场体系持续健全

　　近年来,在各部门和金融机构的支持下,我国金融支持科技创新的强度和水平持续提升,科技、产业、金融相互塑造、紧密耦合、良性循环的格局正在形成。我国科创金融制度和市场体系持续健全,初步建成包括银行信贷、债券市场、股票市场、创业投资、保险和融资担保等在内,全方位、多层次的科创金融服务体系。金融管理部门引导银行业金融机构设立服务科技创新的专营组织架构、专门风控制度、专业产品体系、专项考核机制,推动信贷资源向科创领域倾斜。

　　科技型企业贷款持续保持较快增长速度。截至 2023 年 6 月末,我国高技术制造业中长期贷款余额 2.5 万亿元,同比增长 41.5%,连续三年保持 30% 以上的较高增速;科技型中小企业贷款余额 2.36 万亿元,同比增长 25.1%,连续三年保持 25% 以上的较高增速;全国"专精特新"企业贷款余额为 2.72 万亿元,同比增长 20.4%,连续三年保持 20% 以上的增速。同时,资本市场服务科技型企业的功能明显增强。截至 2023 年 6 月末,科创票据、科创公司债余额约 4 500 亿元,超过 1 000 家"专精特新"中小企业在 A 股上市,创业投资和私募股权投资基金管理规模近 14 万亿元。截至 2023 年 6 月底,科创板上市企业有 542 家,总市值达 6.72 万亿元;北交所上市企业有 204 家,总市值超 2 668 亿元。在金融的助推下,我国全球创新指数排名上升至第 11 位,正在建设科技强国的道路上稳步迈进。

　　资料来源:《我国科创金融制度和市场体系持续健全》,《光明日报》2023 年 7 月 28 日。

---

　　2. 以转型金融为突破口,主动布局绿色金融枢纽

　　以绿色金融为代表的可持续金融是国际金融中心未来竞争的另一个重点方向。上海虽然已提出打造国际绿色金融枢纽的目标,但金融赋能绿色发展尚处于起步阶段,能级和作用与国际金融中心地位不相匹配,在绿色金融领域有极大发展空间。为此,上海应当加快申报国家级绿色金融改革创新试验区,充分利用上海金融资源集聚、科技和产业基础雄厚、对外开放度高等优势,加快绿色金融体制机制

创新,推动绿色金融市场功能更加完备、绿色金融产品更加丰富、绿色金融机构更加集聚、绿色金融国际交流合作更加活跃、绿色金融体系更加健全、产业绿色低碳发展更加有力,从而尽快确立国际绿色金融枢纽地位。与此同时,上海还可以通过前瞻布局国际碳交易金融市场,在转型金融赛道上力争实现弯道超车,实现"绿色＋转型"双引擎金融推动,为全球经济绿色低碳转型发展提供可复制、可推广经验。

专栏 3.6　《G20 转型金融框架》的五个支柱和 22 条原则

不同国家在资源禀赋、经济结构和发展水平方面的不同导致其碳排放主要来源、减排难度和技术选项的差异,各国不可能采取完全一致的减排路径,因此,各国对转型活动的具体内涵也会有不同的理解。在此背景下,G20 成员在协商一致的基础上形成的《G20 转型金融框架》为各成员发展转型金融提供了一套高级别原则(共 22 条原则),且允许各成员在制定具体政策和规范时有一定的弹性。这套原则由五根支柱构成。

支柱一,即对转型活动和转型投资的界定标准。《G20 转型金融框架》提出:无论采用哪种方法,转型金融的界定标准都应该有助于市场主体用较低成本识别转型活动,从而有效应对"假转型"(transition-washing)风险;所界定的转型活动和转型投资应该有透明、可信、可比的减排目标;界定标准应该适用于转型企业、转型项目、相关金融产品和投资组合;界定标准应能反映市场、政策、技术发展的动态需求,考虑公正转型的要求,具有国际的可比性和兼容性。

支柱二,即对转型活动和转型投资的信息披露。相较于绿色金融,《G20 转型金融框架》对转型活动的融资主体(企业)在信息披露方面提出了更严格的要求。这些要求包括:使用转型融资的主体(企业)应该披露具有可信度、可比性、可验证性和有科学依据的转型计划;披露短期、中期、长期温室气体减排目标(包括中间目标与净零目标)和气候适应目标,以及减排活动的进展情况等。

支柱三,即转型金融工具。《G20 转型金融框架》提出,需要进一步丰富和完善转型金融工具箱,使之包括债务类融资工具、股权类融资工具、保险和担保等风险缓释工具以及证券化产品等其他工具。另外,无论使用哪种转型金融工具,都应该要求融资主体提供透明、科学的转型计划,满足披露要求,并在转型金融工具的设计中引入奖惩机制,鼓励融资主体更加努力地实现减排目标。

支柱四,即激励政策。G20 可持续金融工作组认为,应该采取更多的政策措施来激励私人资本参与转型投资。激励政策可以包括优惠融资、担保、贴息、对转型金融工具的认证补贴、政府基金的投资、优惠税率、中央银行的金融政策、碳市场政策、政府采购、行业政策等。

支柱五,即公正转型。无序转型(包括"运动式"减碳)可能会导致多种负面社会经济影响,包括高碳行业转型过程中可能出现的规模性失业、社区衰落、能源短缺和通胀等问题。《G20 转型金融框架》提出,各成员的政府和金融机构应该鼓励转型金融涉及的融资主体评估转型活动可能带来的社会影响,披露这些影响,并采取措施缓解这些影响。

资料来源:《全球金融开放与合作:引导经济复苏的新动力》,陆家嘴金融论坛,2023 年。

3. 补齐离岸金融短板,打造高水平开放市场体系

离岸金融是国际金融中心创新和国际化的重要发展领域,也是体现国际金融中心能级的核心指标。一方面,上海虽然在离岸金融领域进行了初步探索,但目前远未达到全球性国际金融中心应有的能级和水平,应尽快在构建与人民币国际地位相匹配的离岸金融体系上有所突破。未来上海可尝试在临港新片区先行先试,建设开放且具有全球领先水平的离岸人民币金融中心。这既符合习近平总书记对新片区全方位高水平开放的指示要求,又对上海国际金融中心建设具有重要意义。另一方面,上海金融市场体系基础性建设成效有目共睹,但开放度不高的短板突出。下一步上海要对标纽约、伦敦等领先金融中心的市场开放标准,着力建设功能更加完善、更加开放高效的金融市场体系,并将此作为上海加快建设国际金融中心

的一项重要内容。创新基于全球人民币资产管理和风险对冲需求的金融产品,拓展人民币金融市场的深度和广度;以支持经济高质量发展为出发点和落脚点,积极推动金融服务体系改革创新,提升关键金融产品定价能力和国际话语权;明确上海国际金融中心建设框架下各类金融要素市场统一的对外开放规则,显著提升国内外金融资源配置能级和效率。

4. 以托管服务为发力点,加快迈向全球资管中心

最近十年间,中国资产管理规模从 2.9 万亿美元增长到 18.1 万亿美元,增长了 5.2 倍,在全球的占比从 4.6% 增加到 16.1%。随着全球经济金融大变局的深入发展,全球财富正在大规模向亚太地区转移,大资管时代即将迎来繁荣发展,中国则是下一个十年全球资管发展的主阵地。资产托管业务有助于降低交易成本、增进委托信任、保障合同履行,服务实体经济并助力上海金融业态丰富发展。从客观基础考虑,上海已经汇集各类持牌资管机构近 200 家,具有全球相对领先的资产管理基础设施,是中外资理财、合资和独资理财公司重要的战略制高点。所以,未来上海应把握全球财富增长格局变化风向,加快打造以托管服务为核心支撑的全球资产管理中心。

3.3　上海加快建设国际金融中心的背景、原则和思路

3.3.1　新时代上海加快建设国际金融中心的背景

进入新时代以来,上海国际金融中心建设的国内外环境面临百年未有之大变局。新冠疫情对全球经济运行产生了巨大冲击,疫后全球产业链价值链重构加快、失业长期化、公共债务和财政赤字大幅增加等也加大了全球经济调整的力度和深度。上海作为中国改革开放的前沿窗口、对外依存度较高的国际大都市,首当其冲地受到外部环境变化带来的影响。未来上海在国际金融中心的建设中也将面临全球治理体系和经贸规则深刻变动带来的机遇和挑战。

1. 新冠疫情加速全球经济金融大变局

新冠疫情加速了全球各种矛盾的激化,上海国际金融中心建设的国际环境正面

临着百年未有之大变局。即使当前疫情已经结束,全球经济的反弹力度依然相当有限。与此同时,大国竞争博弈加剧、资本深化偏弱、新技术进步受阻、产业升级动力不足、老龄化加深等深层次因素将持续拖累全球经济增长。在这种情况下,宽松甚至是超宽松的非常规货币财政政策有可能长期化,全球金融格局的重塑进程将大大加快。

表 3.9　主要国家经济(实际 GDP)增速展望　　　　　单位:％

		预测值	
	2022	2023	2024
世界产出	3.5	3.0	2.9
发达经济体	2.6	1.5	1.4
美国	2.1	2.1	1.5
欧元区	3.3	0.7	1.2
德国	1.8	−0.5	0.9
法国	2.5	1.0	1.3
意大利	3.7	0.7	0.7
西班牙	5.8	2.5	1.7
日本	1.0	2.0	1.0
英国	4.1	0.5	0.6
加拿大	3.4	1.3	1.6
其他发达经济体	2.6	1.8	2.2
新兴市场和发展中经济体	4.1	4.0	4.0
亚洲新兴市场和发展中经济体	4.5	5.2	4.8
中国	3.0	5.0	4.2
印度	7.2	6.3	6.3
欧洲新兴市场和发展中经济体	0.8	2.4	2.2
俄罗斯	−2.1	2.2	1.1
拉美和加勒比地区	4.1	2.3	2.3
巴西	2.9	3.1	1.5
墨西哥	3.9	3.2	2.1
中东和中亚	5.6	2.0	3.4
摩洛哥	1.3	2.4	3.6
沙特阿拉伯	8.7	0.8	4.0
撒哈拉以南非洲	4.0	3.3	4.0
尼日利亚	3.3	2.9	3.1
南非	1.9	0.9	1.8
备忘项			
新兴市场和中等收入经济体	4.0	4.0	3.9
低收入发展中国家	5.2	4.0	5.1

资料来源:IMF《世界经济展望》,2023 年 10 月。

一是全球资金供过于求致使国际游资增加。全球流动性宽松和低利率,甚至负利率可能会持续相当长时间,同时随着美元流动性恢复,美元已经开启了弱周期,增量资金开始在全球寻找新的高收益货币,各国金融机构的资金将总体供大于求,给其经营活动带来巨大的经营压力,财富管理行业的规则、目标和策略不得不进行调整,并迫使大量的资金在全球各个国家和各个金融市场之间频繁流动,投机逐利。

二是国际金融风险显著上升。联合国贸发会议的报告显示,早在新冠疫情发生以前,许多发展中国家的政府收入中用于偿还债务的比例就已经很高,近期超宽松的货币政策进一步推高全球债务杠杆比率。所以疫情进一步加剧了发展中国家的债务困境,许多国家资金外流加剧,土耳其等国汇率大幅贬值,阿根廷等国已经出现了主权债务违约。

三是国际投资者更趋谨慎。中美贸易摩擦、俄乌冲突等不确定性因素已经显著影响到全球投资者信心,投资者对亚太地区金融中心发展的稳定性和可持续性的信心更加缺乏,疫情则进一步加剧这种悲观预期。在这种情况下,国际资金将更青睐安全性,努力寻找"避风港",在这种情况下,投资者可能更偏好以传统避险货币美元和日元为依托的纽约和东京金融市场。

四是金融相关政策趋于保守。出于防范国际金融风险、避免本国债务危机,或应对国外金融摩擦等因素的考虑,越来越多的国家可能会采取限制资金跨界流动的政策措施,金融监管政策也会更加严格。疫情后各国财政负担明显加重,各国社会对金融业的厌恶情绪也会上升,在这种情况下,有关国家可能会加大对金融的税负征收,跨国避税更加困难。

五是国际金融中心格局加速调整。随着"逆全球化"的加剧,跨国投资和贸易的增长明显放缓,相应的金融服务需求也会大幅下降,优质的金融资产将更加稀缺,许多金融中心的各项业务拓展将更加困难。从短期看,避险需求的增加将强化纽约的国际金融中心地位。由于跨境资金流动减少,伦敦、香港等主要依赖国际金融业务的金融中心将受到较大打击,相比之下,东京、法兰克福等主要依靠国内/区内业务的金融中心将保持相对稳定。但从长期看,由于美国抗疫表现较差,已经动摇了国际社会对于美国和美元的信心,随着美元地位下降和美国内卷化,纽约金融中心的国际辐射力趋于下降。同样地,脱欧等事件将推动伦敦、香港等金融中心的辐射力逐步衰减,最终趋于区域。

2. 上海加快建设国际金融中心的机遇和挑战

目前,世界经济金融大变局已经启动并加速发展,将极大地改变上海国际金融中心原有的发展环境。上海建设国际金融中心需要主动适应这些国内外环境变化,努力做到"化危为机"、乘势而上。

从机遇看,一是中国经济的率先复苏和较快速度增长将给上海国际金融中心带来更有力的支撑。上海国际金融中心能级提升最可靠的依托始终是国内经济发展。中国经济率先走出疫情阴霾,决定了人民币实际汇率在长期中仍将保持升值态势;中国更多的投资机会、更高的投资收益将对全球投资者更具吸引力。外资金融机构在激烈的市场竞争和业绩压力下,必须增加自身资产组合中中国资产配置的比重,从而给上海建设国际金融中心带来大量的国际业务机会。二是人民币国际化的加速推进将为上海国际金融中心奠定更坚实的基础。疫情发生以来,美国以邻为壑的做法进一步动摇了美元的国际地位,国际社会对美元的信心和信任明显下降,储备货币多元化的呼声越来越高,为人民币国际化创造了一个难得的历史机遇。三是中国加快推进改革开放和更大的政策空间将为上海国际金融中心发展注入新的动力。中国在"逆全球化"潮流中继续坚持多边主义,中国对外开放步伐不仅没有停止,反而进一步加快,经济金融改革开放重大举措不断推出,这些都保证了中国经济发展的可持续性,提振了国际社会对中国经济金融的长期信心。四是中资海外融资的回归将为上海国际金融中心提供更多优质资产。境外金融市场风险加大,尤其是美国对中国企业在美上市融资的限制将迫使越来越多已经在美上市的中概股,或者原来准备在美上市的企业选择其他地区上市。

从挑战看,一是国际经济合作的碎片化使得跨国经贸交往更多地集中在一个较小范围内,不利于上海拓展全球影响力。CPTPP、RCEP、USMCA 这样的多边贸易协定可能取代 WTO 这样的全球贸易协定,这意味着包括金融在内的服务业将更多地是区域性、互惠性的,而非全球性、普遍性的。二是上海与一些金融中心之间的资金流动和投资合作可能受到某些经济以外的限制,对外投资和金融资产的风险可能明显增加。包括美西方国家实施的"长臂管辖"、收紧监管政策、限制美国金融投资者对中国企业或金融商品的投资,以及部分国家发生债务危机,或采取措施限制资金的跨境流动和债务偿还,也会导致中国对外投资和金融资产风险增加。三是国际资金的稳定性下降,可能会影响国内金融市场和汇率稳定。尤其是在中美经济金融摩擦加剧的情况下,许多资金会担心来自美国的制裁或限制,更容易出现突然的外流,这些都将给国内金融市场的稳定性造成一定的影响。与此同时,国内经济增速的转换和金融中心发展的自身规律都会使得上海国际金融中心增速减缓。进入新时代以来,中国潜在经济增长率将继续下降,疫情则加速了中国经济进入增速换挡期。在这一阶段,金融供给和需求的增长速度明显下降,金融的发展将从总量扩张转向结构优化,上海国际金融中心的发展速度也会同步放缓。更加重视稳增长和防风险的高质量经济发展要求上海更加关注防范化解金融风险,前期一些先试后管的粗放式金融发展模式可能会面临更加严格的监管壁垒。

专栏 3.7   发展中国家债务面临的问题及原因

当前发展中国家债务问题呈现三方面特点。第一,债务规模持续扩大,债务重组需求大增。近年来新兴市场与发展中经济体的外债总额持续增长,2022 年达到 12.2 万亿美元,比 2019 年增加 1.6 万亿美元,增幅高达 15%。在经济增速下行压力加大的背景下,新兴市场与发展中经济体的偿债能力有所下降,对债务重组的需求大幅度增加。第二,债券偿债高峰即将来临,系统性债务风险加剧。过去十余年里,发展中国家处于经济上行周期,发行了大规模的国际债券。在未来数年间相关债券将较为密集地到期,新兴市场与发展中经济体由此将迎来偿债高峰期。自 2020 年以来,已有阿根廷、赞比亚、斯里兰卡等国先后发生债务违约,未来债务违约趋势可能进一步蔓延至其他国家。第三,相较于历史高点,发展中国家当前债务负担相对较低。虽然发展中国家面临的债务风险快速攀升，但从债务负担水平来看，仍未达到 20 世纪 90 年代的历史高点。

就内部原因而言，发展中国家面临的债务危机通常是多重因素叠加的结果。其中，国内经济结构失衡和政府治理水平不足是重要内因。一方面，一些债务国经济结构失衡，长期倚重初级产品出口、旅游或侨汇等容易受到外部环境影响的行业。另一方面，一些债务国的外债在总量和结构上长期失衡。债务国在举债发展经济的过程中，对风险因素估计不足，经济发展缺乏自主性和韧性，最终在危机时期无法偿付累积的外债。

就外部原因而言，除了新冠疫情、乌克兰危机和气候灾害等不确定性事件以外，发达国家的货币政策、金融创新工具等是导致发展中国家债务问题的重要外部原因。首先，发达经济体的金融机构是很多新兴和发展中国家的主要私人债权人，这些机构所提供的非优惠性融资对部分国家的债务盲目扩张和巨额还款压力负有不可推卸的责任。其次，从利率角度来看，对高债务国家而言，美欧货币政策集体转向紧缩会导致国际金融市场的融资条件收紧，并推高偿债压力和融资成本，加大债务滚动难度。再次，从汇率和跨境资本流动来看，美元指数走强和美元利率上升会削减非美元资产的吸引力，对新兴市场和发展中国家产生资本外流、货币贬值和资产价格调整压力，进而削弱有关国家的偿债能力甚至引发流动性危机。最后，从外需角度来看，美欧货币政策转向还会对全球经济产生下行压力，加剧有关国家面临的宏观政策两难困境。

资料来源：徐奇渊：《一个解决发展中国家主权债务问题的综合框架》，《当代财经》2023 年 6 月 2 日。

3.3.2 新时代上海加快建设国际金融中心的基本原则

面向未来，上海要深入贯彻新发展理念，把握新发展阶段新要求，以高质量发展目标和思路指引，不断提升全球金融资源配置功能，向具有全球竞争力的一流国际金融中心进军。

1. 提升全球资源配置功能

建设全球资管中心是上海国际金融中心建设的重要内容,也是上海金融高质量发展的重要支撑。为实现全球资产管理中心目标,上海要重点聚焦以下方面:进一步扩大金融高水平制度型开放,推动金融市场规模升级,提升金融机构国际竞争力,增强网络化信息化基础设施服务功能,加快完善金融服务和产品体系,不断强化全球资产管理功能,不断提高金融国际化程度,进一步增强上海国际金融中心的辐射力、带动力和影响力。

2. 促进金融服务实体经济

金融是实体经济的血脉,也是国家重要的核心竞争力。以促进经济高质量发展为目标,把服务实体经济作为金融工作的出发点和着力点,推动对科技创新、绿色发展等重点领域的金融服务升级,不断提升上海金融科技能级,大力发展绿色金融,从满足实体经济需求、人民对美好生活的向往角度,助力中国经济社会的转型升级。

3. 不断深化金融改革创新

面对金融发展和科技变革新形势,上海必须加快构建适应金融高质量发展的金融风险监管体系。推动金融开放从要素向制度升级,试点推进资本项目开放,以人民币金融市场建设为战略重点,丰富人民币金融产品和工具,拓展人民币金融市场广度和深度。加强金融市场联动发展,完善市场创新、交易、定价、清算等功能,不断增强人民币金融产品的全球定价权和影响力。

4. 切实加强金融风险管控

稳定安全的秩序是金融发展的前提和基础,做好金融风险监管是上海国际金融中心建设的重要任务之一,也是上海金融高质量发展的重要基础和保障。守牢金融安全底线,推进金融监管升级,积极防范化解金融领域重大风险。加强金融风险压力测试,提升国际金融风险防范化解能力。加强金融法治建设,完善金融法律法规,健全金融信用体系,建设与国际接轨的金融法治和规则环境,努力营造国际一流的营商环境。

专栏 3.8　第 34 期"全球金融中心指数"排名出炉

全球金融中心发展预期再次提振,整体评分大幅提升。本期金融中心整体平均得分相比上期提升 3.63%,除两个金融中心评分下降外,所有金融中心评分均有所上升。GFCI 研究表明,全球在经历疫情冲击、能源危机、通胀攀升、俄乌冲突等一系列挑战之后,金融中心整体表现呈现回升态势,全球头部金融中心排名趋于稳定,发展预期有所提振,金融从业人士对金融中心发展的信心更加充足。顶级金融中心排名稳定,美国的金融中心表现强劲。纽约、伦敦两大全球顶级金融中心地位继续保持不变,新加坡、香港再次位列全球第三、第四,得分差距仅为 1 分,与上期一致。由于全球金融从业人士对美国经济增长的乐观预期持续上升,美国主要金融中心表现强劲,旧金山保持第五,洛杉矶排名紧随其后,华盛顿排名上升三位,进入前十行列,芝加哥排名下降一位,位列第九。本期 GFCI 全球金融中心十强行列中,美国的金融中心数量已达到五个。

资料来源:英国智库 Z/Yen 集团与中国(深圳)综合开发研究院:《第 34 期全球金融中心指数报告(GFCI 34)》,2023 年 9 月 28 日。

3.3.3　上海加快建设国际金融中心的总体思路

顺应世界百年未有之大变局之下国际金融中心发展新趋势,紧扣中华民族伟大复兴新征程的目标指引,立足新发展阶段,服务构建新发展格局,把握服务实体经济、防控金融风险、深化金融改革等要义,以提升金融国际化水平为核心,对标国际最高标准、最好水平,着力推动金融市场、产品、机构、基础设施体系系统性升级和全方位开放创新,全面提升金融服务能力和能级,全面增强国际金融资源配置能力,打造具有全球影响力和辐射引领力的国际金融中心,成为与中国经济实力相匹配、与人民币国际地位相适应、以人民币金融资产为基础的国际金融中心,为以中国式现代化全面推进金融强国建设、民族复兴伟业提供有力支撑。

表 3.10　2025 年和 2035 年上海国际金融中心建设目标

建设目标	分阶段目标	
	2025 年	2035 年
具有世界级治理力的国际金融中心	国际金融中心综合实力进入全球排名前五；境外投资者、境外金融机构占比等不断提升；人民币金融资产、重要大宗商品等"上海价格"国际市场接受度更高、影响力更大	国际金融中心综合实力进入全球排名前三；金融市场国际化程度、金融服务广度、金融机构集聚度等达到国际领先水平；人民币金融资产、重要大宗商品等"上海价格"能够显著影响或主导国际市场交易

资料来源：课题组根据相关规划整理。

到 2025 年，上海国际金融中心能级显著提升，服务全国经济高质量发展作用进一步凸显，人民币金融资产配置和风险管理中心地位更加巩固，全球资源配置功能明显增强。到 2035 年，国际金融功能全面升级，在岸和离岸功能统筹发展，与人民币国际化进程相适应，打造全球人民币跨境投融资中心、全球资产管理中心、全球金融科技中心以及国际绿色金融发展枢纽，构筑金融人才集聚高地和金融营商环境高地，成为与中国综合实力和地位相匹配的、具有全球影响力的国际金融中心。

专栏 3.9　上海"十四五"规划金融发展目标

到 2025 年，上海国际金融中心能级显著提升，服务全国经济高质量发展作用进一步凸显，人民币金融资产配置和风险管理中心地位更加巩固，全球资源配置功能明显增强，为到 2035 年建成具有全球重要影响力的国际金融中心奠定坚实基础。

全球资产管理中心生态系统更加成熟，更好满足国内外投资者资产配置和风险管理需求。把上海建设成为资产管理领域机构、产品、市场、资金、科技、人才等要素集聚度高，生态体系较为完备的综合性、开放型资产管理中心，资产管理规模显著提升，打造亚洲资产管理的重要枢纽，跻身全球资产管理中心城市前列。

金融科技中心全球竞争力明显增强，助推城市数字化加快转型。金融与科技进一步深度融合，加快吸引集聚一批具有国际知名度和影响力的金融科技龙头企业，培育一批创新性强、应用性广、示范性好的金融科技创新项目。金融科技应用场景更加丰富，成为服务经济社会发展的有力"助推器"。

国际绿色金融枢纽地位基本确立，促进经济社会绿色发展。以我国力争 2030

年前实现碳达峰、2060 年前实现碳中和目标为引领,坚定不移贯彻绿色发展理念,大力发展绿色金融。绿色金融产品更加丰富,绿色金融市场创新能力明显增强,绿色金融服务体系更加完善,绿色金融国际交流合作不断深化。

人民币跨境使用枢纽地位更加巩固,"上海价格"国际影响力显著扩大。人民币可自由使用和资本项目可兑换先行先试取得重要进展,在岸和离岸业务统筹发展格局初步形成,境外投资者在上海金融市场参与程度进一步提高,跨境投融资服务中心建设取得新进展。人民币金融资产、重要大宗商品等"上海价格"在国际市场接受度更高、影响力更大。

国际金融人才高地加快构筑,金融人才创新活力不断增强。坚持国家战略、全球视野、市场导向,加快构筑与国际金融中心发展相适应的科学规范、开放包容、运行高效的人才发展体制机制,全球金融人才进一步汇聚,金融人才结构进一步优化。

金融营商环境高地更加凸显,国际金融中心软实力显著提升。金融法治环境和运行规则与国际进一步接轨。金融监管体系更加完善,金融风险防范化解能力持续提高,金融消费者合法权益得到有效保护。城市公共服务水平不断提高,营商环境国际竞争力明显增强。

"十四五"时期上海国际金融中心建设规划主要预期指标

指标类型	指　　标	2020 年	2025 年
金融市场规模	金融市场交易总额	2 274.8 万亿元	2 800 万亿元左右
直接融资功能	上海金融市场直接融资规模	17.6 万亿元	26 万亿元左右
	上海金融市场直接融资额占全国直接融资额的比重	85%	保持在 85% 以上
金融开放程度	境外投资者在上海债券市场持有的债券余额比重	3%	5% 左右
	"熊猫债"累计发行规模	3 937.2 亿元	7 000 亿元左右
	"上海价格"国际影响力	利率、汇率市场化形成机制深入推进,"上海金""上海油""上海铜"等价格影响力初步显现	人民币金融资产、重要大宗商品等"上海价格"在国际市场接受度更高、影响力更大
金融科技发展	金融科技企业	加快引进和培育	集聚 50 家左右龙头企业

资料来源:《上海国际金融中心建设"十四五"规划》。

金融市场规模量级位居全球前列。金融市场规模和能级不断升级，形成更有深度和充分流动性的多层次金融市场体系，拥有国际竞争力和行业影响力的金融机构体系，全球人才、科技、资金等金融资源要素更加充沛活跃，各类金融市场参与主体更加繁荣，金融业务和品种不断拓展，成为比肩纽约、伦敦的国际金融中心之一，实现金融与城市功能融合发展。

人民币资产和大宗商品定价具有较强话语权。国际辐射力不断升级，人民币金融资产、大宗商品等"上海价格"在国际市场接受更高、影响力更大，人民币跨境使用枢纽地位更加巩固。人民币资本项目可兑换先行先试取得突破，在岸和离岸业务统筹发展格局初步形成，境外投资者在上海金融市场的参与程度得到提高，跨境投融资服务中心建设取得新进展。

金融创新发展处于全球领先地位。金融开放创新全面升级，拥有便捷高效、安全稳定的金融服务能级。金融设施国际化、网络化、信息化布局更加完善，拥有全球领先的国际结算和支付系统。全球资产管理中心生态系统更加成熟，资产管理规模显著提升，跻身全球资产管理中心城市前列。形成具有全球竞争力的金融科技中心。国际绿色金融枢纽地位基本确立。

建立与国际规则相适应的金融制度体系。与国际接轨的金融制度体系全面升级，形成与国际惯例相适应的监管、税收、信用等法律法规体系，打造具有国际竞争力的金融营商环境。国际金融中心软实力显著提升，具有较强的文化多样性，形成较强的城市品牌和吸引力，具有享誉国际的金融中心声誉。

3.4　上海加快建设国际金融中心的重大战略任务和政策支撑

上海国际金融中心是中国金融领域改革的主力试验田和对外开放的重要窗口，是推进"一带一路"建设、长三角一体化发展的主要抓手，是应对"逆全球化"的战略支点。在外部环境更加复杂、中美博弈加剧的背景下，上海国际金融中心应充分发挥好聚集国内外金融资源、服务国内外金融需求的作用，立足已形成的国内金融资源配置循环格局,不断增强国际金融资源配置功能,在逐步实现国内带动国际循环良性发展的同时,为打破美西方遏制做好准备。到 2035 年,金融资源进一步集聚,金融服务质量显著提高,国际化水平明显提升,将上海建设成为世界一流的现代化国际金融中心。要立足金融高质量发展要求,以提高金融国际水平为核心,在"扩量"的同时,注重"提质",推动上海国际金融中心加快建设,塑造金融服务品牌,打造上海金融的国际竞争新优势,提升上海金融市场全球定价权和全球影响力。

3.4.1 五大重大战略任务

1. 进一步加快打造人民币离岸中心

提升人民币国际地位是建设现代化国际金融中心的基础条件。上海在建设国际金融中心的过程中,首要任务就是加快推进资本项目可兑换和人民币国际化进程,在更大程度上联通国内外金融市场,进一步建设成为全球人民币离岸金融中心。

提高人民币跨境支付系统(CIPS)服务能级。积极拓展海外参与者,争取更多的海外人民币清算行和境外中资银行成为参与者。探索允许境外央行类机构成为参与者的可行性。加强自主可控的信息传输通道建设,强化全球人民币支付清算功能。探索逐步扩展 CIPS 清算币种范围,提高中国在国际支付清算领域的地位。促进 CIPS 同全球更多国家,尤其是与"一带一路"沿线国家和东盟国家形成法定数字货币跨境支付的多边合作框架,完善人民币跨境支付清算系统,建立人民币跨境回流机制和流动循环机制。

积极在自贸试验区临港新片区探索稳步推进人民币资本项目自由兑换的新途径。可以尝试在临港新片区试点将具有离岸金融性质的账户(自由贸易账户、离岸账户和境外机构境内外汇账户)并轨,并以此为基础进一步完善账户功能,构建功能和规则统一的离岸综合账户体系。在平衡好人民币自由兑换与风险防控关系的基础上,支持上海自贸试验区临港新片区通过大力推动开展离岸业务,在人民币资本项目可兑换方面先行先试,为人民币资本项目可兑换探索新路。

加快推动人民币外汇期货等衍生产品,补足外汇市场重要短板。鉴于人民币汇率形成机制改革等尚在推进中,可按照"先易后难、分步推进"的原则,在人民银行(国家外汇局)、证监会、银保监会共同指导下,借鉴印度等国经验,研究推出人民币外汇期货。可探索优先上市美元兑人民币外汇期货,满足绝大多数企业和金融机构的汇率风险对冲要求。待条件成熟后,再逐步扩展范围,采用实物交割模式。依托离岸综合账户体系,吸引有实际需求的国内外投资者,初步考虑将参与者和外汇交易中心参与者保持一致。提升"上海价格"国际影响力。推进人民币基准利率体系建设,建成类似于伦敦同业拆借利率(LIBOR)的上海人民币全球利率标准;完善"上海金""上海油"等定价机制,发展锂、镍等新能源战略金属定价权,提高国际影响力。

循序渐进,全力打造立足亚洲、服务"一带一路"、辐射全球的人民币债券发行、交易和流通市场。简化发债流程,引入同权条款、集体行动条款等国际通行的投资者保护制度,争取短期内规模达到万亿元。积极打造"自贸区债券"品牌。引导和鼓励长三角有关地方政府、金融机构与优质企业参与。根据"一带一路"建设规划以及 RCEP 协议,借力"亚投行""丝路基金"等由中国主导的金融机构和资金安排,开展以基础设施为抓手的集群式对外投资。

以统筹在岸和离岸功能为抓手,支持离岸金融业务发展。一是探索建立本外币一体化账户体系。拓展自由贸易账户功能和使用范围,建立本外币一体化账户,打破单一管道通道,建立在岸、离岸一体化的片区市场,加快资本账户双向开放进度。二是建设境内离岸人民币中心。在临港新片区,建立浦东离岸金融、浦东离岸汇率,形成人民币的离岸定价市场;建立香港人民币离岸市场与在岸市场的对接渠道,允许一定程度上两个市场间资金的流动,在可管控范围内实现资本对流。三是加快离岸业务发展。适应跨境投资、贸易发展需要,扩大离岸业务的试点银行和业务范围,支持发展离岸保险业务,推动形成区域性保险交易、定价中心。四是探索发展离岸金融市场。重点发展风险对冲工具、现券、回购、拆借等货币产品和外汇掉期、远期、期权等外汇产品。五是推动离岸业务税收制度创新。借鉴国际上主要金融中心的离岸税收制度,用好浦东新区单独立法权,加快上海离岸业务整体税制安排,提高上海离岸金融业务竞争力。

2. 进一步深化金融领域改革开放

金融是国民经济的血脉,未来上海的经济高质量发展离不开高质量的金融服务。上海国际金融中心建设要继续率先推进规则、规制、管理、标准等制度型对外开放,以开放促改革,以金融高质量发展更好服务现代化金融强国建设。

依托新片区"特殊经济功能区"定位,探索设立国际金融资产交易平台。该平台作为境内外金融市场的"转接口",兼具离岸与在岸特征:一是便利境外投资者配置境内资产。初期主要对接沪深证券交易所上市的证券品种,后续将范围扩大到金融衍生品、商品期货等。二是引入国际发行人和产品。争取优质跨国公司在平台发行股票、存托凭证等,适时引入债券、资产证券化等国际金融产品。三是服务境内投资者配置境外资产。结合人民币国际化进程,通过该平台逐步联通全球主要金融市场,便利境内机构投资者直接投资境外市场。

打造更加国际化的金融机构体系。一是坚持开放引领,加快高能级金融机构集聚。争取新一批全国首创性项目落地上海。鼓励外资在沪设立控股或独资的证券、期货、基金、养老金、人身险等机构,以及银行理财子公司及专业子公司、合资理财公司、保险资管子公司等,进一步强化上海的外资机构集聚地和开放枢纽门户的地位。二是集聚各类资产管理机构,加快全球资产管理中心建设。研究制定全球资管中心建设的政策文件。争取在机构投资者市场准入、跨境信息交互、跨境资金管理等方面有所突破。便利资管资金进入各类金融市场,方便全球资金配置。进一步扩大 QFLP 和 QDLP 试点,增加试点额度。加强资产管理高端人才培育。研究成立上海资管行业自律组织。三是集聚全球知名专业服务机构。吸引和培育更多具有国际影响力的会计审计、法律服务、信用评级、资产评估、投资咨询、人力资源等全球顶级服务商。利用专业服务机构庞大的全球网络,将上海金融服务渗透到全球。四是加强资产管理产品和服务创新。出台专项政策支持 REITs 试点。加大权益类产品发行力度,丰富固定收益产品种类。在中证张江自主创新 50 指数基础上推出 ETF 产品。加强管理人中管理人(MOM)、基金中基金(FOF)等产品研发。

深化相关制度改革,促进金融要素市场的完善发展。一是深化科创板注册制改革,探索实行单次 T+0、做市商制度、符合国家规范的会计制度等,鼓励引导中长期资金入市,吸引一批重要红筹企业回归。二是促进金融产品创新,尤其是风险管理工具的创新。研究推出中证 1 000 期货与期权、上市上证 50 股指期权、30 年期国债期货和国债期货期权等。以保税品种为试点,探索建立全国性大宗商品仓单统一注册登记中心,利用物联网和区块链技术开展标准仓单、保税仓单以及场外衍生品业务交易,支持上海保交所在临港新片区建设上海国际再保险交易平台。三是研究建设国家级大型贵金属储备库,吸引对仓库信用度要求较高的境外央行、主权基金等机构到上金所市场购买黄金并存放于中国境内。四是依托自由贸易账户体系推进再保险跨境投资结算便利化,探索全球再保险资金直接投资境内外金融市场的制度安排。五是支持上海建设一批核心技术研发平台、协同创新平台和重点实验室,打造集群式、蜂巢式创新生态体系。发挥上海金融科技产业联盟作用。在金融市场、支付清算、银行保险、智能投顾、数字货币等领域培养和储备一批金融科技创新应用试点项目。五是探索对公司信用类债券实行发行注册管理制度。

扩大现有金融要素市场对内对外开放力度,更好满足全球投资者配置中国金融资产的需求。在对内开放方面,研究在风险可控条件下允许银行、保险等金融机构参与期货、黄金等市场交易的办法。在对外开放方面,继续提升已开放市场的开放力度,如提升原油期货、20 号胶期货和低硫燃料油期货等现有国际化品种的境外投资者参与度,增强品种的国际影响力。同时,探索开放新领域,如国债期货市场。可在额度管理基础上,先行向合格境外投资者开放参与国债期货交易。在风险可控的前提下,再进一步扩大投资额度和投资者范围,增加境外机构参与国债期货市场的路径,通过期货特定品种和银行间债券市场(CIBM)参与者直投方式,推动更多境外投资者参与国债期货。

以新技术为抓手推动金融服务和产品创新。以推动金融数字化转型为抓手，加快建设全球金融科技中心，抓住新一轮科技革命和产业变革的机遇，加强金融与科创的协同和融合，推动金融数字化转型。一是推进数字人民币的发展及其跨国使用。上海要加快数字货币应用推广，扩大数字人民币使用场景，推动数字金融发展，探索监管模式创新。二是支持大数据、云计算、人工智能等在金融服务领域的发展。依托金融科技领先优势，将金融科技广泛推广到金融服务领域，推动金融模式、业务、产品、服务创新。三是加快培育和集聚金融科技产业。发挥产业园区、产业基金等引导作用，吸引和培育国际领先的金融科技企业，推动符合条件的金融机构、大型科技企业在沪设立金融科技公司、金融科技研发中心、开放式创新平台等。四是优化金融科技发展环境。有序推进金融科技创新监管试点，探索更为包容、审慎、专业的新型监管方式；推动数据资源共享开放，推动跨领域、跨行业的数据融合创新；推动金融科技生态系统构建，打造集群式、蜂巢式的金融科技创新生态体系。

以推动绿色低碳发展为抓手，加快提升国际绿色金融枢纽地位，树立绿色发展理念，大力发展绿色金融，全力支持国家碳达峰、碳中和目标实现。一是鼓励绿色金融产品创新。鼓励发展绿色信贷，推动绿色信贷资产证券化。丰富绿色债券指数、绿色股票指数。大力发展绿色保险。支持绿色租赁、绿色信托等创新产品发展。探索发展碳金融产品，支持推出碳远期、碳互换、碳基金、碳租赁等金融创新。二是加强绿色金融市场建设。支持全国碳排放权交易市场建设，探索发展碳金融市场，将上海打造成具有国际影响力的碳定价中心。鼓励金融机构设立专门开展绿色金融业务的分支机构、营业部、事业部等。加大金融市场对节能环保、清洁能源等领域的融资支持力度。支持符合条件的绿色企业上市融资和再融资，支持符合条件的机构发行绿色债券，支持开展绿色债券信用评级工作。三是完善绿色金融支持政策。加快建立绿色金融改革创新试验区。完善绿色金融业绩评价、考核等政策措施。鼓励金融机构探索建立绿色投资评估标准和体系。支持绿色项目库、绿色金融信息系统等建设。

专栏 3.10　数字人民币与上海国际金融中心建设

助力跨境交易,构建离岸平台。数字人民币在跨境交易中极具优势,除电子交易带来的便利性外,数字人民币已实现可控匿名,从而保证交易的保密性,同时在区块链、大数据分析技术的加持下,每一笔钱的流动都有迹可循,可有效防范洗钱等违法行为。

提高金融机构定价能力,缓解流动性不足问题。数字人民币的国际化有助于优化跨境投资和贸易中的货币格局。数字人民币能够降低交易成本、提高资金使用效率。在数字货币体系下,所有的交易都可以点对点直接完成,节省中间成本,加快结算和清算的速度,大幅提升资金的使用效率。发行数字人民币将使金融市场的流动性得到提升,金融机构的定价水平得到提高,信贷市场的不完全和信息不对称问题得到改善,从而提升货币政策和信贷传导渠道的有效性,降低商业银行的不良贷款率。

构建金融数据库,培育金融生态。数字人民币的海量交易信息将为构建金融数据库提供信息来源,同时数字人民币利用区块链的可追踪性和不可篡改性,可以有效保障数据库的稳定和真实性。数字人民币作为交易途径的结构化交易信息,能够被挖掘出更多的金融价值。

数字人民币促进数字经济发展。数字人民币是数字经济发展的重要载体,是推动数字经济和实体经济融合发展的数据纽带、信息桥梁。数字经济正在深刻重塑世界经济、产业格局,日益成为各国角逐的重大关键领域,发达国家和主要发展中国家纷纷把发展数字经济上升为国家战略。上海应以数字人民币试点为契机,推动实体经济与数字经济深度融合,在新一轮科技革命和产业变革浪潮中发挥引领作用,从而带动上海在数字化变革中占据国际竞争制高点。

发挥人口和产业优势,缓解数字鸿沟。上海数字化程度发达,各类应用环境丰富,有助于推进数字人民币的普及,而良好的使用环境有助于数字人民币发挥其优势,助力上海科技发展,从而促进人口流动,提升居民的消费意愿,吸引国内外优秀人才和资本进入。数字人民币在经济、生活、治理三个领域全面推动了上海数字化转型进程。

资料来源:陈晓静、乔继凡、杨润昌:《数字人民币对上海国际金融中心建设的影响及其对策》,《科学发展》2022年第8期。

3. 进一步优化完善金融营商环境

进一步完善法治环境。一是尽快出台期货法等重要金融法律,做到有法可依。二是积极行使涉外管辖权,包括强化管辖权选择意识,明确交易所会员适用中国法律。三是支持上海金融法院实行金融民事、行政、刑事案件"三合一"审判模式。探索港、澳、台、在沪外籍专业人士担任陪审员的做法。加快推进浦东新区立法权试点,为上海对接国际高标准的金融规则体系开展立法探索;发挥上海金融法院等职能和示范作用,增强案件审判的国际公信力和影响力;探索在上海国际经济贸易仲裁委员会、上海金融仲裁院等更多使用国际通行的金融仲裁规则。四是确立定期金融指导性案例专项发布制度,推动由最高院和人民银行定期发布具有规则示范意义的金融案例(中英文),并借助国际法律服务平台,向国际社会传递中国金融司法的最新声音,提升中国金融司法的国际影响力。五是加强与域外金融司法机构、国际组织和学术机构的沟通联系,进一步健全与国际接轨、具有独特吸引力的中国金融诉讼机制,营造更加公正、高效、便利的司法环境。

构建更具吸引力的税收环境。一是加快试点依托自由贸易账户的税收安排,允许自由贸易账户中境外投资收益暂缓征收企业所得税。将跨境保险、跨境发债、跨境融资贷款等免除增值税。二是针对一年以上、三年以上的中长期投资,制定具有国际竞争力的税收优惠政策,以吸引中长期资金加大投资配置力度。三是在上海自贸试验区(或浦东新区)复制推广临港新片区的具有吸引力的个税新政,采用税收减免、返还或财政贴补等方式,研究推出针对金融高管和紧缺专业金融人才的15%税率政策。加快制定既切合中国实际又符合国际惯例的金融税收制度,对金融机构、人才提供政策性资源支持和激励机制。

加强国际化金融高端人才的培养和引进。上海要加快创新高端金融人才培养和引进制度,提高外籍人士工作居留等政策的精准度和灵活性。包括优化人才政策服务、信息服务和生活服务配套体系。完善人才落户、人才公寓、就医、子女教育等保障,为外籍人才办理工作许可、签证、居留等提供更加便利的服务。打造宽松的金融人才发展环境。创新人才发展体制机制,完善金融人才激励政策,优化人才服务,营造更加适合金融人才创新创业的环境。

推进金融数据信息跨境流动。依托临港新片区国际数据港建设,探索建立金融数据流通备份审查、跨境数据流通和交易风险评估等机制,围绕国际金融资产跨境交易、跨境保险资产管理、跨境基金管理等跨境金融信息需求,通过试点方式开展金融交易数据跨境流动。完善"一网通办"平台,进一步深化"放管服"改革,提供便捷高效的政务服务。

4. 进一步提升金融风险防控能力

在临港新片区探索建立与国际接轨、统一高效的金融监管体制。坚持宏观审慎原则,守牢安全底线,开展金融综合监管试点,完善金融监管和风险防控体系。由人行上海总部牵头,整合在沪金融管理部门监管资源,探索更加灵活的金融政策体系、监管模式和管制体系,推进各项金融开放创新措施。加强国际金融监管合作,加强跨行业、跨市场监管协作,推动跨境信息共享的监管框架和管理办法,加强对欧美及其他司法辖区的跨境监管认证工作。加强金融风险管理与压力测试,建立系统风险的分析框架、量化测度、评估模型、压力测试、预警监测指标等监管机制,丰富风险管理工具,强化金融风险监管和防范。

主动对接和深度参与跨境监管规则制定。上海要对标欧美跨境监管新规,致力于推动中国在场外衍生品双边保证金要求的监管标准制定,开展中央对手方的跨境监管认证工作,发挥中央对手方清算规模经济效应,主动参与制定相关业务标准,并通过全球中央对手方协会(CCP12)进行国际推广应用。推进金融监管信息共享,数字货币、网络安全、信息保护已成为金融监管的全新课题,上海要加快健全金融信息共享机制,提升数字金融监管效率。

着力提升现代化金融监管能力。支持在上海建设中国金融市场交易报告库，集中整合涵盖债券、货币、黄金等各金融市场的交易全生命周期的交易信息，利用科技手段增强监管部门、创新主体、社会公众之间的信息交流和良性互动，研发符合中国国情、与国际接轨的监管工具。监管手段创新，运用人工智能、大数据、云计算等科技手段，完善金融机构信息科技治理，打造"金融天眼"监控系统，强化客户信息安全保护。借鉴"监管沙盒"理念，发挥自贸区先行先试金融综合监管作用，推进"监管沙盒"，运用金融科技提升跨市场、跨业态、跨区域金融风险的识别、预警和处置能力。

5. 进一步加强央地协调机制建设

构建有利于协调的央地金融工作机制。为使上海国际金融中心成为突破美国可能封锁的窗口，并最终成为世界一流的现代化金融中心，可由中央金融委员会办公室统一协调，构建中央金融主管部门之间、部门与地方政府之间密切配合的工作机制。一方面，围绕提升国内实体经济与金融高效循环的需要，推进各项工作；另一方面，从国家经济和金融安全的角度，针对新时期中美金融关系演进的可能路径，有针对性地开展相关工作。

构建有利于金融产品上市的部际协调机制。探索建立金融主管部门与其他部委的协调机制，推动隶属其他部委管理的底层资产的金融产品创新发展，如航运运价指数期货、保税铜期货、原油期货期权、成品油期货、天然气期货等产品的推出。

构建有利于金融市场互联互通的协调机制。继续推进银行间债券市场和交易所债券市场、现货与期货市场的互联互通。上海国际金融中心建设中，要加快探索解决因市场分割带来投资者担保品跨市场使用问题，推进上海清算所的大宗商品场外衍生品市场与上海期货交易所的商品业务的有效联通等。

3.4.2 需要争取国家支持的政策

1. 制度环境方面

上海要在自贸试验区离岸金融市场建设方面，用好用足自贸试验区及浦东新区的优惠政策,与其他四大中心建设互动,加快建设步伐。比如在风险可控的前提下,在自贸试验区内创造条件稳步进行人民币资本项目可兑换、人民币跨境使用和外汇管理改革等方面的先行先试;为自贸试验区在金融产品、业务、服务和风险管理等方面的创新提供支持和便利等。

目前上海外资金融机构在功能方面限制很多,应该争取功能开放,即容许外资金融机构做所有的业务。放开外资金融机构功能方面的限制,扩大外资金融机构在沪的经营业务范围,有利于进一步吸引外资金融机构在上海集聚,推进上海金融服务业对外开放,打造更有吸引力的营商环境。

在金融立法上,要充分利用国际仲裁机构近年所处理的案例,探索具有较强国际市场竞争力的开放政策和制度,并通过浦东新区的立法权试点将其上升到国际规范性立法。充分利用浦东新区的立法权构建与国际规则接轨的金融法治环境,优化上海金融服务环境,吸引国内外金融机构落户上海,从而推动上海金融服务业的快速发展。

在安全可控的前提下,放开对经济金融数据流动的限制。在数字经济时代,将互联网及信息技术手段与传统金融服务业态充分结合,能够有效提高金融机构的运营效率,为金融消费者带来便利等。放开对数据流动的限制,有利于金融机构丰富金融产品和金融工具、提升金融服务效率,推进金融机构数字化转型;通过国际互联网数据交互试点,扩大上海国际金融服务范围、提升国际金融服务效率和服务水平。

赋予上海试点立法、行政、政策等更大力度的金融制度改革。支持上海试点金融改革创新,建立重大改革特别授权机制,赋予更多、更自由的金融改革所需要的立法、行政、政策等多方面的改革特权,支持金融税收、人才引进政策、金融执法等金融改革发展方面先行先试。通过浦东新区的立法权试点,最终上升到国际规范性立法,构建与国际规则接轨的金融制度和法治环境。扩大央行上海总部功能,下放金融监管和评估权限,在上海建立战略高度更高、更高级别的金融委员会。

2. 基础设施方面

加强全国金融中心城市的合理分工。从国家战略高度,重视上海国际金融中心建设。根据各个城市的优势和特点,建立全国金融资源统一协调机制,合理布局和分工全国金融中心城市,确定各自的建设目标和重点,加强上海与其他金融中心城市的优势互补和战略合作,形成相互促进、共同发展的金融市场格局,避免恶性竞争和资源浪费。争取四大行等全国性金融机构总部落户上海,或将其他全国性金融功能机构搬到上海,通过扩大上海金融市场的服务范围进而提升上海在全球金融市场的影响力。

争取引进与培育一流全球性金融机构,支持国内外金融机构总部落户上海,支持上海培育一批类似中国平安的全牌照金融机构,在这个基础上通过充分的市场竞争产生全球顶级金融机构。如今,金融机构的体量已经不是衡量其市场影响力的重要标准。四大行体量虽大,但其在资本市场和国际金融市场上的影响力远远比不上现有国际著名投行,上海需要培育自己的具有市场号召力的明星金融机构。

其他高端服务业的开放与国际接轨,如离岸贸易的发展与国际接轨、高端服务业的引进与国际接轨、外资医院的引进、各类收费标准与国际接轨等,可以大大促进金融与保险事业的发展,吸引更高层级的国际人才。随着中国经济结构的转型升级,外商投资的行业结构也在发生显著变化,服务业投资已成为第一大投资流向,服务业领域的开放与国际接轨还会引致外资大量流入。在国际化道路上,既要考虑与国际接轨问题,也要兼顾国内的需求事实,实现一定的制度创新。加强离岸贸易发展、高端服务业引育、外资医院引进、国际化生活环境营造、各类收费标准等与国际接轨,促进金融与保险事业发展,吸引国际化金融人才落户上海。

进一步建设人民币跨境支付系统(CIPS),同全球更多国家,尤其是同"一带一路"沿线国家与东盟国家形成法定数字货币跨境支付的多边合作框架。利用数字科技发展和优化人民币跨境支付的基础设施,在上海建立央行数字货币跨境批发支付与结算的基础设施与试点。目前人民币跨境结算依赖三种模式:代理行、人民币清算行和CIPS。但是代理行和清算行的成本比较高、效率较低。CIPS是未来方向。所以加强建设 CIPS 与另外两种模式形成优势互补,助推人民币国际化。中资银行和非银行金融机构在增加国际业务的同时,基本利用现有基础设施。虽然像支付宝这样的非银行机构已经在各个国家提供了零售支付解决方案,但需要解决人民币跨境批发支付和结算系统的问题,不仅要使用数字技术,还要使用央行数字货币。

专栏 3.11　践行"一带一路"倡议 CIPS 境外合作取得新突破

第三届"一带一路"国际合作高峰论坛召开之际,2023 年 10 月 19 日,跨境清算公司与贝宁工商银行在京签署跨境人民币业务推广合作谅解备忘录。记者了解到,跨境清算公司已先后与吉布提丝路国际银行、非洲进出口银行等多家非洲当地机构签署跨境人民币业务支付清算合作相关协议。

非洲是共建"一带一路"的重要参与方,2022 年人民币跨境支付系统(CIPS)处理的非洲跨境人民币业务笔数、金额同比分别增长 43%、16%,体现了一定的市场需求和发展潜力。CIPS 欢迎包括吉布提丝路国际银行、贝宁工商银行在内的非洲各银行接入系统,使用 CIPS 产品服务,共同为促进"一带一路"资金融通和中非贸易投资便利化提供基础支撑。

近年来,跨境清算公司大力拓展"一带一路"参与者,积极发挥跨境人民币支付清算"主渠道"作用,助力人民币跨境使用。相较 2022 年初,CIPS 在"一带一路"共建国家的直接参与者数量从 17 家增长到 37 家,增长 118%;间接参与者数量从 364 家增长到 480 家,增长 32%。截至 2023 年 9 月末,CIPS 参与者共分布在 82 个"一带一路"共建国家,实际业务已覆盖 131 个"一带一路"共建国家,初步实现了"哪里有人民币,哪里就有 CIPS 服务"。国务院新闻办公室发布的《共建"一带一路":构建人类命运共同体的重大实践》白皮书指出,CIPS 的参与者数量、业务量、影响力逐步提升,有效促进了贸易投资便利化。

资料来源:《践行"一带一路"倡议　CIPS 境外合作取得新突破》,中国金融新闻网,2023 年 10 月 20 日。

3. 金融创新方面

争取人民币跨境业务账户体系、资金融通与资产交易等方面向上海集中,提升人民币跨境业务的整体力度与效率。可在临港新片区建设境内离岸人民币中心,发挥上海金融中心的支撑服务作用。现在各个自贸试验区都有人民币跨境业务,具体业务是分散的。将人民币跨境业务账户体系、资金融通与资产交易等聚集在上海,有利于加大联动统筹力度,使得上海国际金融中心能够在统筹境内离岸在岸人民币国际化中发挥更大作用。上海发展离岸金融中心的关键是做好在岸市场,离岸的理想地是香港,但是香港人民币产品的利率很低,做不大。上海可通过提供高收益的人民币产品打通在岸与离岸市场,提高人民币的流动性。支持上海在"一带一路"金融合作中发挥更大作用,推动中国投资在"一带一路"沿线国家的股权、债券在上海集中交易,构建面向沿线国家的投融资平台。

在上海前瞻布局绿色革命新兴能源以及相关大宗商品交易。尽快在沪建立天然气与氢能源、绿色能源以及与绿色发展有关的金属交易市场,推动其成为重要的绿色发展产品交易中心。具体而言,在全球经济绿色转型下,煤炭与石油的重要性下降,而天然气和氢能源将出现爆发式增长,并在十年内变得具有成本竞争力。这两类能源由于运输难度高,呈现区域性的特点。中国应该在国内天然气市场改革的基础上,在上海建立天然气与氢能源交易市场并完善交易基础设施,助推人民币国际化。锂、钴、镍、铜等绿色能源金属的重要性日益提升,以此为契机,上海可建立绿色能源金属交易市场,并成为重要的金属交易中心。在绿色革命大背景下,将人民币国际化与碳中和时代的大宗商品紧密结合起来。

在上海设置碳排放与绿色债券交易中心,吸引国内外投资者或国内地方政府来沪发行、交易绿债。在中国,碳市场将越来越重要,上海可先行以实现碳达峰、碳中和为目标,建立健全绿色低碳循环发展的经济体系和绿色金融支持体系。通过为国内企业提供发行绿色债券的平台,在上海形成一个绿色债券的中心,通过绿色金融和科技金融发展债券市场,将资金引进来并服务整个长三角的技术进步和产业升级。

支持上海发展中国的统一债券市场。目前,国内债券市场管理部门多头、市场分割、标准不一。可在上海试点统一管理的债券市场,做大做强在岸人民币债券市场;在上海自贸试验区通过打包的方式(包括额度控制等)推动资本账户开放,并推出跨境理财通等产品,让国外投资者能够购买中国的固定收益产品。在国内较高利率而全球低利率的背景下,国内如能够开发更多的比较好的固定收益产品,则吸引外资流入的前景很大,特别是国外中长期项目投资者和海外央行将希望有一定的人民币储备。

支持上海做大做强金融交易平台。借鉴科创板经验,设立国际板,吸引境外公司来中国内地上市,吸引中概股公司回中国内地上市,使得国内公民也可以投资国际板。支持上海加快推动上交所国际化,做强做大上海外汇交易中心、上海期货交易所、上海清算所等平台机构。

增强上海金融服务“一带一路”建设的功能,推动中国投资在“一带一路”沿线国家的股权、债券在上海集中交易,加强上海与“一带一路”沿线国家和地区金融市场的深度合作、互联互通,推进“一带一路”沿线国家金融机构在上海设立分支机构。

改革金融税收制度和降低税率。借鉴新加坡、中国香港等国际金融中心的经验,推动金融企业税收和个税改革,降低对金融资产、金融业务活动、金融机构以及金融人才的税负,建立具有国际竞争力的金融税收制度,吸引国际金融机构和金融中介机构落户上海。

在上海试点更大力度的资本项目功能开放。加快资本账户双向开放进度,鼓励自贸试验区在外汇兑换和税制方面进行创新;在临港新片区稳步进行人民币资本项目可兑换、人民币跨境使用和外汇管理改革等方面的先行先试;拓展自由贸易账户功能和使用范围,探索建立本外币一体化账户体系。在安全可控的前提下,放宽金融业市场准入限制,扩大金融外资金融机构业务经营范围;放开对经济金融数据流动的限制。

本章主要参考资料

［1］陈晓静、乔继凡、杨润昌：《数字人民币对上海国际金融中心建设的影响及其对策》，《科学发展》2022年第8期

［2］《我国科创金融制度和市场体系持续健全》，《光明日报》2023年7月28日

［3］何茜：《绿色金融的起源、发展和全球实践》，《西南大学学报（社会科学版）》2021年第1期

［4］跨境银行间支付清算有限责任公司官网，cips.com.cn

［5］陈吉宁：《努力把上海国际金融中心建设成为金融与科技融合创新的引领者、服务绿色低碳转型的示范样板、金融风险管理与压力测试的试验区》，陆家嘴论坛，2023年6月8日

［6］《上海国际金融中心建设"十四五"规划》

［7］上海市人民政府发展研究中心：《上海推进金融高质量发展战略研究》，格致出版社2020年版

［8］上海市人民政府新闻办公室、上海市统计局：《上海概览》，上海人民出版社2023年版

［9］《全球金融科技进入"上海时间"》，《文汇报》2023年9月7日

［10］徐奇渊：《一个解决发展中国家主权债务问题的综合框架》，《当代财经》2023年6月2日

［11］英国智库Z/Yen集团、中国（深圳）综合开发研究院：《第34期全球金融中心指数报告（GFCI 34）》，2023年9月28日

［12］《践行"一带一路"倡议 CIPS境外合作取得新突破》，中国金融新闻网，2023年10月20日

［13］《全面推进中国（上海）自由贸易试验区临港新片区金融开放与创新发展的若干措施》，中国政府网，2020年5月7日

［14］祝惠春：《期货市场规模和影响快速提升》，《光明日报》2022年10月1日

［15］钱军：《制约上海金融国际化的最主要瓶颈和问题研究》，复旦大学，2023年

［16］连平：《制约上海金融国际化的最主要瓶颈和问题研究》，上海首席经济学家金融发展中心，2023年

［17］王长元：《深入推进上海金融创新和金融国际化问题研究》，中国人民银行上海分行，2023年

［18］金鹏辉：《上海推进国际金融中心建设新的突破口系列研究》，中国人民银行上海分行，2023年

［19］荀玉根：《上海打造具有国际影响力的碳定价与碳金融中心研究》，海通证券股份有限公司，2022年

［20］金鹏辉：《上海在岸金融中心与离岸金融中心联动发展系列研究》，中国人民银行上海分行，2022年

［21］茆训诚：《上海进一步加快国际金融中心国际化水平的思路、路径和突破口研究》，上海师范大学，2022年

［22］樊潇彦：《金融开放赋能科技创新：建设上海离岸科技金融中心的政策研究》，复旦大学，2021年

［23］刘斌，《全球疫情对上海国际金融中心建设的影响与对策研究》，中国人民银行上海分行，2020年

［24］袁志刚：《上海国际金融中心新一轮发展战略研究》，复旦大学，2021年

［25］金鹏辉：《上海国际金融中心升级版研究》，中国人民银行上海分行，2021年

［26］袁志刚：《新形势下中国金融开放与上海金融结构优化》，复旦大学，2020年

第 4 章

上海加快建设国际贸易中心战略研究

国际贸易中心是上海城市重要的核心功能,也是上海打造中心节点和战略链接的重要支撑。建设国际贸易中心是中央赋予上海的光荣使命。"十三五"时期,上海基本建成了与中国经济贸易地位相匹配、在全球贸易投资网络中具有枢纽作用的国际贸易中心。展望未来,新一轮技术革命和产业变革推动服务贸易、数字贸易迅猛发展,赋予国际贸易中心新的内涵,上海肩负着服务国家对外开放总体布局、引领全国参与国际合作竞争的战略使命。下一步,上海要紧扣"提升开放能级、增强枢纽功能"的目标,坚持"贸易高质量发展"的主题,推动国际贸易中心加快建设。

4.1 上海加快建设国际贸易中心的环境和条件分析

4.1.1 面临的国内外环境和行业趋势新变化

当前,世界百年未有之大变局加速演进,世界经济复苏动力不足,经济全球化遭遇逆流,局部冲突和动荡频发,上海国际贸易中心建设的外部环境不稳定、不确定、难预料因素增多。同时也要看到,新产业革命加速兴起,中国经济长期向好的基本面没有改变,高水平对外开放持续推进,上海加快建设国际贸易中心仍具备诸多有利条件。

1. 国际经贸环境不确定性加大,全球价值链深度调整

受新冠疫情和俄乌冲突影响,2022 年世界经济增速大幅放缓。目前疫情影响逐步消退,但全球经济复苏缓慢,全球价值链加速重构,经贸摩擦冲突加剧,世界经济仍面临多重挑战,给全球贸易发展带来较大不确定性。

一方面,全球经济复苏进程缓慢且不均衡。放眼全球,新的复杂国际形势必将进一步加剧未来全球经济发展的不确定性。国际货币基金组织(IMF)2022 年 10 月发布的《世界经济展望》预计 2023 年全球经济增速为 3.0%,与 7 月的预测持平,但仍远低于 3.8% 的历史(2000—2019 年)年平均水平,中期增长前景也进一步减弱。同时,预计 2024 年全球经济增速为 2.9%,相比 7 月的预测下调了 0.1 个百分点。世贸组织(WTO)《全球贸易展望与统计数据——更新:2023 年 10 月》则预计,按照市场汇率计算,2023 年全球 GDP 将增长 2.6%,2024 年将增长 2.5%,低于 IMF 预测值。WTO 同时下调了对 2023 年全球商品贸易增长的预测,由 4 月份的 1.7% 下调至 0.8%。联合国贸易和发展会议(UNCTAD)《2023 贸易和发展报告》认为,全球经济正处在"十字路口",增长路径的分歧、不平等程度的扩大、市场集中度的提升及债务负担的加重等因素给全球经济增长蒙上阴影,预测 2023 年全球经济增速将减缓至 2.4%。虽然当前全球经济正在过去几年的严重冲击中持续复苏,但复苏进程缓慢且不均衡,世界经济仍将面临持久挑战。上海作为全球贸易投资网络中的枢纽城市,首当其冲面临外部环境深刻变化带来的重大挑战,贸易规模和口岸经济将受到严重冲击。

另一方面,以安全和风险角度进行的全球价值链重构加快。后疫情时期,全球产业链的脆弱性进一步暴露,各国开始重新平衡全球化生产的风险性和安全性问题,推动了政策转向,加剧了全球价值链重构。目前全球价值链网络由美国主导的北美价值链、德国主导的欧洲价值链、中日主导的亚洲价值链组成。未来全球价值链将趋于收缩,尤其是北美与亚洲价值链的联系将减弱,而东亚价值链内部合作将

进一步深化。这与诸多原因有关:首先,中美贸易摩擦加剧将使得双方呈现一定程度的"脱钩",部分美资企业可能从中国撤离。但基于中国市场的磁场效应,不少跨国公司仍将加大在华投资,使得东亚价值链合作深化。其次,随着跨国公司全球价

专栏 4.1　全球经贸摩擦呈现高位波动和冲突加剧态势

从整体上看,2022 年,全球经贸摩擦指数总体高企,上半年骤增,下半年有所趋缓,所有月份均处于高位。与 2021 年相比,全球经贸摩擦指数整体大幅上升。从分项指数看,与 2021 年相比,进出口限制措施指数、进出口关税措施指数、技术性贸易措施指数和其他限制性措施指数月均值均呈同比增长态势,仅贸易救济措施指数月均值呈同比下降态势。从国别来看,2022 年,在 20 个国家(地区)中,全球经贸摩擦指数月均值居前三位的国家是美国、印度和印度尼西亚。相比 2021 年,20 个国家(地区)全球经贸摩擦指数月均值普遍上升。从行业上看,2022 年,多数行业全球经贸摩擦指数月均值均呈趋高态势。13 个行业中,有 11 个行业的全球经贸摩擦指数月均值上升。其中,电子行业、运输设备行业、轻工行业、机械设备行业和医药行业全球经贸摩擦指数月均值保持高位,且均较 2021 年有所上升。

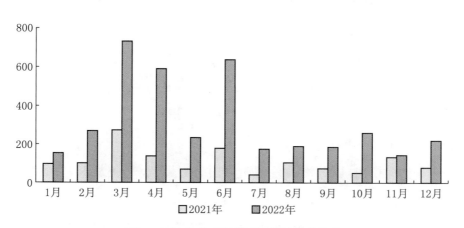

2021—2022 年全球经贸摩擦指数月度走势

资料来源:中国贸促会,《全球经贸摩擦指数(2022 年年度报告)》。

值链的数字化,"近岸生产"日益增多,生产经营更贴近最终市场,市场反应更加灵敏。另外,《区域全面经济伙伴关系协定》(RCEP)正式生效,中日韩自贸区谈判抓紧推进,也将为亚洲价值链合作注入重要动力。由于以上因素,当前亚洲价值链合作明显深化,成为值得重视的一大新动向。全球价值链收缩和东亚区域价值链不断深化,进一步明确了上海国际贸易中心加快建设的方向,为强化区域间贸易合作力度,有针对性地提升国际贸易中心竞争力提供了指引。

2. 国际贸易投资规则加速重构,全球贸易格局分化发展

当前,全球治理体系进入加速变革期,旧的全球治理体系难以适应国际经济格局的变化,而新的全球治理体系还未成型。

从全球经济治理体系看,未来国际贸易投资规则重构有三大趋势特点。一是国际贸易规则高标准化。理查德·鲍德温认为,全球价值链分工和传统国际分工形式对国际贸易规则的要求不同,在全球价值链分工时代,需要更高标准的规则维护国际贸易的正常运转。国际贸易规则高标准化的典型表现是货物贸易降关税的力度较大,在绝大部分产品上实施零关税。目前已经谈成的 CPTPP、USMCA、欧日自贸协定等高标准自贸协定均实施很高比例的零关税。除此之外,自贸协定包括的议题数量越来越多,在非关税壁垒议题、知识产权、投资等相关规则上提出更高标准。二是国际经贸规则内容由"边境上"措施为主向"边境内"措施为主转变。长期以来,国际经贸规则主要聚焦关税减让等边境措施,促进国际经贸自由化。伴随全球价值链的发展及信息化手段的广泛应用,新国际经贸规则重点将从关税减让等边境贸易措施深入关境内部,逐步扩展到知识产权、竞争政策、投资、环保法规、劳动市场管制、消费者保护等领域,构建"边境后"规则。三是更强调"公平贸易"。未来一个时期内,以美国为首的西方国家将以"公平贸易"和"国家安全"为由,联合盟友继续实施强硬的对华贸易政策。拜登政府将创建扩展工具,通过公平贸易和产业政策,重点解决所谓"非市场经济体"造成的市场经济扭曲问题及补贴问题,以期达到重塑本国安全和有弹性的供应链的目的。

未来全球贸易格局也将发生深度调整,呈现分化发展态势。一是国际贸易区

域化格局进一步强化。随着 RCEP、CPTPP、USMCA 等大型区域自贸协定的不断签署和实施,不同区域内的经济贸易合作正在增强。这些超大型自由贸易协定不仅通过降低关税甚至实施零关税促进区域内贸易和投资发展,而且通过一系列高标准、排他性措施构筑了对区域外的贸易和投资壁垒,形成排他性供应链联盟。区域协定通常涵盖广泛,包括货物贸易和原产地规则、服务贸易、竞争、电子商务等各类相关政策,极大地改变了全球贸易投资格局。二是近岸外包正在改变贸易流向。受地缘政治风险上升、国内补贴政策、出口管制及其他形式的贸易保护主义的影响,企业纷纷将生产基地转移至离本国更近的地方。例如,2022 年前 10 个月,美国与加拿大的贸易总额增长 23% 至 6 686 亿美元,与墨西哥的贸易总额增长 20.3% 至 6 560 亿美元。与此同时,与中国的贸易总额仅增长 10.9% 至 5 870 亿美元。三是国际贸易友岸化特征日益增加。相较于近岸外包,友岸外包突破了贸易合作的时空限制,将关键零部件领域的生产设施转移到"友好国家",其中最具代表性的是美国、欧洲国家和韩国。例如,欧洲是美国"友岸生产"的最重要的合作伙伴。在俄乌冲突爆发后,美国对欧洲的能源输出和技术合作增加。2022 年前 10 个月,美国对欧盟出口增长 30% 至 2 906 亿美元,进口增长 13% 至 4 559 亿美元。上海国际贸易中心建设应在对标全球高水平经贸规则的同时,密切关注国际贸易格局的趋势变化,提前做好全球和区域化贸易布局,为国际贸易中心建设营造良好外部环境。

3. 服务贸易重要性日益凸显,数字贸易成为贸易增长新动能

在传统贸易向数字贸易转型、产业价值链更依赖研发和创新、无形资产投入增加等新形势下,贸易不仅是货物贸易,背后还指向技术、金融、数据、知识产权等问题,服务贸易和数字贸易正成为全球贸易的新引擎。

一方面,服务贸易在国际贸易中的占比和地位日益上升。据 WTO 统计,2022 年全球服务出口 71 270.6 亿美元,同比增长 14.8%,高于同期货物贸易的发展,占全球货物和服务贸易出口总额的 22.3%,占比较上年提高 0.5 个百分点(见图 4.1)。其中,计算机服务出口较疫情前提高 45%,计算机服务成为过去几年中最具活力的行业。当前,世界变局加快演变,全球经济和贸易复苏的不确定性增大。与此同

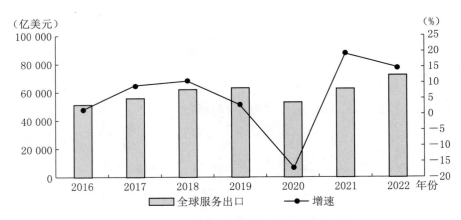

图 4.1 2016—2022 年全球服务出口规模及增速

资料来源：WTO.

时，服务贸易自由化不断推进，许多领域的服务贸易成本持续下降，发展韧性显著增强。WTO 预计，2023 年全球服务贸易有望继续保持增长，到 2040 年，服务贸易占全球贸易的比重将超过 30%，比 2022 年提高近 10 个百分点。服务贸易也成为推动中国外贸增长的重要力量。根据世界银行数据，2022 年，中国服务进出口占货物和服务进出口总额的 12.1%，比上年提高 0.4 个百分点，对进出口总额增长的贡献率为 24.3%。其中，服务出口占货物和服务出口总额的 9.9%，比上年提高 0.4 个百分点，对出口总额增长的贡献率为 18.4%；服务进口占货物和服务进口总额的 14.7%，比上年提高 0.5 个百分点，对进口总额增长的贡献率达 45.1%。上海在发展服务贸易上具备技术和人力资本优势，服务贸易的快速发展有利于强化上海国际贸易中心的集聚效应，为国际贸易中心加快建设带来重要机遇。

另一方面，数字贸易成为贸易增长新引擎。从短期增长看，WTO 数据显示，2022 年全球数字服务贸易规模为 3.82 万亿美元，同比增长 3.9%，在服务贸易中的占比连续 8 年超过 50%，数字贸易在服务贸易中的核心地位得到确立和巩固。从长期趋势看，数字贸易增速超过服务贸易和货物贸易，2019—2022 年三年间，数字贸易展现出强大韧性和潜力，全球数字贸易增长了 36.9%，高于服务贸易的 12.9% 和货物贸易的 31.0%，全球贸易的数字化进程大大加快。数字贸易成为驱动贸易

专栏 4.2　国际组织的数字贸易概念框架

2020 年 3 月,经济合作与发展组织(OECD)、世界贸易组织(WTO)、国际货币基金组织(IMF)联合发布《数字贸易测度手册》,将数字贸易定义为"所有通过数字订购和/或数字交付的贸易"(以下简称"OECD-WTO-IMF 概念框架")。按照交易方式划分,数字贸易包括两个部分:(1)数字订购贸易,引用 OECD 关于电子商务的定义,强调通过专门用于接收或下达订单的方法在计算机网络上进行的交易;(2)数字交付贸易,引用联合国贸发会议(UNCTAD)工作组提出的可数字化交付服务概念,强调通过 ICT 网络以电子可下载格式远程交付的所有跨境交易。数字中介平台为交易双方提供交易平台和中介服务,在数字订购贸易和数字交付贸易中发挥重要作用。2022 年,OECD、WTO、IMF、UNCTAD 成立联合工作组,对数字贸易测度手册进行修订,保持了 2020 年的数字贸易概念框架。

资料来源:中华人民共和国商务部服务贸易和商贸服务业司,《中国数字贸易发展报告(2021)》。

增长的关键。WTO 数据显示,2005—2022 年,全球可数字化服务[①]出口增长 2.4 倍,占全球服务出口的比重从 45.0% 提高至 57.1%。WTO 预计,到 2040 年,数字技术将使服务贸易年均增速提高 1.2 个百分点。数字贸易正在显著影响全球贸易流向和格局,将逐步改变货物贸易和服务贸易的形态。尽管这一进程尚在兴起中,是否会对传统国际贸易造成颠覆性冲击尚需研判,但对上海国际贸易中心建设由此受到的影响需要高度重视,进行前瞻谋划和应对。

4. 全球碳达峰碳中和步伐加快,碳关税冲击贸易竞争优势

2020 年中国、美国、欧盟、日本等纷纷提出碳中和目标,并在降低碳排放、增加清洁能源使用方面加大政策力度。2021 年 7 月,欧盟提出一揽子应对气候变

---

① 依据 WTO "World Trade Statistical Review",可数字化服务贸易包括保险服务、金融服务、知识产权使用、电信计算机和信息服务、其他商业服务、个人文化和娱乐服务。

化方案,并将设立"碳边界调整机制",向来自碳排放限制相对宽松的国家或地区的进口商品征税或出售碳排放许可证,涉及钢铁、水泥、电力和铝等高碳强度商品,对这类商品内嵌的碳排放量进行收费。同时,美国也计划从 2024 年开始对未明显降低碳排放的国家征收惩罚性碳关税,征税对象涵盖石油、天然气、钢铁、水泥、铝制品等,适用于美国约 12% 的进口商品。可见,碳关税正在成为影响国际贸易环境和发展格局的不可忽视的因素,这将冲击全球自由贸易体系,导致高碳产品出口国贸易成本上升,造成不同碳排放强度贸易国的竞争优势变化,影响各国出口。同时这也将倒逼高碳产品出口国加快贸易低碳转型,构建绿色贸易体系。

全球金融市场数据和基础设施提供商路孚特(Refinitiv)发布的《2022 年全球碳市场年报》显示,2022 年全球碳市场的总价值增长 13.5%,达到 8 650 亿欧元。创造连续六年增长纪录,且价值是 2018 年的近 5 倍。2022 年,全球碳排放市场上有 125 亿吨左右碳配额易手,虽然交易规模比上一年减少 20%,但由于碳配额价格增长,市场总交易额同比增长了 14%。全球交易体量最大的碳市场——欧盟排放交易体系(EUETS)于 2005 年启动,2022 年成交额约为 7 515 亿欧元,同比增 10%,在全球总量中占比达 87%。北美市场(WCI 和 RGGI)2022 年总成交额超过 600 亿欧元,市场均价水平为历年来最高。中国碳市场是全球覆盖碳排放量最大的市场,2022 年是全国碳市场开始交易的第二年,交易额达 5.04 亿欧元。

以欧盟碳边境调节机制(CBAM)为例,其作为新型的贸易手段,必将对全球的贸易格局产生深远影响。根据 BACI CEPII 统计的双边产品贸易数据,欧盟 2020 年进口的涉及 CBAM 覆盖产品的贸易总额为 1 810.2 亿美元,占欧盟当年进口总额的 9.19%。其中,欧洲议会 CBAM 草案中新增纳入的化学品和塑料为主要的两个部分,2020 年进口额分别为 658.9 亿美元和 507.1 亿美元,分别占涉 CBAM 产品进口总额的 36.4% 和 28.1%。从贸易额绝对值的角度来看,受 CBAM 直接影响最大的国家是中国。2020 年中国向欧盟出口 CBAM 覆盖范围内的产品总额为 297.3 亿美元,其次为美国、俄罗斯、土耳其、印度、韩国和日本(瑞士、英国和挪威已与

表 4.1　2018—2022 年全球碳市场规模

	2018 年		2019 年		2020 年		2021 年		2022 年	
	百万吨	百万欧元	百万吨	百万欧元	百万吨	百万欧元	百万吨	百万欧元	百万吨	百万欧元
欧洲（欧盟排碳配额、欧盟航空排碳配额）*	7 754	129 736	6 777	168 966	8 450	209 986	12 214	682 501	9 277	751 459
CDM 项目下的核证减排量（一级和二级）	15	32	12	40	16	61	38	151	42	157
北美（CCAs 和 RGAs）**	1 126	12 871	1 673	22 365	2 010	26 028	2 680	51 736	2 505	62 677
韩国	51	809	38	744	44	870	51	798	39	618
中国试点计划（配额和抵消）***	103	194	130	249	134	257	412	1 289	85	504
新西兰	23	299	30	433	30	516	81	2 505	60	2 845
总量	9 062	143 847	8 660	192 797	10 684	237 718	15 476	738 980	12 009	818 260

注：* 欧盟排碳配额的成交量和价值不包括期权持仓量。

** 区域温室气体减排行动中交易的单位为短吨，即 0.907 公吨。为保持单位一致性，已将 RGGI 的总成交量数字转换为公吨。所有非欧洲交易均以当地货币定价，为保持一致性，已将价值转换为欧元。

*** 中国市场的价值仅包括配额。

资料来源：Refinitiv，2018—2022 年《全球碳市场年报》。

EUETS 建立连接，可免于被征收碳关税）。CBAM 的推出将会提升出口欧洲的关税成本，直接打击对欧出口金额较大或占比较高国家的相关高碳产业，造成市场份额损失、利润削减以及就业流失。与此同时，CBAM 最终的关税负担也会被部分转移至欧盟内部的下游生产企业或消费者，造成生产资料和生活消费品的通货膨胀，间接降低欧洲人民的生活水平和下游产业的国际竞争力，对国际贸易格局产生深远影响。另外，CBAM 的设计规则中坚持对所有进口来源地一视同仁，最终要实现的目标是确保全球的产品制造商在进入欧盟市场时需要为生产过程中的每一吨碳排放支付相同的碳成本。但由于各国技术发展水平、资源能源禀赋、工艺制造流程的差异,产品生产制造过程中的碳排放强度存在差异,这种碳排放强度的差异将会构成碳中和时代国际贸易中新的比较优势,进而重塑全球产业链。上海作为国际贸易中心城市,需要在碳交易等新型能源大宗商品交易领域提前规划布局,谋求形成定价的国际影响力,为中国相关主体参与全球大宗商品交易争取更大利益。

专栏 4.3　欧盟碳边境调节机制过渡期实施细则

2023 年 8 月 17 日,欧盟正式公布了碳边境调节机制(CBAM)过渡期实施细则。欧盟 CBAM 法案(Regulation[EU]2023/956)自 2023 年 5 月 17 日生效后,于 2023 年 10 月起进入 CBAM 法案过渡期。上述实施细则的公布对过渡期内的有关执行事项作出明确,受 CBAM 影响的相关企业有必要了解实施细则的具体内容,及早拟定应对之策并付诸实施。

作为欧盟"绿色新政"的重要组成部分,俗称"碳关税"的 CBAM 要求相关商品的欧盟进口商根据商品隐含的碳排放量购买 CBAM 证书,从而起到防止碳泄露的目的。CBAM 法案的过渡期从 2023 年 10 月开始至 2025 年末结束,2026 年起进入实质性实施阶段。在过渡期内,有关商品的进口商虽然不需要实际购买 CBAM 证书,但仍须履行有关的申报义务。首批纳入 CBAM 适用范围的商品包括钢铁、水泥、铝、化肥、电力和氢共六类。

为了配合法案的实施,欧盟于 2023 年 6 月中旬至 7 月中旬对过渡期实施细则草稿进行了公开征求意见。在征求意见阶段,欧盟共收集到来自各国家和地区的有效意见 187 条,部分国内企业也通过协会或以自身名义递交了意见。在上述工作基础上,由欧盟各成员国代表组成的 CBAM 委员会最终审议通过了实施细则并对外公布。

过渡期实施细则主要由正文和附件两大部分组成。其中,正文包含 5 大章节,共 40 个条款,主要涉及过渡期内申报进口人的权利和义务、CBAM 申报的管理规定、罚则、CBAM 申报系统的相关技术架构等。而附件部分相对更为复杂,共由 9 份附件组成,详细规定了比如 CBAM 申报的报告格式、CBAM 适用商品的生产路径和相关定义、相关碳排放数据的计算和取数方法(包含 61 个具体的计算公式)、出口生产商与申报人沟通申报数据的建议格式、计算直接排放的碳排放因子等。

在过渡期内,虽然申报进口人并不需要就进口商品隐含的碳排放量实际购买 CBAM 证书,但仍然需要按季履行有关的申报义务,即申报进口人需要在每个季度结束后的一个月内提交该季度的 CBAM 报告,申报包括该季度进口 CBAM 适用商品所隐含的碳排放量等在内的一系列详细数据。按此要求,CBAM 法案生效后的首次申报截止期为 2024 年 1 月 31 日,有关的申报进口人应在此截止期之前完成对 2023 年第四季度进口商品的 CBAM 申报。对于未能履行 CBAM 申报义务的进口人,将处每吨未申报碳排放量 10—50 欧元的罚款。

值得一提的是,为了使申报进口人以及出口生产商能够熟悉 CBAM 的相关申报规则,欧盟在实施细则的基础上制定并发布了分别针对申报进口人和出口生产商的有关操作指引。

预计欧盟将于近期推出 CBAM 过渡期登记平台,该平台将用于过渡期内的 CBAM 申报及其管理、信息收集。过渡期内,欧盟委员会还将向欧盟理事会和欧洲议会提交 CBAM 运行的评估报告,并依据情况对 CBAM 相关制度作出调整。

资料来源:德勤中国,《欧盟发布碳边境调节机制过渡期实施细则》,2023 年 8 月 24 日,https://www2.deloitte.com/cn/zh/pages/tax/articles/eu-cbam.html。

5.“双循环”新发展格局对上海加快建设国际贸易中心提出新要求

目前,中国消费市场一直稳居全球第二大市场,仅次于美国。2022 年,中国社会零售消费品总额达到 65 377.0 亿美元[①],与美国的差距为 15 332.5 亿美元;2015—2022 年七年间,中国社会零售消费品总额保持了 6.31% 的年均复合增长率,超过美国 6.05% 的年均复合增长率。按照这个增长趋势,预测中国消费市场规模

---

① 2022 年中国社会消费品零售总额为 439 732.5 亿元人民币,美元值按 2022 年汇率中间价折算。

将在 2036 年超过美国,成为全球最大的消费市场。从人均消费规模来说,中国的人均消费规模从 1999 年仅占美国的 3% 上升到 2022 年的 19.19%,人均消费规模与美国的差距仍然明显,这表明中国的消费市场规模潜力仍然巨大。

在国家层面加快形成以国内大循环为主体、国内国际双循环相互促进的新发展格局背景下,要更好地利用国外优质要素资源为国内经济产业建设提供服务,亟须打破阻碍国内、国际两个市场统筹发展的障碍因素。

当前,对中国而言,积极扩大进口,将对中国的产业结构调整和经济转型产生重要的促进作用。首先,通过降低进口关税,积极扩大资本品和中间品的进口,有利于国内高技术产品生产成本的下降,通过产业链上下游的传导,提升整条产品供应链的竞争力,并加快提升中国企业在产业链中的附加值和地位。其次,通过降低进口关税,积极扩大消费品的进口,有利于加剧国内消费品的竞争程度,加快消费品供给企业的优胜劣汰,满足人民群众对高质量消费品日益增加的需求。最后,进一步放宽外商投资市场准入和优化营商环境建设,有利于加快国内制造业特别是服务业的对外开放,通过引进优质的外资服务提供商,推动国内产业的转型升级,通过内外资企业的公平待遇,促使国内企业在国际化的竞争环境中成长壮大。

在此背景下,上海国际贸易中心建设需更为重视利用境外优势资源服务国内市场的功能定位,通过国际进口博览会、海关特殊监管区域等平台,发挥畅通国内国际双循环的战略节点功能。

4.1.2 上海国际贸易中心建设取得的成就

综合衡量上海在货物贸易水平、服务贸易水平、贸易主体能级、全球资源配置功能、产业辐射带动作用、自贸试验区改革突破等六个维度的表现,可以得出结论,上海对国内国际两个市场、两种资源的配置能力显著增强,基本建成了与中国经济贸易地位相匹配、在全球贸易投资网络中具有枢纽作用的国际贸易中心。

1. 世界级口岸城市地位持续巩固,新型国际贸易稳步发展

口岸贸易规模稳定保持世界城市首位,贸易结构明显优化。2022 年,上海货物

进出口额达 4.2 万亿元,同比增长 3.2%,规模再创历史新高;口岸货物贸易进出口总额达到 10.4 万亿元,继续保持全球城市首位,占全球比重提高到 3.6% 左右的新高。分行业看,机电产品和高新技术产品进出口额分别实现了 8.7% 和 3.0% 的正增长,其中战略性新兴产业对出口增长贡献率近八成。分市场看,上海对前三大贸易伙伴进出口均增长,新兴市场表现亮眼。随着中国与东盟经贸合作更加密切,尤其是 RCEP 生效带来政策红利,东盟稳居上海第二大贸易伙伴。

表 4.2　上海货物贸易规模

	2018 年	2019 年	2020 年	2021 年	2022 年
上海货物贸易(亿美元)	5 156	4 938	5 032	5 550	5 731
中国货物贸易(亿美元)	46 230	45 779	46 463	53 445	57 536
全球货物贸易(亿美元)	393 419	371 700	344 460	448 030	505 200
上海占全国比重(%)	11.2	10.8	10.8	10.4	9.96
上海占全球比重(%)	1.31	1.33	1.46	1.23	1.13

资料来源:根据世界贸易组织、海关总署和上海海关的数据计算整理而成。

新型国际贸易稳步发展,外贸增长新动能加快培育。2022 年底,上海离岸经贸业务企业名单扩展至 577 家,国际贸易分拨中心示范企业扩展至 100 家,支持布局海外仓数量达 110 个。上海港集装箱吞吐量达到 4 730.3 万国际标准箱,连续 13 年位列全球第一。集装箱水水中转量突破 2 500 万标准箱,同比增长 9.3%。自由贸易账户项下离岸经贸业务试点开启;国家级跨境电商综合试验区建设起步,实现跨境电商主要监管模式全覆盖;保税维修、再制造等新型国际贸易均实现新突破。

2. 服务贸易发展全国领先,结构优化质量提升

从总量上看,上海服务贸易规模位列全国第一。2022 年,上海服务贸易进出口总额为 2 454.5 亿美元,同比增长 7.0%,贸易规模创历史新高,占全国服务贸易的 29.5% 及上海国际贸易总额的 28.1%,服务贸易规模居全国各省市首位。

从结构上看,服务贸易结构大幅优化。数字贸易、知识密集型服务贸易、离岸服务贸易等服务贸易新业态发展成效显著。2021 年,上海服务贸易进出口额达

表 4.3　上海服务贸易规模

	2018 年	2019 年	2020 年	2021 年	2022 年
上海服务贸易(亿美元)	1 975	1 843.8	1 530	2 294	2 454.5
中国服务贸易(亿美元)	7 594	7 434	6 739	7 241	8 891
全球服务贸易(亿美元)	114 487	117 970	95 100	117 786	137 381
上海占全国比重(%)	26.01	33.22	22.7	31.69	27.6
上海占全球比重(%)	1.73	1.56	1.61	1.95	1.79

资料来源:根据世界贸易组织、国家外汇管理局、商务部和上海商务委的数据计算整理而成。

2 294.1 亿美元,同比增长 49.5%,规模和增速均创出历史新高;数字贸易进出口额为 568.8 亿美元,同比增长 31.2%;知识密集型服务进出口规模比 2012 年增长 1.87 倍,占服务贸易进出口比重提升至 41.2%。2022 年,上海位列全国离岸服务外包执行额第一,是全国唯一一个离岸执行额超过 100 亿美元的城市。

从质量上看,服务贸易高质量发展特征明显。成功创建数字服务、文化贸易、中医药服务、地理信息服务、知识产权服务等领域 8 个国家级特色服务出口基地;率先发布全国首个省级数字贸易行动方案;创新开展自由贸易账户项下离岸经贸业务试点,成为国内离岸贸易最为集聚的地区;建设国家级跨境电商综合试验区,实现跨境电商主要监管模式全覆盖。

3. 贸易主体能级不断提升,国际竞争力进一步增强

高能级市场主体持续集聚,总部经济能级不断提高。截至 2023 年 6 月,上海跨国公司地区总部累计达到 922 家,外资研发中心累计达到 544 家,认定的民营企业总部累计达到 501 家,贸易型总部累计达到 261 家。

表 4.4　上海跨国公司总部型机构数量

	2015 年	2016 年	2017 年	2018 年	2019 年	2020 年	2021 年	2022 年
跨国公司地区总部(家)	535	580	625	670	692	771	827	891
外资研发中心(家)	396	411	426	441	446	481	504	531

资料来源:上海历年国民经济和社会发展统计公报。

表 4.5　"胡润世界 500 强"中在中国设有地区总部的非中国企业

排名	城市	外国企业占比（%）	代表企业
1	上海	56	苹果、特斯拉、强生、埃克森美孚
2	北京	29	微软、亚马逊、Visa、摩根大通
3	香港	2.2	高盛、黑石集团、任天堂
4	广州	1.8	宝洁、高露洁、易昆尼克斯
5	深圳	1.5	沃尔玛、信诺保险、通用动力
5	苏州	1.5	信达思、泰科电子、埃克西尔能源
7	成都	1.1	EOG 能源、澳新银行
7	天津	1.1	诺和诺德、摩托罗拉系统公司
9	杭州	0.7	美国运通、费列罗
9	青岛	0.7	劳埃德银行集团、日本电产
9	无锡	0.7	海力士、英飞凌科技
12	大连	0.4	高知特科技
12	重庆	0.4	戴文能源
12	南京	0.4	瓦莱罗能源
12	南通	0.4	宣伟
12	沈阳	0.4	万喜
12	厦门	0.4	喜力
12	珠海	0.4	摩根士丹利资本国际

资料来源:《胡润世界 500 强》。

外资结构优化质量提升,外商投资首选地优势明显。2022 年,上海实际使用外资金额为 239.56 亿美元,可比增长 0.4%,规模创历史新高。"十三五"期间,高技术服务业引进外资年均增长 30.9%。目前,超过 6 万家外资企业在上海蓬勃发展。全国首家股份制外商投资性公司、外商独资船舶代理公司、外资保险控股公司等一批首创项目纷纷落地,上海继续保持中国内地跨国公司地区总部最为集中城市的领先地位。101 家国际贸易投资促进机构在沪设立了常驻代表机构,国际经济组织加速集聚,为提升上海国际形象和影响力、增强城市软实力发挥了积极作用。

本土跨国公司成长迅速,国际竞争力显著增强。截至 2021 年底,上海企业在境外累计设立企业超过 5 000 家,海外存量投资超过 1 亿美元的企业达到 110 家。其中,与"一带一路"沿线国家和地区合作持续增强,对沿线市场的对外投资额、进出口额和新签对外承包工程合同额占全市比重分别提高至 11.4%、22.4% 和 61%,中国印尼综合产业园区青山园区（上海）、以色列海法新港等项目成为国际经贸合作共赢的成功典范。

4. 全球资源配置功能进一步增强，贸易枢纽功能提升

大宗商品交易平台集聚，全球资源配置功能进一步增强。截至 2022 年 11 月，上海千亿级、百亿级商品交易平台分别增加到 10 家、17 家，上海已成为世界五大钻石交易中心之一，宝玉石交易中心提升为国家级平台。在全国率先开展"期现联动"试点并取得积极成效，钢铁、有色金属、铁矿石等大宗商品价格成为国际市场重要风向标。石油天然气、矿产、棉花等大宗商品国际交易中心相继成立，上海期货交易所成交量占全国期货市场的 1/3 以上。

区域辐射带动效应明显增强，贸易枢纽功能进一步提升。在长三角区域，示范引领作用强化。率先推进区域市场一体化建设，建立长三角区域市场一体化合作机制，推动重要产品追溯信息互通，推进国际贸易"单一窗口"系统对接和数据共享，推动长三角经贸摩擦应对协同发展。在"一带一路"沿线地区，桥头堡功能凸显。2023 年前 8 个月，上海口岸对共建"一带一路"沿线国家的进出口值超过 2.5 万亿元，同比增长 6%，外贸规模较十年前扩容了 1.8 倍。十年间，上海口岸对共建国家进出口总额累计达 27.92 万亿元，占上海口岸外贸比重超过 1/3。于 2021 年 9 月 28 日正式开行的中欧班列"上海号"，目前已实现中欧线、中俄线、中亚线去程和回程全覆盖。

5. 消费基础性作用日益凸显，会展产业辐射带动能力提升

上海已成为国内最大进口消费品集散地和国际品牌进入中国市场的首选地，消费引领作用凸显。商品销售总额、社会消费品零售总额分别达到 16.45 万亿元和 1.64 万亿元。上海口岸消费品进口总额占全国比重提高到 40% 以上，口岸进口服装、化妆品、汽车分别占全国约 70%、41% 和 37%。世界知名高端品牌集聚度超过 90%，国际零售商集聚度位居全球城市第二。首发经济独树一帜，据中商数据统计，2019—2022 年，上海共引进首店 4 046 家（含旗舰店/概念店），成为国际品牌首入中国，国内品牌孵化新品牌、尝试新业态的首选地。

国际会展之都基本建成,高水平会展辐射能力提升。目前,全球综合排名前十的主要跨国会展集团都已在上海设立独资或合资企业。上海出台全国首部省级会展业地方法规《上海市会展业条例》。2020 年国际展占比达 78.9％,在沪举办的世界百强商展数量居全球首位。上海在集聚高能级会展企业和品牌会展方面,已取得较大成绩。以进博会、工博会为代表的一批高能级展会连续成功举办,2023 年进博会按年计意向成交额达到 784.1 亿美元,比上届增长 6.7％,参展企业近 3 500 家,其中世界 500 强及行业龙头企业达 289 家,数量为历届之最,展示新产品、新技术、新服务超 400 项。

6. 自贸试验区改革取得新突破,制度型开放高地引领功能显现

上海自贸试验区主动对接高标准国际经贸规则,制度型开放取得新进展,促进开放型经济新体制进一步完善。在国内率先探索实施准入前国民待遇加负面清单的外商投资管理制度,自贸试验区外商投资准入特别管理措施从 2013 年的 190 条缩减至 2021 年版的 27 条,发挥了投资管理制度改革的全国示范作用。深化海关监管规则对接,率先推出一线"先进区、后报关"、区间"自行运输"、二线"批次进出、集中申报"以及货物状态分类监管等措施,在全国唯一的洋山特殊综合保税区构建全新"六特"海关监管模式。打造接轨国际的法治环境,设立首个自贸区法庭和自贸区知识产权法庭,引进世界知识产权组织仲裁与调解上海中心,设立中国(上海)自由贸易试验区仲裁院,积极探索涉外商事纠纷一站式解决机制。

临港新片区持续推动制度型开放,制度创新成效初显。2023 年 8 月,临港新片区揭牌成立四周年,四年来,新片区围绕"更大力度先行先试、更高水平对外开放、更大程度促进发展"推动制度创新开放,累计形成典型制度创新案例 102 个,其中全国首创性案例 48 个。对照国务院制度型开放方案,在数据跨境流动、跨境离岸金融、知识产权保护、公平竞争等领域率先开展更大程度的压力测试,为国家申请加入 CPTPP、DEPA 提供新片区的实践经验。发挥好洋山特殊综合保税区特殊功能,深化与新加坡、英国、迪拜等国家和地区的合作交流,扩大沿海捎带、"中国洋山港"船籍港创新效果,为上海高质量发展和高水平对外开放提供更好的政策制度环境。

4.1.3　上海加快建设国际贸易中心可能遇到的短板瓶颈

经过多年来的不断推进,上海国际贸易中心建设取得了显著进展,但是,国际贸易中心建设是一个动态演进和不断升级的过程。随着全球新产业革命的迅猛发展,当前国际贸易中心的内涵、形态和路径都在发生新的变化。对照全球最新趋势和一流国际贸易中心,上海国际贸易中心尽管规模优势明显,但枢纽管控能力和高端服务能力仍有不小差距,离岸贸易仍处于试点阶段,面向全球提供高水平专业服务能力不足,数字贸易等新兴领域发展滞后,跨国公司总部能级与新加坡、香港等城市存在差距。

1. 枢纽管控功能有待提升

转口贸易和离岸贸易发达是国际贸易中心枢纽管控能力的重要体现。由于外汇、税收等制度瓶颈,跨国公司总部的贸易结算中心往往设在新加坡或香港,制约了上海国际贸易中心功能的发挥。一是离岸贸易发展受到诸多瓶颈制约。一方面,现行外汇监管制度限制了离岸贸易发展。国内现行外汇监管以真实货物流为基础作为外汇收支审批的依据,要求货物流、资金流、订单流"三流合一",而在离岸贸易方式下"三流分离"是常态,无法满足外汇收付监管要求。另一方面,离岸贸易税收制度缺乏国际竞争力。国际上离岸贸易适用特殊的低税率制度,而国内没有出台专门针对离岸贸易的税制安排,与国际上相比缺乏竞争力。二是转口贸易比重偏低。目前,上海口岸货物国际中转比率较新加坡和香港有较大差距。存在的问题主要有:海关监管便利化程度有待提高,国际中转集拼货物需进行"先报进、后报出"的"两次报关",进出境报关及拆箱环节耗时长,监管手续复杂。整体转口费用高,欧美和东北亚航线分别集中在洋山和外高桥,货物需在两港间转运,导致国际中转集拼业务成本高于新加坡港。

2. 辐射服务能力有待进一步增强

一方面,高端服务贸易供给不足,对国内外吸引力有待增强。与新加坡、香港是国际一流的金融和专业服务中心不同,上海支持国际贸易发展的贸易融资、贸易保险发展不充分,金融创新服务不足,专业服务业外资准入面临较大壁垒。服务业开放模式过于单一,以放宽商业存在股权限制为主,跨境交付和自然人流动很少涉及。在一些未列入负面清单的领域,审批许可程序仍然存在,投资者仍无法开展业务经营。另一方面,大宗商品国际市场价格影响力总体较弱。市场定价功能是国际贸易中心的核心功能。尽管上海已有期交所和若干大宗商品交易市场,但定价权大多在发达国家手中。这与中国金融市场国际化程度不高、难以形成具有国际影响力的大宗商品期货交易价格有关,制约了上海国际贸易中心的辐射服务能力。

3. 核心主体能级有待提升

一是整合全球供应链能力偏弱。目前在沪跨国公司总部以中国区总部为主,而亚太总部及全球总部数量仍然较少。东京、新加坡、香港的跨国公司总部大部分为亚太总部或全球总部,相比之下上海统筹整合全球供应链和亚太区事务的功能与其存在差距。上海缺少市场影响力强的本土大型贸易企业,国际级品牌商和营销网络经营商较少,在全球供应链中处在较低层级。二是跨国公司总部结构有待优化。在沪总部类型以传统制造业企业为主,服务业跨国公司总部、创新型跨国公司总部相对较少。之所以如此,与跨国公司总部在华运营面临诸多制度约束有关,如跨境资金调配与外汇收付阻碍较多,投资性公司投资收益再投资手续复杂,自由贸易账户投资功能不足;知识产权保护力度仍有待增强,获得救济仍然较难;满足总部经营需求的税收政策有待完善,企业所得税和个人所得税税率较高等。

4. 数字贸易领域竞争力较为薄弱

目前上海在数字贸易发展上还面临诸多问题。一是缺乏有全球影响力的数字贸易平台。与圣何塞、西雅图、圣地亚哥等欧美城市相比,上海没有谷歌、微软、高通这样的全球数字经济巨头;与北京、杭州、深圳等国内城市相比,上海没有百度、阿里、腾讯这样的互联网巨头,也没有华为这样的科技巨头。这削弱了上海国际贸易中心在数字时代的竞争力,影响了货物、服务、技术等要素在上海的集聚。二是跨境数字贸易面临障碍,数字贸易活力不强。电信、金融、医疗等与数字贸易相关的服务业开放度偏低,导致企业的数字贸易进出口需求没有充分释放。

5. 上海国际贸易中心的制度环境还需进一步改善

目前,上海在构建与国际高水平经贸规则相衔接的制度环境方面仍存在诸多薄弱环节。一是外资准入开放度和透明度仍需提高。OECD 的最新 FDI 限制指数显示,上海 FDI 总体限制指数为 0.214,远远高于巴黎(0.045)、东京(0.052)、伦敦(0.040)和纽约(0.089),特别是在服务业外资准入上差距更大。二是跨境贸易的自由化程度还有待进一步提高。新加坡、香港等自由贸易港普遍实行"境内关外"制度,进出口高效便捷。而上海实行的仍是海关特殊监管区的监管模式,货物进出口监管较为严格,与国际上存在较大差异,亟须进行监管理念与制度变革。

4.2　全球国际贸易中心城市发展规律和经验借鉴

目前,全球国际贸易中心城市可以分为三大类型:一是单独关境区城市型,如中国香港、新加坡;二是大国中心城市 I 型,如东京;三是大国中心城市 II 型,如纽约、伦敦。不同类型的国际贸易中心城市发展与各国国情、经济规模和经济发展阶段等因素高度相关,因而形成不同的功能定位。

4.2.1　中国香港、新加坡国际贸易中心

20 世纪 80 年代,美欧日等发达经济体的跨国公司通过对外投资形成了跨国公司内部、跨国公司之间、跨国公司与合同企业之间的全球价值链分工体系和国际分工格局,中国在改革开放特别是加入 WTO 后,以沿海地区为主的部分区域也逐渐融入全球供应链体系(其具体表现为加工贸易的快速发展),随之带来全球价值链相关的大规模经济和在实施全球采购战略时产生的大量沉没成本(被称为 GVC 黏性)。[①]这种黏性的存在为供应链贸易提供了国际生产条件。正是在全球价值链国际分工体系下,国际贸易中心经历了以杂货和散装货为主的"传统贸易"第一代国

---

① Pol Antràs,"De-Globalisation? Global Value Chains in the Post-COVID-19 Age",National Bureau of Economic Research,2020.

际贸易中心,到以工业品为主的"全球价值链贸易"第二代国际贸易中心的发展过程。中国香港和新加坡是亚太地区第二代国际贸易中心的代表,但两地产业发展路径不同。香港重点围绕货物服务进入全球价值链体系,而新加坡除了港口的货物服务外,还有高端制造等本土产业嵌入全球供应链贸易体系。2020 年,新加坡进口 4 751.9 亿美元,出口 5 148.2 亿美元,总货物贸易为 9 900 亿美元。[①]同样,中国香港继续承担着以转口和离岸贸易为主的货物服务功能,2021 年,离岸贸易货值达到 51 090.41 亿港元,其中转手商贸服务为 46 220.41 亿港元,与离岸交易相关的商品服务为 4 869.99 亿港元。[②]

1. 香港国际贸易中心发展经验

作为外向型经济体,香港发展倚重与世界各地的贸易,也在全球贸易中充当重要角色。WTO 数据显示,在 2021 年,香港是全球第六大商品贸易经济体,也是全球第二十大商业服务经济体。2022 年,香港进出口总额达 12 127 亿美元,其中进口总额为 6 317 亿美元,出口总额为 5 810 亿美元,转口贸易 5 730 亿美元。[③]在加拿大弗雷泽研究所发布的《世界经济自由度 2021 年度报告》中,香港再次被评为"全球最自由的经济体"。自 1997 年回归祖国以来,香港已经连续多年获此殊荣。凭着低税率、一流的基建设施、良好的营商法治环境及资金和信息的自由流动,香港吸引了来自世界各地的人才和投资。根据香港投资推广署及政府统计处共同进行的"2021 年有香港境外母公司的驻港公司按年统计调查",海外及内地的驻港公司在 2021 年达 9 049 家,包括 1 457 家地区总部和 2 483 家地区办事处。

首先,香港坚持奉行自由的经济政策并支持多边贸易制度。世界自由贸易港最大的特点是高度自由开放,通过减免关税、便利投资贸易等优惠制度能够让人流、物流、信息流自由进出,形成繁荣的自由经贸态势。然而,在当今世界经济发展

---

①　数据来源:新加坡贸易指南(2023 年),https://www.tdb.org.cn/u/cms/www/202309/28153648xw2q.pdf。

②　数据来源:中国香港特别行政区政府统计处网站,https://www.censtatd.gov.hk/sc/EIndexbySubject.html?scode=454&pcode=D5230004。

③　数据来源:中国香港特香港贸易发展局,https://research.hktdc.com/sc/article/MzIwNjkzNTY5。

中,国际市场竞争激烈异常,原本一些采取自由经贸政策的发达国家开始建立起贸易保护主义壁垒,一些自由贸易港也在自由开放的程度和范围等方面有所限制。但中国香港始终坚持全方位开放,除少数特定商品征收税款以外,对其他商品均免征关税。在自然人流动方面,香港市民与外地居民可在港外自由出入、港内自由流动,有权购买港内的各类商品。另外,世界上一些自由贸易港对外商资本投资仍存有诸多限制,对于公共事业仅允许由本国公司法人或政府进行投资,在经过严格审核程序后,方才允许外商向银行、旅游业等关乎本国或本地区利益命脉的行业领域进行投资活动。而在香港自由贸易港内这些限制性投资措施极少,香港推行资本市场自由开放的政策与制度,外商可在港内实现对各行业领域的自由投资和对资本的自由转移。同时,香港也是推动国际经贸规则与治理创新发展的重要参与方之一。长期以来,香港奉行自由贸易政策,支持多边贸易制度,遵循WTO的无歧视及最惠国待遇原则。目前,香港已与20个经济体签订8份自由贸易协定,与31个海外经济体签订22份投资协定,为香港企业及投资者提供法律保障和更优惠的市场准入条件。如今,香港仍致力扩展自由贸易协议网络,务求为香港货物及服务进入内地及国际市场争取有利条件。2022年1月,香港特区政府正式提交了香港加入《区域全面经济伙伴关系协定》(RCEP)的申请。RCEP是全球最大的自由贸易协定,成员经济体的人口占全球人口的1/3,生产总值也占全球年生产总值的1/3,加入后将不仅有利于香港整体的经济发展,也会为中小企业带来商机,进一步增强香港在转口贸易中的枢纽地位。

其次,香港先进的管理制度和高质量的贸易增值配套服务有效支撑了香港国际贸易中心发展。一是海关管理高效便捷。在报关上,进出口货物报关手续极为简便,按照"先入关,后报关"的便利海关管理模式运行。香港依据《伊斯坦布尔公约》(又称为《货物暂准进口公约》)为一些进出口货物(例如,在博览会等类似活动上所陈列使用的货物、体育竞赛活动中运动员或观众的个人物品等)提供暂准进口服务,颁发暂准进口凭证。便利海关监管制度的最终目的是实现香港国际经贸往来的自由化。在通关检验检疫上,香港海关采用抽选方式对过关进出货物进行检查。对于所抽选的货物采取风险管理措施,即保证进出境管制站在检验检疫货物时对便利通关的干扰减至最少,仅进行必要性检验检疫措施。该举措有力提升了货物通关检疫的效率,节省了货物通关的时间。二是外资市场准入宽松。外资企业港内注册登记手续便利,且登记条件宽松。外资企业运营监管制度规范,对外商投资实行"国民待遇"原则,依据香港特区的公司法及银行条例等法律法规规范港内外资企业市场竞争行为,并通过同业公会或商会等民间团体进行行业自律管理,方式更为灵活自主,具有更高的办事效率。这些社会团体组织往往对本行业内的各项业务活动制定了较为严密的行业行为准则,违反者一般会受到本行业的联合抵制或制裁,甚至可能会被取消在本行业内从事市场经营活动的主体资格,此类"软法"对香港市场竞争秩序的维护起到重要作用,能以市场化的方式快速解决具体实际问题。三是金融监管制度完善。资本市场充分开放,对外资公司参与本地证券市场交易并没有任何特殊限制,外国公司或个人只需在港内开立证券账户即可随时交易。且香港有较为开放的债券市场,国际投资者可自由买卖在香港公开发行的债券,境外借款人也可利用本地债券市场为其进行融资,香港私营机构债券市场较为活跃且流动性较高。投融资汇兑自由,香港采用国际通行的会计结算准则,加之遍及全球的网络银行体系,先进的交易、结算和交付设施,资金汇兑和信息流通更为自由便捷,能为国际投资者提供更加便利的投融资服务。四是贸易增值和配套服务灵活完善。香港金融、保险、会展、运输物流等业态发达,为国际贸易中心提供了支撑,也是香港国际贸易中心不断升级、实现高增值化发展的关键要素。普华永道的"香港作为粤港澳大湾区国际商业枢纽的地位"调查显示,186 家使用过香港贸易服务的企业中,72%的受访企业表示"香港提供广泛多样的贸易相关的增值服务,如贸易金融、质量监测和认证、保险等领域,有效地支持了企业的贸易活动"。

最后,香港始终保持与内地的紧密联系,促进了香港贸易投资的良性循环。香港基于人口较多、土地有限、资源稀缺的现状,一直依靠内地作为其经济发展的腹地,充分发展与内地之间的经贸关系,以此保证自身经济的稳定发展。改革开放后,香港制造业北移,借助内地各方面红利优势,成功转型为以服务业为主的经济体。回归以后,国家发展大局增强了香港经济发展后劲,香港发挥自身所长,服务

专栏4.4 《内地与香港关于建立更紧密经贸关系的安排》的主要内容

CEPA是内地与香港签订的自由贸易协定。CEPA的主体文件于2003年6月29日签署。随后,两地不断加入更多开放措施。CEPA涵盖四大范畴:

1. 货物贸易:自2006年1月1日起,中国内地同意对符合相关的"产品特定原产地规则"的原产香港进口货物全面实施零关税;2018年12月签署的《货物贸易协议》在"产品特定原产地规则"外,引入以产品在香港的附加价值为计算基础的"一般规则";通过优化原产地规则的安排,CEPA涵盖所有原产自香港的产品,除内地禁止进口的产品外,均可享有零关税优惠进口到内地。

2. 服务贸易:在CEPA框架下,香港服务提供者在多个服务领域享有优惠待遇进入内地市场;2014年12月,在CEPA框架下签署的《关于内地在广东与香港基本实现服务贸易自由化的协议》(《广东协议》),率先在广东对香港基本实现服务贸易自由化;2015年11月签署的《服务贸易协议》在开放的宽度和深度上进一步推进,包括把大部分在广东先行先试的开放措施推展至内地全境实施;关于修订《服务贸易协议》的协议(修订协议)于2020年6月1日起正式实施。修订协议订明更多开放措施,包括撤销出资的最低比例要求以及放宽多个重点服务领域的资质要求。

3. 投资:在CEPA框架下,《投资协议》于2017年6月签署。该协议扩大了市场准入承诺至《服务贸易协议》没有涵盖的非服务业,并为服务业及非服务业引入投资保护的义务。

4. 经济技术合作:在CEPA框架下,《经济技术合作协议》于2017年6月签署。该协议整理和更新香港和内地之间在22个范畴的经济技术合作的内容。

资料来源:香港贸发局《香港经贸概况》,https://research.hktdc.com/sc/article/MzIwNjkzNTY5。

国家所需,成为内地连接世界市场的重要桥梁,实现了与内地携手并进、共同发展的良好局面。时至今日,香港在内地的对外贸易中依然占据重要地位,根据 2021 年中国海关的贸易统计数据,香港是内地第四大贸易伙伴,仅次于美国、日本和韩国。从历史上看,不仅香港自由贸易港的形成和发展是建立在与内地之间进行转口贸易基础之上的,而且香港自由贸易港的繁荣与内地经济贸易发展同样关系密切。作为供求双方的中间人,香港一直是境外与内地以及大湾区通商的转口港,亦是内地进行外贸交易的主要渠道。香港自由贸易港与内地在经济贸易上已形成了相互影响、相互促进和共同发展的紧密关系。为了维护香港与内地间经济合作发展的良好态势和进一步加强彼此间的贸易联系,双方在 2003 年共同签署了《内地与香港关于建立更紧密经贸关系的安排》(CEPA)。CEPA 以互利互惠为基本原则,既遵守了 WTO规则,又符合两地经贸交流与合作的实际,对于促进两地经济优势互补,共同发展,保持香港长期繁荣与稳定,具有重要现实意义。自 2013 年"一带一路"倡议提出以来,香港和内地企业一直携手共赴"一带一路"沿线国家和地区,开拓投资洽谈。2021 年,在第六届"一带一路高峰论坛"上,国家商务部与香港特区政府共同签署了《关于推进境外经贸合作区高质量发展合作备忘录》,促成了更深远的发展合作策略。粤港澳大湾区建设也给香港带来广阔空间,香港经济和商业发展有了新腹地、新资源、新动能。商品贸易与运输密切关联,作为全球最繁忙的航空枢纽之一,香港国际机场主动扩容,建设三跑道系统,对接国家"十四五"规划和粤港澳大湾区建设机遇。

2. 新加坡国际贸易中心发展经验

2022 年,新加坡出口贸易额为 5 148.2 亿美元,进口额为 4 751.9 亿美元,进出口贸易总额达 9 900 亿美元,同比分别增长 12.5%、16.9%和 14.6%。中国是新加坡第一大贸易伙伴、第一大出口市场和第一大进口来源地。新加坡属外贸驱动型经济,以电子、石油化工、金融、航运、服务业为主。新加坡的国内市场狭小,资源也相对贫乏,但战略优势却相当突出:借助国际航运的便利位置,良好的港口基础设施与综合实力,历史上传统的贸易优势,加上自由贸易政策,新加坡成为公认的"单独关境区"型国际贸易中心。新加坡的国际贸易中心城市建设离不开政府的大力推动,因此其经验可以为上海所借鉴。

首先,政府对国际贸易中心发展进行中长期规划,有计划、有步骤地推进新加坡国际贸易中心建设。新加坡政府以吸引和集聚跨国公司总部为抓手,推动新加坡国际贸易中心发展。因此,新加坡打造和升级国际贸易中心的过程,也是不断审时度势,根据国内外发展情况,优化跨国公司贸易型总部和跨国贸易中间商集聚政策的过程。一是明确发展定位和目标。新加坡吸引功能型总部的政策目标与新加坡自身的经济发展定位紧密结合。早期的 AOT/AIT 计划、中期的 GTP 计划和近期的 RHQ/IHQ,都与不同阶段新加坡打造大宗商品国际贸易中心、亚太区国际贸易中心和亚太总部集聚之城的差异化定位有关。二是构建科学、有效的区域功能性总部的评价指标体系。新加坡政府在发展总部经济的目标导向下,设计的区域功能性总部评价指标体系与总部企业运营特点非常贴近,具有可操作性,不会流于形式。这些评价体系中,交易规模(反映贸易结算功能在新加坡集聚)、中高级管理人员的聘用(反映总部活动在新加坡进行)、本地支出(反映总部活动对新加坡经济的贡献),既考虑了新加坡发展总部经济的目标,同时也便于对企业总部活动作出实质性的评价。以 GTP 计划为例,其政策措施中体现了对潜在的、高成长性的中型企业的灵活激励。为鼓励高成长的中型贸易总部企业选择新加坡作为离岸贸易的基地,新加坡对将国际贸易活动区域中心设立在新的中型企业,提供为期三年(不可续期)的优惠税率政策,鼓励它们在此期间以新加坡为基地,建立和发展全球和区域贸易网络,这些公司一旦发展到符合 GTP 合格申请者条件,将获得正式的 GTP 资格。

专栏 4.5　新加坡国际贸易中心发展的三个阶段

第一阶段(1989—2001 年):实施特许石油贸易商计划(AOT)和特许国际贸易商计划(AIT),鼓励大型跨国公司将新加坡作为大宗商品交易基地。随着劳动力和商务成本上升,新加坡发展制造业的成本不断攀升,低端制造业大范围外迁,同时也面临香港在转口贸易方面的激烈竞争。为将新加坡打造为跨国公司贸易活动的基地,特别是从事大宗商品的国际转口和离岸贸易基地,政府出台特

许石油贸易商计划和特许国际贸易商计划。对于从事石油、橡胶、木材、食用油、咖啡、可可、五金矿产和大宗化学品等特许商品贸易商实施 10% 的优惠税率。合格的收入必须是与其他特许国际贸易商或非居民交易所得，强调国际转口和离岸特征。这两项计划实施后，新加坡的离岸贸易以 15% 的年综合增长率快速发展。截至 2001 年，约 100 家跨国公司通过 AIT 和 AOT 政策在新加坡设立全球和区域贸易中心，共创造了 1 200 多亿美元价值的离岸贸易，商务成本开支高达 23 亿美元，雇佣员工超过 3 000 人。

第二阶段(2001—2004 年)：实施全球贸易商计划(GTP)，将新加坡从大宗商品贸易基地进一步拓展为亚太区贸易活动中枢和亚太区国际贸易中心。新加坡国际企业发展局于 2001 年 6 月正式推出全球贸易商计划。对于获得 GTP 资格的国内外企业在新加坡从事特定范围的国际贸易，只需交纳低至 10% 或 5% 的优惠企业所得税，而一般企业所得税是 20% 左右。申请到 GTP 资格的企业将获得 5 年期优惠税率，到第 5 年时可以申请续期。该措施吸引了越来越多的跨国公司选择新加坡作为国际贸易活动的基地，在此建立全球和区域贸易中心。2001 年，拥有新加坡 GTP 资格的企业数目(包括由 AIT 和 AOT 转为 GTP 资格的企业)仅有 100 家左右，2009 年增加到 290 家。离岸贸易爆炸式增长，从 2001 年的 1 200 亿美元，增长到 2012 年的 1.12 万亿美元，大大超过中国香港，成为名副其实的亚太区国际贸易中心城市。

第三阶段(2004 年至今)：实施区域总部计划(RHQ)和国际总部计划(IHQ)，进一步打造区域总部和全球总部功能发展的总部生态圈，巩固新加坡全球城市第一阵营地位。在这一阶段，新加坡将战略重心从吸引贸易型功能总部集聚，延伸到综合行政管理、知识产权管理、研发中心、共享中心、销售采购中心等多功能性总部集聚，力图打造适合各种类型总部融合发展的"总部生态系统"。申请 RHQ 和 IHQ 的企业可适用 15% 及以下的企业所得税优惠。据新加坡经济发展局(EDB)统计，目前已有 4 200 家跨国公司总部机构集聚于新加坡，新加坡成为总部经济高度集聚的区域。

资料来源：上海社会科学院，《上海国际贸易中心深化发展战略研究》。

其次,重视打造数字时代下的新一代国际贸易中心。目前,全球化已进入"数字驱动贸易"(digitally enabled trade)阶段,数字技术对国际贸易中心城市发展产生巨大影响,使得地理位置和贸易物流基础设施优势变得不那么重要,新加坡作为货物进出口贸易和转口贸易的枢纽地位将被重新定义,货物贸易的集聚规模将进入峰值后的下降阶段;在此背景下,服务贸易,特别是数字贸易开始成为新加坡国际贸易中心建设的新驱动力。新加坡采取的主要措施包括:一是依托国际贸易"单一窗口"拓展基于货物供应链服务的数字贸易。新加坡于 2017 年底建立互联贸易平台(Network Trade Platform,NTP),作为新一代贸易服务综合管理平台。NTP 被设计成一个开放的创新平台,企业和服务提供商可以利用这个平台开发新的应用程序来支持不断变化的业务需求。新加坡 NTP 的愿景是以数字技术为支撑,以建立贸易信息生态系统(ecosystem)为基础,将新加坡建设成为引领亚太区供应链贸易和数字贸易的服务枢纽。新加坡 NTP 已成为一个企业对政府(B2G)及企业对企业(B2B)的单一贸易入口平台,通过数字技术打造贸易及贸易相关服务的数字生态圈。新加坡 NTP 提供的服务包括四大模块(表 4.6)。二是打造平衡监管安全与便利的"数据友好型"国际平台。通过完善的国内立法明确对网络安全和数据的监管,一方面,通过立法明确互联网内容提供商的主体监管责任,另一方面,通过《网络安全法》明确对关键信息基础设施进行监管。制定严格但灵活的跨境数据传输监管规则。虽然没有数据本土存储和"重要数据"出境的特别要求,但根据"个人数据保护法案"(PDPA)规范个人数据的跨境传输活动。加强跨境数据流动的国际合作,参与 APEC 跨境隐私规则体系(CBPR)和 APEC 处理器隐私识别体系(PRP),增加对关键产品和服务的认证。三是打造产业数字化转型服务平台,培育数字贸易的增长潜力。除了与货物贸易相关的数字服务贸易外,对传统产业的数字化改造也将决定未来数字贸易的发展潜力,鉴于此,新加坡于 2016 年 10 月组建成立了信息通信媒体发展管理局(IMDA),并由该机构推出了一系列产业数字化服务平台政策措施,全面支持新加坡数字贸易发展。新加坡 IMDA 出台的产业数字化服务支持计划包括两类,一类是针对单个具体产业的支持计划,包括物流、会计、环境、食品、媒体、零售、批发、安防、海运服务业的数字化服务支持计划;另一类是行业通行的数字化服务计划,包括 GoSecure 计划、中小企业数字技术中心、数字启动服务计划等,这些计划旨在为企业数字化转型提供专业咨询、安全支持和基础解决方案服务等。四是重视专业人才培养与职业教育。为了弥补新加坡数字化转型中存在的人力资本缺口问题,政府出台了一系列人力资本培训支持计划,旨在通过在职培训计划加速数字贸易发展,提高中级专业人员的与数字化转型相匹配的工作能力和技能水平。例如,ICT 技能人才框架计划、数字技能人才加速计划、数字专业人员出海资助计划等。

表 4.6　新加坡 NTP 基于货物供应链服务的数字贸易

政府基础服务	数字技术拓展服务	贸易增值服务	供应链数字贸易服务
• HS 分类高级搜索服务 • 海关咨询申请 • 报关及准证管理 • 库存管理 • 计划与许可证管理 • 贸易商注册与管理	• 监管沙盒及数据库 • 数字贸易连接 • 文件资料转换 • 贸易文件数字化 • 应用程序商店	• 电子货运管理 • 云端 ERP • 海运货运保险 • 许可证发放 • 贸易准证准备 • TradeNet 前台解决方案	• 掌控市场趋势 • 搜寻匹配客户 • 文件档案管理 • 贸易融资 • 通关服务 • 运输追踪 • 报告与付款

资料来源:根据新加坡 NTP 官方网站资料整理。

4.2.2　东京国际贸易中心

东京是日本的经济中心、金融中心与贸易中心,同时也是亚太区最重要的贸易中心城市之一。2022 年,日本东京出口贸易额达 7.84 万亿日元,进口贸易额达 15.9 万亿日元,进出口贸易总额为 23.74 万亿日元。《财富》杂志 2022 年发布的世界 500 强企业中,总部位于东京的日本本土跨国公司有 36 家,是全球本土跨国公司集聚最多的城市(表 4.7)。从城市 500 强总部数量占本国总数量的比例来看,东京占有日本 76％的总部,是全球城市中占所在国比重最大的城市,上海仅占中国的 8％。

表 4.7　2019 年和 2022 年世界 500 强企业的城市分布(部分城市)

城市	所属国家	500 强企业总数(家)		占所在国比例(%)	
		2019 年	2022 年	2019 年	2022 年
东京	日本	38	36	73	76
北京	中国	56	57	43	39
纽约	美国	15	17	12	14
伦敦	英国	10	13	59	72
上海	中国	7	11	5	8

资料来源:根据《财富》杂志相关数据整理。

首先,发挥跨国制造企业的重要作用。日本跨国公司内部建立起了以股权为联结方式的全球生产、销售网络体系。日本跨国制造企业内部制造产品所占比重相当高,20 世纪 70 年代以后,日本跨国公司就开始通过 FDI 对市场容量比较大的北美地区、欧盟地区和东南亚一带进行制造业的投资,形成跨国公司内部的生产性子公司,这些子公司之间形成了生产、贸易关系。同时,由于日本特殊的制造、商业和金融体系,金融机构、工业性集团和综合商社之间形成了股权关系,形成了内部商业循环系统。东京跨国制造企业将高附加值最终产品或者中间产品放在首都圈制造,通过贸易方式出口到子公司或者国外消费者市场。日本东京的首都圈内,出口额排名第一位的是汽车,其次是半导体等电子零部件。排名前十位的出口商品中,科学光学仪器、半导体、电子零部件等高附加价值的商品居多。因此,总体上东京圈的出口商品已经由过去的以工业化学制品等低附加价值产品为主,逐渐转变为以高科技等高附加价值商品为主的新的出口贸易商品结构。

其次,以综合商社为抓手,开展多角化、规模化、系列化的跨国经营活动。综合商社具有流通、金融与资讯三大功能和贸易代理、生产参与、金融服务、仓储运输、信息资讯与技术开发等六大职能。在流通功能方面,综合商社的主要业务包括国内贸易和国外贸易,以及为国内外贸易需要提供支撑的物流服务;在金融功能方面,主要功能包括贸易融资、贸易保险和股权投资;在资讯功能方面,海外分支机构负责搜集信息,而综合商社总部负责搜集、分析、统合全球范围内的信息。日本六大综合商社中有四大综合商社(包括丸红、三菱商事、三井物产和住友商事)设立在东京,因而东京是日本综合商社的集聚区,该四家综合商社全部进入了全球 500 强。这些公司开展的贸易方式为一般贸易和离岸贸易。一般贸易主要通过总部和分支机构开展,同时,综合商社利用其发达的网络,特别是资讯功能,通过分支机构的订单方式形成离岸贸易,这方面的功能在进一步强化。

最后,完善支持和培育本土跨国公司成长的政策,发挥政府的引导和促进作用。一是注重引入金融财政资金支持,促进和引导跨国公司发展。为鼓励企业海外投资和跨国经营,日本政府设立了海外经济合作基金,对日本企业海外直接投资的投向、投量发挥了引导和资助作用。如日本成立了海外风险勘查基金,对资源勘查进行事前的补贴,补贴一般都在 50% 以上,有些项目甚至可以达到 100%,如若项目失败,由基金提供的补贴无需偿还。日本根据《特定高等信息通信技术活用系统的开发供应及导入促进法修正案》对日本国内半导体项目提供高额补贴。其中,对技术开发项目最高补贴总投资额的 1/3;对半导体设备投资项目原则上补贴 1/3,但对"特定半导体"生产设施的完善以及建厂扩容等最高可补贴 50%。二是改善投资管理制度,简化投资审批程序。日本政府积极改善企业对外投资的管理制度,简化审批程序,为企业跨国经营提供便利化服务。目前,日本企业对外投资除极个别涉及军事、安全等敏感领域的项目外,对外投资额在 1 亿日元以上的需要到银行备案,1 亿日元以下的投资项目已经完全自由。三是注重信息服务体系建设,为企业提供相关服务支持。日本构筑了由政府和民间、专业团体与综合团体组成的信息收集、咨询网络,及时向企业提供对外投资信息情报。其中,经济产业省定期派遣投资环境考察团,调查国外投资环境,鼓励企业参加国际会议,开展海外技术交流活动;开设创新企业海外直接投资支援网络,扩大国际交流的范围;定期对日本企业海外事业活动基本情况进行调查等。四是建立和完善保险制度,提高企业抗风险能力。日本建立了海外投资保险制度和海外投资损失准备金制度。在日本,其海外投资的政治风险由政府机构作为担保,日本经济产业省下属机构负责审批。此外,日本还设立了海外投资亏损准备金,对企业进行补贴,使企业和政府共同承担海外经营风险。

4.2.3 纽约、伦敦国际贸易中心

1. 纽约国际贸易中心发展经验

2022年,纽约出口贸易额为1 063亿美元,进口贸易额为1 825亿美元,进出口贸易总额为2 888亿美元。纽约作为全球著名国际贸易中心城市,以进口贸易为主,通过进口服务于美国市场的辐射效应得以充分体现;从进出口商品结构看,以黄金、钻石、贵金属、手绘画(艺术品)等高端消费品和奢侈品,以及集成电路、飞机、发动机等高科技产品为主。瑞士、加拿大和中国香港是纽约的前三大出口目的地,占比达46.5%。

表 4.8 2022 年纽约前十大出口商品大类

	金额(亿美元)	占比(%)
黄金(未锻造)	248	23.3
钻石(完工钻但未镶嵌)	127	11.9
贵金属珠宝	57	5.4
手绘画(100 年内素描)	44	4.2
红宝石、蓝宝石、祖母绿	17	1.6
手绘画(超过 100 年的素描)	16	1.5
原创雕塑、雕像	10.3	1.0
集成电路(处理器/控制器)	10.14	1.0
其他贵金属	9.92	0.9
民用飞机,包括发动机、零部件	8.48	0.8
合 计	547.84	51.5

资料来源:http://www.worldstopexports.com/new-york-states-top-10-exports/.

表 4.9 2022 年纽约前十大进口商品大类

	金额(亿美元)	占比(%)
钻石(未镶嵌)	216	11.8
其他贵金属	117	6.4
贵金属珠宝	55	3.0
手绘画(100 年内素描)	30.45	1.7
天然气(气态)	23.4	1.3
手绘画(超过 100 年的素描)	21.6	1.2
非金币(不包括法定货币)	20.2	1.1
香料混合物	18.3	1.0
腕 表	15	0.8
未锻造或粉末形式的铑	14.6	0.8
合 计	531.55	29.1

资料来源:http://www.worldstopexports.com/new-york-states-top-10-exports/.

　　纽约之所以成为现代国际贸易中心和世界经济的中枢和发动机,主要在于它集聚了高能级的贸易主体及服务机构,成为全球定价中心;同时,纽约在国内批发和零售商业中的地位在不断上升。此外,推进对外贸易区建设也是纽约贸易中心转型的重要因素。

　　首先,纽约集聚高能级贸易主体及服务机构,成为全球定价中心。由于纽约已经没有实体的制造基地,原有的贸易实体网络被弱化,甚至不复存在。但是实体性贸易中心的消亡并不等于纽约在世界地位的下降,而是以更加高级的贸易方式存在。通过集聚跨国公司总部机构和高能级的服务机构,纽约可以以设立现货和期货交易所的方式,运用期货和期权等金融工具进行衍生交易,成为世界初级产品的国际价格导向指标,实质性控制着世界的贸易利益。美国最大的 500 家企业中,有1/3 以上将总部设在纽约。世界上 10 家最大安全保险公司中的 9 家、美国 10 家最大生命保险公司中的 4 家的总部在纽约,美国十大金融服务公司中的 3 家设于纽约。同时,美国 6 家最大会计公司中的 4 家、10 家最大咨询公司中的 6 家在纽约,十大公共关系公司中的 8 家坐落在纽约,每天产生和发布几乎所有重要公司和产品的信息。总的来说,跨国公司总部机构实质上是产品全球供应链的管理中心,总部机构的集聚将带动上下游厂商和金融、法律等服务机构的集聚,从而提升贸易能级。

　　其次,纽约建设国内进口批发、零售商业中心。近年来,纽约国际贸易在国内的地位虽在下降,但其在国内的商业地位却在不断上升。由于美国跨国公司通过FDI 方式进入到主要区域市场,因而美国本地制造的产品主要不是为了满足国际市场,而是国内市场。据统计,从纽约不同行业货物运输的价值、重量、里程来看,纽约制造业货物的单程平均运程只有 571 英里。但同时,纽约批发贸易运输的价值却占到整个纽约的 61.97%,平均里程为 443 英里,批发贸易成为纽约重要的商业业态,批发的货物不仅包括最终消费品,也包括工业品。

　　最后,政府推行对外贸易区战略,配合纽约国际贸易中心转型。在纽约贸易港口优势衰弱的背景下,为配合纽约国际贸易中心的转型,扩大地区对外贸易的规模,纽约积极利用美国鼓励出口的多项贸易政策,建立对外贸易区,鼓励美国公司入驻,开展出口贸易。根据美国商务部的统计数据,从1994年到2014年,美国对外贸易区出口货物金额增长了5倍左右,2014年达到将近1 000亿美元。对外贸易区在近十年呈现出加速发展的趋势。其中,出口产品集中于炼油、汽车、医药、电子产品行业。区内57%的出货值来自国内产品。纽约一号对外贸易区享有的优惠政策主要有:为美国出口商提供国产税回扣或退税的优惠;为美国进出口商提供价格低廉的保税仓储业务;为美国进出口商提供高效的商品展销业务等。

2. 伦敦国际贸易中心发展经验

2022年,伦敦出口贸易额为24.6亿英镑,进口贸易额为250亿英镑,进出口贸易总额为274.6亿英镑。英国是传统的海事贸易大国,注册船舶超15 000艘,而伦敦则是英国海事贸易的领头羊,在海事服务贸易领域建立起了完整的服务体系,全球80%的海事纠纷都在伦敦进行仲裁。同时,英国是全球第二大可数字化服务贸易基地,而伦敦则是英国数字贸易的集聚地,积极推动服务贸易和数字贸易发展。脱欧之后,英国开始谋划创新型自由港,旨在成为全球贸易和投资的国际枢纽,伦敦在其中也发挥了重要作用。

第一,伦敦突出海事贸易的基础性地位。2022年,英国港口吞吐量为4.6亿吨,同比增长3%,但仍比新冠疫情前的2019年下降了5%。伦敦是英国最大港口,2022年吞吐量为5 500万吨。根据伦敦城公司的研究,伦敦是全球领先的海事贸易服务中心,能提供船舶保险、船舶经纪、法律服务和教育等海事配套服务。伦敦还是许多全球领先的船舶法律与经纪公司的总部所在地,这些公司在全球设有办事处,进行国际业务。同时,伦敦也是复杂风险保险的首选目的地,因为伦敦拥有劳氏船级社、国际保险协会和英国保险经纪协会等专业机构及其专业知识。作为传统海事大国和贸易大国,英国一直处于国际海事行业的最前沿,英国的繁荣也离不开海事行业的支撑,其95%的进出口依赖海运,海运在促进国际贸易以及伦敦经济发展中起到了至关重要的作用。

其次,伦敦将数字服务和数字贸易作为未来发展的重点,推动国际贸易中心转型升级。2010 年,伦敦启动了"技术城计划",谷歌、苹果、Facebook 等巨头都在伦敦加大战略投入,推动伦敦成为欧洲最重要的数字技术中心。自 2015 年以来,英国数字行业的实际增长率是英国整体经济增长率的近三倍。2019 年,数字行业为英国经济贡献了 1 510 亿英镑,雇佣了全国 9% 的劳动力,英国与世界各国以数字形式交付的贸易额达 3 260 亿英镑,约占当年英国对外贸易总额的 1/4。2021 年以来,英国政府先后制定出台"数字贸易五点计划""英国数字战略"等规划,着力推动数字经济和数字贸易发展。同时,英国在 WTO 等多边机构内积极倡导建立全球数字贸易规则,先后与日本、澳大利亚和新加坡达成数字贸易协定。这些国家层面的举措进一步吸引了全球贸易和投资流量集聚,推动了伦敦国际贸易中心转型升级。

最后,伦敦依托泰晤士自由港,打造新一代全球贸易投资的国际枢纽,巩固贸

专栏 4.6　英国自由港

自由港将提供税收减免、海关程序简化和更大范围的政府支持,以创造就业机会、促进增长和重建社区。自由港将为国际贸易、创新和商业建立起国家枢纽,从而实现在英国各地重建社区,吸引新企业,并将工作、投资和机会传播到城镇。

在 2021 年预算中,我们宣布将在英格兰发展八个自由港。我们继续致力于尽快在北爱尔兰、苏格兰和威尔士至少各建一个自由港。首批自由港计划于 2021 年底开放,并且只要能够成功完成其业务,就能够获得英国政府的资金资助。自由港的创新活动将根据政府于 2020 年 12 月发布的"2025 年英国边境战略"(2025 UK Border Strategy)进行,该战略制定了一份技术和创新路线图,旨在推动英国边境的创新。

资料来源:英国商业、能源和产业战略部,《英国创新战略:创造未来,引领未来》。

易中心地位。为应对"脱欧"带来的贸易冲击,2020 年 2 月,英国政府公布《自由港咨文:促进英国各地的贸易、就业和投资》,宣布于年底推出 10 个自由港,通过促进贸易和投资活动以及创造更多经济活动来强化英国港口经济的影响力,打造全国性全球贸易中心和投资中心,泰晤士自由港是其中之一。作为英国贸易活动的重要载体,泰晤士自由港毗邻伦敦,享有良好的地理位置,并拥有 1 700 英亩(6.8 平方公里)的开发用地,横跨了泰晤士河沿岸的三个区。作为通往伦敦的门户,泰晤士自由港整合了集装箱、散装和滚装等多种运输方式,是高效的多式联运物流和制造中心。泰晤士自由港拥有多元合作伙伴,获得来自福特公司(Ford Company)、英国福斯港有限公司(Forth Ports)和迪拜环球港务集团(DP World)等 400亿英镑的港口投资。数据显示,未来泰晤士自由港将吸引超过 45 亿英镑的投资,创造 26 亿英镑的经济增加值。伦敦通过泰晤士自由港将进一步提升贸易便利性和区域发展活力,成为新一代全球贸易和投资的国际枢纽,稳固其传统国际贸易中心地位。

4.3　上海加快建设国际贸易中心的总体思路

4.3.1　指导思想

以习近平新时代中国特色社会主义思想为指导,深入贯彻落实党的二十大精神,牢牢把握习近平总书记和党中央对上海的战略定位,按照《"十四五"对外贸易高质量发展规划》的总体部署,立足新发展阶段,完整、准确、全面贯彻新发展理念,加快构建新发展格局,着力推动高质量发展,统筹发展和安全,全面落实浦东高水平改革开放和三项新的重大任务、强化"四大功能"、打响"四大品牌"、加快发展"五型经济"和"五大新城"的总体部署,以"提升开放能级、增强枢纽功能"为主攻方向,加快推动制度型开放、数字化转型和新动能转换,积极促进内需和外需、进口和出口、引进外资和对外投资协调发展,着力畅通国内大循环、促进国内国际双循环,率先构建要素高效流动、高效聚合的枢纽节点,加快推动商务高质量发展,实现国际贸易中心核心功能显著提升，为全面提升上海城市能级与核心竞争力作出更大贡献。

4.3.2　基本原则

一是坚持自主创新贸易和贸易服务相结合原则。对标东京和新加坡国际贸易中心等高水平贸易形态和贸易网络体系，既要把自主创新的高端贸易作为上海国际贸易中心建设的重要突破口，同时也要将国际转口贸易和离岸贸易作为重要贸易方式，以更好地体现全球贸易的掌控力和对高端贸易市场主体的服务能力。

二是坚持服务业制度型开放和深化改革相结合。以制度型开放扩大专业服务贸易和数字服务贸易，为供给侧改革提供高质量的服务资源。同时要以开放推动服务业国内监管制度和贸易便利化改革，大幅提升服务贸易的国际竞争力。

三是坚持服务国内市场和服务国际市场相结合。以吸收高质量的离岸资源为国内现代产业体系和高水平消费提供保障，以国内资源集聚服务国际多元市场，促进高端要素集聚引领国际产业链、价值链和供应链。

四是坚持贸易实体网络和虚拟网络相结合。以高质量数字贸易平台推进新型贸易网络平台集聚，并建立和完善与新型贸易业态匹配的实体贸易网络体系。

五是坚持传统贸易功能和新型贸易功能相结合。保持传统一般贸易、加工贸易等功能，拓展和强化进口功能、保税功能、转口和离岸贸易功能，为国际贸易中心提供多功能平台支撑。

4.3.3　战略定位

面对新形势新要求，上海一方面要把握全球贸易投资格局与价值链的深刻变化，另一方面要依托中国超大规模经济体和广阔腹地市场的独特优势，推进在岸业务与离岸业务联动发展，进一步统筹利用国际国内两个市场两种资源，持续增强对外开放"枢纽门户"的功能。

上海加快建设国际贸易中心,要瞄准建设国内国际双循环连接枢纽、高水平开放枢纽门户的战略定位,着力打造贸易投资自由化便利化的新标杆、引领全国参与国际合作竞争的新高地。

4.3.4 主要目标

1. 面向 2025 年的主要目标

争取到 2025 年,以数字化、服务化、枢纽化、高端化为特点的核心功能进一步增强,上海国际贸易中心在全球投资贸易网络中的枢纽节点地位显著提升,对亚太区贸易流向和流量的主导力和控制力提升。

一是贸易结构优化,高端贸易加快发展。服务贸易和数字贸易发展取得新突破,知识密集型服务贸易比重稳步提升,离岸贸易和转口贸易实现跨越式发展,高技术产品占进出口比重逐步提高,在培育以技术、标准、品牌、质量为核心的出口新优势上下更大力气。

二是全球资源配置能力逐步提升。大宗商品交易国际定价能力显著上升,在有色金属、钢铁、铁矿石、能源化工等大宗商品领域,培育若干千亿级、万亿级交易平台,打造一批百亿、千亿级重点功能性平台,成为清洁能源产品全球定价权的关键节点。

三是贸易核心主体能级不断增强。通过优化跨境投资贸易营商环境,上海将集聚更多具有亚太乃至全球管控功能的跨国公司总部,并吸引更多本土跨国公司设立总部。

四是消费引领作用日益凸显。进一步扩大全球高端消费品在上海首发比重,本土企业品牌在免税店消费的比重显著提高,基本建成线上线下融合、引领全球消费潮流的国际消费中心城市。

五是贸易投资环境更加便利。进一步拓展海关特殊监管区的货物状态分类监管功能,降低内外贸一体化贸易成本,实现供应链贸易功能突破,成为服务双循环的内外贸一体化功能枢纽。

专栏 4.7　"十四五"时期上海国际贸易中心建设主要预期指标

指标类别	指标名称	2020 年	2025 年目标值	备 注
规模聚集度	社会消费品零售总额	1.59 万亿元	超过 2 万亿元	年均增长 5% 左右
	电子商务交易额	2.94 万亿元	4.2 万亿元左右	年均增长 8% 左右
	货物贸易进出口总额	"十三五"期间累计 2.42 万亿美元	"十四五"期间累计 2.5 万亿美元左右	年均 5 000 亿美元左右
	口岸货物进出口总额占全球比重	"十三五"期间年均 3.2% 左右	"十四五"期间基本保持稳定	—
	外商直接投资实际到位金额	"十三五"期间累计 921 亿美元	"十四五"期间累计 1 000 亿美元左右	年均 200 亿美元左右
	展览面积	1 942 万平方米（2019 年）	2 200 万平方米左右	—
资源配置度	千亿、万亿级交易市场（平台）数量	累计 10 家	累计 15 家左右	—
	在沪跨国公司地区总部数量	累计 771 家	累计 1 000 家左右	—
	规模以上本土跨国公司数量	累计 110 家	累计 200 家左右	—
资源配置度	贸易型总部数量	累计 210 家	累计 300 家左右	—
	国际展览面积占比	78.9%	80% 左右	—
开放创新度	在沪外资研发中心数量	累计 481 家	累计 560 家左右	—
	离岸贸易额	3 055 亿元	5 000 亿元左右	—
	数字贸易额	433.5 亿美元	525 亿美元左右	年均增长 4% 左右
	知识密集型服务贸易额	696.4 亿美元	825 亿美元左右	年均增长 3.5% 左右

续表

指标类别	指标名称	2020 年	2025 年目标值	备　注
消费引领度	新增首店数量	909 家	年均引进 800 家左右	—
	世界级商圈数量	2 个	3—4 个	—
	网络零售额	1.17 万亿元	2.1 万亿元左右	年均增长 12% 左右
	高端品牌门店数量	累计 520 家	累计 700 家左右	年均增加 36 家左右
营商便利度	贸易便利化	国际贸易"单一窗口"功能更加优化,通关效率明显提高,进出口环节收费显著降低	在世界银行营商环境排名中,跨境贸易指标位居海运经济体前列水平,基本建成数字化、标准化、国际化的智慧口岸,长三角区域一体化业务协同能级提升	—
	治理水平	事中事后监管制度创新取得成效,商业诚信度明显提高,与高标准国际贸易投资规则相衔接的制度环境更加优化	率先实施高水平制度型开放,投资贸易管理体制机制进一步完善,国内外领先专业机构及各类贸易投资促进机构、国际组织加快集聚,商事争议解决平台和纠纷解决机制加快形成	—

资料来源:上海市人民政府,《"十四五"时期提升上海国际贸易中心能级规划》。

2. 面向 2035 年的主要目标

力争到 2035 年,上海国际贸易中心在全球投资贸易网络中的枢纽地位显著提升,成为全球领先的新型国际贸易中心。

一是全球连通性、辐射带动力显著提升。关注重点从口岸贸易规模转向贸易服务功能提升,以贸易模式创新、功能创新与监管创新,加快培育综合竞争新优势,持续扩大进博会溢出带动效应,打造联动长三角、服务全国、对接"一带一路"和全球市场的进出口贸易集散地,构建全球领先的新型贸易枢纽。

二是贸易主体高度集聚,全球资源配置能力显著提升。促进国际贸易转型升级、新兴业态与投资主体集聚,提升跨国公司地区总部能级,打造全球资源配置与供应链管控功能强大的总部经济中心和高质量外资集聚地。

专栏 4.8　我国"十四五"时期对外贸易高质量发展目标

贸易综合实力进一步增强。货物贸易规模优势稳固,国际市场份额稳定,进口规模持续扩大,外贸主体数量稳中有增。服务贸易规模稳步增长,出口增速高于全球平均增速。

协调创新水平进一步提高。进口与出口、货物贸易与服务贸易、贸易与双向投资、贸易与产业发展更加协调。贸易业态模式创新活力充分释放,数字化水平快速提升。绿色贸易在绿色转型中走在前列。

畅通循环能力进一步提升。内外贸一体化程度明显提升。外贸产业链供应链畅通运转能力逐步增强。贸易通道更加畅通。国内国际贸易规则衔接更加紧密。法律、物流、支付、结算等支撑体系更加完善。

贸易开放合作进一步深化。贸易自由化便利化达到更高水平,高标准自由贸易区网络稳步构建,多双边和区域经贸合作更加紧密,与全球贸易伙伴关系更加牢固。

贸易安全体系进一步完善。粮食、能源资源、关键技术和零部件进口来源更加多元。贸易摩擦应对、出口管制、贸易救济等风险防控体系更加健全。

展望 2035 年,外贸高质量发展跃上新台阶。贸易结构更加优化,进出口更趋平衡,创新能力大幅提升,绿色低碳转型取得积极进展,安全保障能力显著提高,参与国际经济合作和竞争新优势明显增强。贸易自由化便利化达到全球先进水平,维护全球贸易合法合规,对全球经济发展和治理体系改革贡献更加突出。

资料来源:商务部,《"十四五"对外贸易高质量发展规划》。

三是贸易加快向高端环节迈进,贸易枢纽的核心竞争力显著提升。推动参与国际合作竞争急需的高技术高附加值产业加快发展,推动高端服务业与服务贸易竞争力快速提升,推动国际高端消费中心与会展之都建设再上新台阶。

四是贸易平台的国际化、数字化水平提升,国际影响力增强。主动应对国际产业链供应链深刻调整,通过市场体系和贸易平台的国际化、数字化建设,吸引更多供应链核心环节集聚上海,打造具有全球影响力的大宗商品市场,加快提升服务平台能级。

五是贸易投资自由化便利化的制度吸引力持续优化。加快市场化改革,着力营造市场化法治化国际化营商环境,充分发挥自贸试验区先行先试作用,率先向制度型开放转变,打造高度自由便利、具有国际吸引力的制度体系与政策环境。

4.4 上海加快建设国际贸易中心的重大任务和关键举措

4.4.1 重大战略任务

为实现以上目标,上海应大胆推进、前瞻布局,统筹处理好进口贸易与出口贸易、在岸贸易与离岸贸易、货物贸易与服务贸易的关系,大力推动国际贸易中心结构优化、功能升级和形态创新,加快建设富有活力和竞争力的国际贸易中心,不断提升全球投资与贸易网络中的枢纽节点功能,充分发挥对中国经济高质量发展的带动作用。

专栏4.9 未来国际贸易中心的重点工作考虑

党的二十大报告明确提出,"推进高水平对外开放。依托我国超大规模市场优势,以国内大循环吸引全球资源要素,增强国内国际两个市场两种资源联动效应,提升贸易投资合作质量和水平。稳步扩大规则、规制、管理、标准等制度型开放。推动货物贸易优化升级,创新服务贸易发展机制,发展数字贸易,加快建设贸易强国",这将为未来国际贸易中心建设提供重要方向与指引。我们将全面推进与我国贸易强国相匹配的国际贸易中心建设,深化更宽领域、更深层次、更高水平对外开放,以浦东引领区、自贸试验区和临港新片区、虹桥国际开放枢纽等国家战略为牵引,着力推动国际贸易中心能级再强化、再提升、再突破。

资料来源:上海市第十五届人民代表大会常务委员会第四十六次会议《关于推进国际贸易中心建设情况的报告》。

---

1. 大力推进数字贸易、服务贸易等新型国际贸易发展，拓展国际贸易中心加快建设的战略空间

数字化、服务化是新产业革命的核心标志。上海加快建设国际贸易中心要前瞻着眼，全面加大数字贸易和服务贸易发展力度，力争实现跨越式发展。一是抢抓数字技术革命机遇，提升数字贸易创新发展能力。对标国际高水平规则，加快建设以跨境数字贸易园区和公共服务平台为核心功能的全球数据港，以头部企业为牵引营造数字贸易生态，提升上海跨境数字贸易的全球竞争力。同时，注重风险防范和隐私保护，为数字贸易发展营造良好环境。二是抢抓制造业服务化机遇，促进服务贸易价值链升级。加快高端制造衍生服务发展，逐步从加工制造环节向研发设计、营销服务、品牌经营等环节攀升，提高出口附加值。聚焦研发设计、商务服务、信息服务等高端生产性服务，以及教育、医疗卫生等国内需求迫切的领域，加快推进开放步伐。

2. 聚焦离岸贸易和高技术贸易等关键领域，强化全球资源配置功能

国内外新形势和行业新趋势下，上海加快建设国际贸易中心应从关注口岸贸易量的增减向注重贸易功能提升转变，进一步强化全球供应链管控能力，提高跨境资源调配和枢纽管控功能。一是抓住自贸试验区临港新片区建设机遇，建立适合离岸贸易发展的制度环境。针对离岸贸易发展的突出瓶颈，争取外汇收付、税制等政策突破，在条件成熟时逐步在自贸试验区外有条件的企业复制推广，推动离岸贸易和转口贸易规模化发展。二是借助进博会推进高技术贸易，提升产品和品牌的国际竞争力。进博会重点应放在高新技术产品和设备进口上，更好服务国内产业升级。应抓住进博会契机，引进和培育掌握前沿技术的龙头企业，配套完善上下游相关产业的建设，提高技术和投入品的整合能力，不断提升国际贸易核心环节竞争力。

3. 深入对接服务"一带一路"建设和长三角一体化发展，充分发挥辐射服务效应

上海加快建设国际贸易中心要紧紧围绕服务"一带一路"建设和长三角一体化发展，实现内向贸易网络和外向贸易网络联通，提高对全球贸易资源的集聚能力，真正发挥全球贸易枢纽城市的作用。一是深入推进上海打造服务"一带一路"建设

的桥头堡,拓展对外辐射服务功能。推动"一带一路"沿线国际贸易单一窗口建设合作,加大"一带一路"沿线基础设施领域合作力度,实现口岸设施的充分便利化,改善口岸软环境。同时,深化友城经贸合作模式,加强与"一带一路"关键节点城市的经贸往来,搭建"一带一路"贸易平台。二是深入推动长三角一体化发展,发挥对内辐射联动功能。纽约、伦敦和东京等国际贸易中心的辐射对象不仅仅是自身,而是具有一定半径的周边城市群。同时,以进博会和虹桥国际开放枢纽进一步提升能级为抓手,进一步发挥长三角一体化枢纽功能,成为长三角乃至全国通向世界的窗口,以及世界进入中国的通道,提升利用两个市场两种资源的能力。

4. 率先由商品和要素流动型开放向规则等制度型开放转变,为上海加快建设国际贸易中心营造良好环境

商品和要素流动型开放是上一轮经济全球化的重要特征。当前,上海加快建设国际贸易中心面临新一代投资贸易规则加速重构的挑战,迫切需要对接高水平经贸规则,加大制度型开放力度。应充分发挥自贸试验区先行先试作用,加快构建以投资贸易自由化为核心的开放制度体系。在风险可控条件下,逐步向高标准国际经贸规则趋近,最终形成能够与新型经济全球化所要求的新规则相衔接的制度体系和监管模式。结合 WTO 改革以及 CPTPP、RCEP 等多边贸易体系的创新,加快探索从"边境上"开放向"边境后"开放拓展,探索环境保护、投资、政府采购、贸易便利化、争端解决和知识产权保护等制度创新,加大风险压力测试力度,为国家层面经贸谈判提供参考。

4.4.2　关键举措

1. 抓住自贸试验区新片区、进博会与虹桥国际开放枢纽契机,带动上海国际贸易中心加快建设

第一,抓住自贸试验区新片区重大契机,加快提升国际贸易中心核心功能。一是加快推进内外贸一体化,在特殊综保区内将货物状态分类监管拓展到贸易、加工环节。可将海关信用企业分级管理制度从通关、查验环节拓展到货物贸易状态分类监

管领域,对高级认证企业进一步简化非保货物入区备案手续。对于非保货物的进出区,进一步简化备案清单手续。同时,加快海关货物状态分类监管信息系统与税务部门系统的对接,加强科学有效监管,防止税收流失。二是借鉴美国对外贸易区主分区的理念,构建"点面融合"的海关监管制度。探索新片区特殊综合保税区与重点企业海关监管制度创新的联动,运用电子围网和大数据技术,强化风险管控和安全监管。三是依托新片区建设,率先探索与国际接轨的服务贸易开放模式。包括完善外国医师和具有港澳执业资格的金融、建筑、规划等专业人才来华工作许可制度,以及放宽房地产估价师、注册城乡规划师、拍卖师等职业资格考试对境外专业人才的限制。

第二,把进博会越办越好,增强进博会对国际贸易中心的辐射带动效应。一是充分发挥进博会功能性平台辐射带动效应。比如,积极引进全球投资贸易领域的重量级国际组织,针对优秀贸易企业、跨国公司总部、细分行业隐形冠军、创新企业等四类企业开展精准招商,把合作从贸易领域向科创领域延伸和拓展,利用全球创新资源推动上海产业升级。二是进一步强化联动长三角、服务全国、辐射亚太的进口商品集散地功能。加快建立辐射长三角的进口商品贸易网络,进一步提升进口交易市场能级。三是抓住进博会契机带动国际消费城市建设。引进更多海外优质消费品,优化进口流程,减少进口许可备案审批时间,降低其进入中国市场的成本。鼓励本土企业通过进博会加强与境外企业的合作,扩大上海在国际新兴品牌、时尚潮牌导入中的渠道优势。借鉴巴黎将时尚新品引入巴黎时装周等活动的做法,加快推进全球新品首发地建设。四是加强与"一带一路"、RCEP等重点区域的经贸合作。在拓展世界 500 强等欧美等发达国家客户的基础上,引进"一带一路"经济体和 RCEP 成员国客商参与相关活动,持续提升重点地区境外企业和人员参展参会的积极性和主动性。

第三,深化建设高标准的国际化中央商务区。聚焦制度和资源优势,聚集高能级总部和平台运营主体,依托进博会、数字经济产业园等优势资源,进一步发展离岸贸易、数字贸易、总部经济等新业态新模式,打造开放共享的国际贸易中心新平台。一是进一步集聚高能级贸易平台和主体,实现平台能级跨越式提升。着力引进商贸领域龙头企业和标杆企业,集聚多元化高能级贸易主体。吸引跨国公司设立进口商品运营总部或分拨中心,开展面向中国乃至亚太市场的集散分拨业务。充分发挥虹桥海外贸易中心作用,吸引集聚一批高能级国际贸易功能性机构。二是率先发展高端医疗服务贸易。积极打造高能级医疗服务贸易平台,研究制定符合条件的外籍医务人员在虹桥国际中央商务区执业相关管理办法,为外籍医务人员在区域内居留、执业以及患者与陪护人员入境、停留、就诊提供便利。

专栏 4.10　聚焦能级提升,助推虹桥国际开放枢纽建设再上新台阶

虹桥商务区是虹桥国际开放枢纽的"核",是枢纽的枢纽。《虹桥国际开放枢纽建设总体方案》提出虹桥商务区主要承担国际化中央商务区、国际贸易中心新平台和综合交通枢纽等功能,明确了到 2025 年新平台功能框架与制度体系全面确立的目标。两年多来,虹桥商务区充分发挥中国国际进口博览会和虹桥国际经济论坛平台作用,不断推动大商务、大会展、大交通深度融合,溢出带动效应持续放大,高端商务、会展功能持续提升,正成为长三角双向开放的新地标。

为进一步对标高标准、高水平的国际规则制度体系,推动高能级总部经济、高流量贸易经济、高端化服务经济、高层次会展经济集聚联动发展,《关于推动虹桥国际开放枢纽进一步提升能级的若干政策措施》(以下简称《政策措施》)聚焦持续提升虹桥商务区的全球数字贸易港、临空经济示范区、新虹桥国际医学中心等国际化平台能级,赋权赋能若干关键环节支持开展先行先试和制度集成,因势利导积极培育跨境电商、离岸贸易、数字贸易等新型国际贸易,推动虹桥商务区加快打造功能复合型国际化中央商务区、国际贸易中心新平台,进一步增强全球资源配置能力。据此,《政策措施》提出支持虹桥商务区打造"丝路电商"合作先行区辐射引领区、试点国际高标准电子商务规则,支持引进国际经贸组织功能性机构落地,加快培育发展数字内容分发、知识产权交易等知识密集型服务贸易,率先试点跨国公司本外币一体化资金池政策,同时还对符合条件的机构按规定进口医用设备、药品等予以支持。

资料来源:《聚焦能级提升 助推虹桥国际开放枢纽建设再上新台阶》,国家发展改革委,2023 年 8 月,https://www.ndrc.gov.cn/fggz/fgzy/xmtjd/202308/t20230830_1360251.html。

---

2. 大力发展离岸贸易与国际转口贸易,增强上海国际贸易中心枢纽管控功能

第一,力争在离岸贸易发展上取得重要突破。一是优化离岸贸易外汇支付体系。加强对企业外汇账户的灵活管理,允许优质企业开立离岸贸易外汇专用账户,仅用于离岸贸易业务外汇结算。中长期逐步将离岸贸易相关结算账户功能整合到FT 账户。二是针对离岸贸易特点建立符合国际惯例的税收制度。借鉴新加坡的全球贸易商计划,对国际标准定义下的转口贸易和离岸贸易(即两头在外模式)按照国际惯例制定专门所得税制度。三是在试点中切实防范风险,建立动态名单制,强化信用监管,加强事中事后核查与处罚。

第二,大力推进国际转口贸易发展。一是在自贸试验区围网区域进一步推进贸易便利化。建立优化企业分级评估和信用监管制度,更多采取电子监管、风险管理等方式,简化有关单据和程序。二是优化口岸服务和费用。推进外高桥与洋山港区通关一体化运作,取消或下调部分港口经营性收费。

3. 进一步提升高端服务和绿色贸易竞争力,为上海加快建设国际贸易中心提供有力支撑

第一,以供应链管理为核心提升保税服务能级。一是供应链管理。引入成熟的跨国供应链管理企业,培育针对保税研发、融资租赁、保税展示、保税维修的专业供应链管理企业。二是保税研发。重点推动以生物医药、集成电路、人工智能等为核心的离岸研发基地建设,将全产业链保税适用范围从集成电路扩展到生物医药等领域,推动国家级产业创新中心、新型研发机构等进驻综合保税区。三是保税融资租赁。重点发展飞机、船舶、大型海工设备等高端装备融资租赁业务,并推动保税融资租赁与厂商租赁、项目融资租赁、结构式参与租赁等新型模式相结合。四是保税展示。打造集展示、体验、交易于一体的综合性保税展示平台,发展汽车、医疗器械、航空航天、可再生能源装备、机器人等装备制造业保税展示交易。五是保税维修和高端再制造。重点发展航空、船舶、核电等保税维修业务,鼓励以关键件再制造龙头生产企业为中心,形成涵盖旧件回收、关键件配套及整机再制造的产业链,打造全球一站式保税维修和再制造基地。

第二,以知识密集型服务为核心打造全球服务枢纽。一是金融服务。重点构建金融科技生态圈,推动大数据、云计算、区块链等技术在金融领域的应用,同时进一步提高 FT 账户在风险可控前提下使用的自由度,并扩大再保险市场开放,积极发展供应链金融,探索开展离岸金融。二是医疗服务。重点推进医疗健康领域对外开放,进一步放宽外资医疗机构准入限制,并简化外资及合资办医审批程序,引进国际医疗服务标准和模式。三是商务服务。加快发展管理咨询和会计、法律、广告等商务服务,支持本土企业扩大跨境服务,培育一批具有全球影响力的商务服务品牌,同时逐步放宽外资机构的准入限制,加快形成商务服务行业的标准化体系。四是教育服务。重点放宽教育领域境外机构准入,试点引进国外一流大学在区内设立分校,实施备案制,同时建立和完善跨境教育的质量保证体系和学历学位的认证、认可制度,并加强对远程视频课程的内容审查。

第三,加快推动高碳出口产业转型升级,提升绿色贸易竞争力。一是进一步加

专栏 4.11　中国绿色贸易发展情况

2022 年,受全球经济复苏乏力、外需减弱等多重因素影响,中国绿色贸易规模有所下滑,但市场结构呈现出明显多元化趋势,绿色贸易方式持续优化。

近年来,全球绿色贸易规模持续扩大,中国、欧盟、美国发展靠前。2021 年,中国绿色贸易额达到 11 610.9 亿美元,超过欧盟成为全球第一大绿色贸易国,在全球占比达到 14.6%,比 2020 年提升 1.5 个百分点。

在全球合作应对气候变化的背景下,国际贸易规则"绿化"发展趋势明显,碳规则将成为国际经贸规则的重要组成部分,围绕低碳规则制定权的博弈将更趋激烈。随着各国陆续宣布到 21 世纪中叶将达到净零排放目标,碳排放交易成为实现减排目标的重要政策工具,全球碳市场发展迅速。中国碳排放权交易市场建设仍处于起步阶段,需要进一步加强体制机制建设。

资料来源:《10 年间我国绿色贸易规模全球占比提升 2.3 个百分点》,中国政府网,https://www.gov.cn/govweb/yaowen/liebiao/202308/content_6900962.htm。

快出口产业的结构升级和技术升级。鼓励重点企业增加科技创新和技术研发的投入，通过产业升级和设备更新改造降低碳排放量，提高出口商品的贸易附加值。同时，加快落实节能减排降碳税收优惠措施，采用定向补贴、绿色信贷等方式支持企业购置环保设施，鼓励企业开展有利于减排的工艺创新活动，降低工业生产过程中的能源消耗与污染排放，率先实现出口企业绿色转型升级。二是探索设立"国家绿色贸易发展示范区"。打造高水平、高标准、高层次的国际低碳规则对接先行区和绿色贸易促进平台，并积极探索与国外碳市场的链接。加强与欧盟、瑞士、韩国、英国等国家和地区碳市场交易互认，推动上海碳市场项目与欧盟 CBAM 项目互认。

4. 打造数字贸易枢纽港，占据全球新一代国际贸易中心的制高点

第一，推动数字贸易核心技术取得突破。一是提升基础研发能力。加快网络切片技术研发应用，推动 5G 重点技术研发。推进扩展移动计算、云端增强现实和虚拟现实、沉浸式娱乐体验等技术研发，加快城市大脑、移动支付、智慧金融、电商贸易等技术研发。二是建立数字核心技术攻关联盟。引导在沪数字技术研发机构与相关重点智库、重点企业合作，建立数字核心技术攻关联盟，在算法技术、量子技术等前沿领域实现技术突破。提升上海超级计算中心的算力和服务能力，构建开放共享的新型数字平台。

第二，加快高附加值数字内容产品开发。一是推动数字赋能流程外包。制造业服务外包正在成为制造业数字化智能化转型的加速器。上海应加快将服务外包与人工智能、大数据、云计算、物联网等数字技术紧密结合，推动制造业与数字经济深入融合，打造制造业整合全球资源的重要突破口。二是开发具有国际影响力的原创内容 IP。挖掘具备优势和潜力的数字内容领域，找准内容蓝海，扶持和激活数字阅读、网络视听、动漫网游等领域的一批原创内容 IP，将其打造升级为长生命周期、具备较强影响力的知名 IP。

第三，加大细分领域的数字贸易创新力度。一是加快发展工业品跨境电商。通过积极创建"丝路电商"先行合作区，打造有影响的工业品跨境电商生态。支持在沪工业品企业与软件服务商合作,打通线上线下系统,建立工业品全产业链业务模式。引入众多上下游产业链供应商,开通电子合同服务、供应链金融服务以及物流服务,构建完整工业品跨境电商生态。二是依托龙头企业试点工业互联网跨境数据业务。加快数字服务的行业应用,鼓励数字车间、智能工厂建设,建设一批具有影响力的智能制造协同创新平台。以工业互联网创新中心为核心,试点国际工业互联网数据互通。

第四,进一步健全数字贸易配套政策和支持体系。一是完善数字贸易版权保护机制。推动临港新片区版权交易机制创新,如数字化版权交易合同、著作权信息查询系统、版权交易管理模型、版权价值评估、版权质押以及版权投融资制度建设等。在保护数字知识产权等方面,加快探索和国际通行规则接轨的数字贸易监管举措,加快搭建数字知识产权海外维权渠道和争议解决机制。二是抓紧研究数据确权和交易问题。在数据生成、确权定价、流通交易、安全保护等方面加强研究,探索建立数据要素高效配置规则体系,加强个人信息保护和数据安全管理。引导培育大数据交易市场,依法合规开展数据交易,支持条件成熟的机构建设大数据交易中心。

5. 集聚和培育高能级的新型贸易主体,增强上海国际贸易中心的内生活力

第一,进一步提升跨国公司总部能级。一是推动在沪外资跨国公司总部功能提升。进一步提高资金使用自由度便利度,支持跨国公司总部开展具有真实贸易背景的离岸转手买卖业务。进一步推动跨国公司跨境研发便利化,对研发材料实施风险评估和分类管理,提高通关效率。二是推动在沪跨国公司研发中心升级。促进跨国公司、创业公司孵化器和加速器的形成,对比国内外城市政策以及法律法规,借鉴好的政策制度,完善针对跨国公司的系列法律法规。同时注重引入境内民营中小龙头企业、隐形冠军企业、独角兽企业,培育本土龙头企业,推动本土企业"走出去"。

第二,支持本土企业总部做大做强。支持综合实力强、发展潜力大的本土企业做大做强,通过资本运营、战略合作和企业重组等方式,主动"走出去"拓展市场空

间,提高企业综合竞争力。重点支持一批关联带动力强、发展层次高的本土企业总部,构建从"种子企业"到"总部企业"的良性发展梯队。对成长性好、具有较大潜力的本土企业,提供用地、资金、人才等方面的支持和优质服务。

第三,培育和集聚更多富有活力的平台型贸易企业。适应平台型贸易企业特点,以鼓励创新为原则,为平台型贸易企业发展留足空间。推进平台企业登记注册便利化,合理设置行业准入规定和许可。鼓励平台型贸易企业加快产品和技术升级,为客户提供涵盖社交、购物、娱乐、旅游等综合性服务,充分利用云计算等多种数字分析工具,为客户提供个性化定制方案,精准锁定目标用户,提升全球在线交易率。

6. 加快发展大宗商品市场和交易平台,提升上海大宗商品国际定价权

第一,在国家双碳战略背景下,加快构建在清洁能源品种定价的国际影响力。一是争取国家层面支持,在上海期交所上市锂资源产品期货,扩大对境外交易商的开放,逐步形成上海在锂期货品种上的国际定价影响力。二是以上海环境交易所碳交易中心建设为突破口,推动上海成为具有国际影响力的全球碳交易中心。

第二,聚焦有色金属、钢铁、铁矿石、能源化工等大宗商品领域中的优势品种,提升大宗商品交易定价权。一是针对境外大宗商品贸易商参与度较低的问题,应争取国家层面的支持,在上海钢铁、有色金属等期货市场上对外资大宗商品贸易商开放,形成可供国际参考的大宗商品交易定价机制。二是目前国家对衍生品交易涉及的短期资本跨境流动的限制较严,导致境外投资主体参与上海大宗商品的交易成本较高,应在这方面争取资本项目的开放试点。三是创新上海期交所的管理机制,加强期货交易和现货交易之间的互动联系,优化期货交易所的成交匹配机制,拓展大宗商品标准仓单融资的企业范围。

第三,支持上海期货交易所在"一带一路"沿线国家等境外资源型国家设立现货交割仓库。这样可以强化市场的套期保值功能和价格发现功能,并尝试用人民币计价。这需要对境内投资者和境外投资者进一步开放,特别是对投资者开放,也允许境内投资者到这些国家进行投资和交易。上期所目前还是中国主要的区域定

价中心。而"一带一路"沿线许多国家恰恰是原油、铜等大宗产品等产品的最大出口国家,但现有大宗产品交易中心既没有这些国家贸易商、投资商的参与,也没有在这些国家建立现货交割地。

第四,加强和完善大宗商品相关法律法规的制定。在国家相关法律出台前,上海可出台相关法律法规,作为以后上海开展大宗商品交易的法律指导规范。例如,参考证券行业和期货行业的成熟法律,并根据上海大宗商品市场的特征,对大宗商品交易的相关方面,如交易模式,制定有针对性的法律法规,在确保风险可控的前提下,促进上海大宗商品市场的发展。

本章主要参考资料

[1] 国际货币基金组织:《世界经济展望(2023 年 10 月)》

[2] 世界贸易组织:《全球贸易展望与统计数据—更新:2023 年 10 月》

[3] 世界贸易组织:《世界贸易统计评论》

[4] 联合国贸易和发展会议:《2023 贸易和发展报告》

[5] 中华人民共和国商务部:《"十四五"对外贸易高质量发展规划》

[6] 中华人民共和国商务部:《中国服务贸易发展报告 2022》

[7] 中国贸促会:《全球经贸摩擦指数(2022 年年度报告)》

[8] 中华人民共和国商务部服务贸易和商贸服务业:《中国数字贸易发展报告(2021)》

[9] 上海市统计局:《2022 年上海市国民经济和社会发展统计公报》

[10] 德勤中国:《欧盟发布碳边境调节机制过渡期实施细则》,https://www2.deloitte.com/cn/zh/pages/tax/articles/eu-cbam.html

[11] John W. Miller, "Trade Data Monitor's Top 10 Trade Trends Going Into 2023", https://www.wita.org/blogs/trade-data-monitors-top-10-trade-trends-going-into-2023/

[12] 路孚特:《全球碳市场年报》

[13] 《胡润世界 500 强》

[14] The Observatory of Economic Complexity(OEC),https://next.oec.world/en

[15] 香港贸发局:《香港经贸概况》

[16] 中华人民共和国商务部外贸发展事务局:《新加坡贸易指南(2023 年)》

[17] 中华人民共和国商务部外贸发展事务局:《日本贸易指南(2023 年)》

[18] 中华人民共和国商务部外贸发展事务局:《英国贸易指南(2023 年)》

[19] 英国国际贸易部:《自由港咨文:促进英国各地的贸易、就业和投资》

[20] 英国商业、能源和产业战略部:《英国创新战略:创造未来,引领未来》

[21] 前滩综研:《全球智库动态英国自由港专辑》

[22] 《"十四五"时期提升上海国际贸易中心能级规划》

[23] 《调研专报》2023 年第 14 号:《抓住窗口期,积极应对欧盟〈碳边境调节机制〉对上海外贸的影响》

［24］《调研专报》2020 年第 23 号:《聚焦薄弱环节,精准强化上海开放枢纽门户功能》

［25］《调研专报》2019 年第 27 号:《"十四五"时期上海应前瞻谋划和推进新一代国际贸易中心建设》

［26］国务院发展研究中心:《上海"五个中心"建设评估报告》

［27］上海社会科学院:《上海国际贸易中心深化发展战略研究》

［28］上海市人民政府发展研究中心:《上海强化开放枢纽门户功能》

［29］上海市人民政府发展研究中心:《上海新一轮高水平开放研究》

第 5 章

上海加快建设国际航运中心战略研究

国际航运中心建设是上海"五个中心"建设的重要内容,早在 20 世纪 90 年代,为增强对外贸易和货物运输的保障能力,党中央、国务院就将建设国际航运中心这一重大战略任务交给了上海。历经近三十年的发展,上海已基本建成国际航运中心,国际地位日益提升,国际竞争力持续增强,正与新加坡、伦敦等航运中心一道,引领世界航运业的发展。未来,襟江带海、联结全球的上海将依托国内循环中心节点、国内国际双循环战略链接的定位,对照国际顶尖航运城市标准规范,紧盯《上海国际航运中心建设"十四五"规划》目标要求,巩固优势,补齐短板,有序推进国际航运中心建设从"基本建成"向"全面建成"迈进,从而为上海加快建设具有世界影响力的社会主义现代化国际大都市、为中国式现代化的上海实践提供生动注脚。

5.1 上海国际航运中心的发展基础及趋势

上海自然禀赋优越,城市及港口具有突出的国际知名度和影响力。长三角乃至整个长江经济带为上海带来活跃的对外经贸活动,令上海成为世界上最繁忙的集装箱港口。随着硬件设施大幅完善,上海又侧重提升"软实力",现代航运服务水平持续提升。在迈向"全面建成"的新征程上,上海将把握航运中心发展的新趋势,落实航运中心发展的新要求,引领全球国际航运的发展方向。

5.1.1　上海国际航运中心的发展基础

上海因海而生、向海而兴。凭借良好的港口基础和强劲的经济动力,在浦东新区设立初期,上海建设国际航运中心就已成为国家层面的共识。历经二十多个春秋的栉风沐雨,上海围绕国际航运中心建设,取得了一系列举世瞩目的建设成效,如期完成国务院制定的上海基本建成国际航运中心的建设目标,正阔步走在"全面建成"的新征程上。

1. 上海国际航运中心的发展历程

上海国际航运中心建设是中央从国家中长远发展的全局所确定的重大战略部署。随着上海浦东开发开放,建设上海国际航运中心的国家战略就孕育提出。经过将近三十载的踔厉奋发,特别是《国务院关于推进上海加快发展现代服务业和先进制造业建设国际金融中心和国际航运中心的意见》(国发〔2009〕19 号文,以下简称"国务院 19 号文")颁布之后,上海国际航运中心的功能不断完善、能级持续提升,已成为上海城市核心竞争力的重要支撑。按照标志性事件,上海国际航运中心发展历程总体可划分为以下四个阶段。

(1) 孕育谋划阶段(1992—1995 年)。1992 年 10 月,党的十四大确定浦东开发开放成为国家战略。浦东新区设立后,上海经济迅速发展,对外贸易规模快速增长,在 1993 年即突破 100 亿美元大关。但彼时中国港口基础设施陈旧,通过能力不足,国际竞争力不显。上海港作为中国最大的港口,在世界集装箱港口排名中仅列第 19 位。中国对外贸易货物的 60% 左右要经由日本、韩国、新加坡等外国港口中转,中国港口发展面临着巨大的国内运输保障、国际竞争和经济安全等多重压力。

在此背景下,交通部开始筹划加快和完善中国的港口国际运输体系,建设中国自己的国际航运中心。在经过专家深入调研论证及综合条件比选后,上海从备选城市中脱颖而出。1995 年 12 月,时任国务院总理的李鹏同志在浙江省委、省政府关于建议组建上海—宁波—舟山组合港、加快建成上海国际航运中心的报告上明确指出"把上海建成国际航运中心是开发浦东,使其成为远东经济中心,开发整个长江的关键"。同年,在党中央、国务院的战略决策下,上海以国际集装箱枢纽港建设为核心,拉开了国际航运中心的建设序幕。

(2)硬件完善阶段(1996—2008年)。在确定支持上海建设国际航运中心后,国务院于1996年立即在上海召开研究部署建设上海国际航运中心的有关问题专题会议,上海国际航运中心建设正式上升为国家经济发展重大战略,以上海深水港为主体、江浙的江海港口为两翼的上海国际航运中心建设正式启动。2001年,国务院批复的《上海市城市总体规划(1999年至2020年)》中,明确了上海"建设国际经济、金融、贸易、航运中心"的战略定位。上海自此以"三港两网"为重点,加快推进深水港、航空港、信息港和陆上交通网、内河航道网建设,国际航运中心的建设步入了硬件设施大发展的快车道。

一大批基础设施项目建设在此期间取得重大进展。长江口深水航道治理一期工程2000年初竣工,顺利实现8.5米航道水深治理目标,万吨级货轮从此可直接进港。二期工程在2005年提前完成建设任务,航道水深达到10米,上海港货物吞吐量因此大幅增长,首次超过新加坡港,成为世界第一大港。洋山深水港区一期工程也于2005年建成投产,上海首次拥有超过15米深的集装箱码头。外高桥集装箱码头1—5期工程建成,极大增强了上海港的集装箱吞吐能力。

(3)"软硬并举"功能提升阶段(2009—2020年)。第二阶段的建设以港口航道治理为核心,十多年的开拓进取令上海国际航运中心的硬件基础设施能力大幅提高,进一步提升航运服务水平成为下一阶段新的建设重点。

2009年,国务院19号文发布,明确提出了2020年上海国际航运中心的建设目标,并作了系统部署。国务院19号文开启了上海国际航运中心由基础设施通过能力建设为主,向港口通过能力建设与高端服务业并举发展的战略转型,上海国际航运中心建设从此进入"软硬件"并举,软环境建设加快的新阶段。

上海国际航运中心建设在该阶段锚定"到2020年基本建成航运资源高度集聚、

航运服务功能健全、航运市场环境优良、现代物流服务高效,具有全球航运资源配置能力的国际航运中心"这一目标,以发展高端航运服务业、提升软实力为核心,注重规模和质量并举,持续完善集疏运体系,着力推进了上海国际航运中心制度创新,不断增强国际航运服务力、辐射力和市场配置力。2020 年,上海首次跻身新华·波罗的海国际航运中心发展指数排名前三强,上海国际航运中心基本建成有了标志性印证。

(4) 迈向"全面建成"阶段(2021 年至今)。凭借国际枢纽港建设和高端航运服务业发展软硬件并举,上海完成了国务院 19 号文制定的目标。站在更高的起点上,上海对国际航运中心的建设又开始了新一轮的谋划。

2021 年编制的《上海国际航运中心建设"十四五"规划》提出上海国际航运中心已由"基本建成"迈向"全面建成"的历史新阶段。在这一轮历史新阶段中,上海将全力打造国内大循环的中心节点、国内国际双循环的战略链接,升级枢纽门户服务功能,增强对长三角及全国的引领辐射能力,并大力推动科技创新和资源配置能级提升。近年来,上海国际航运中心的实力日益提升,全球地位不断巩固,影响力持续扩大,稳步向建成便捷高效、功能完备、开放融合、绿色智慧、保障有力的世界一流国际航运中心这一目标迈进。

专栏 5.1　推动国际航运中心向"全面建成"跃升

以"开放·合作·创新——共建全球航运新格局"为主题的 2023 北外滩国际航运论坛在位于上海北外滩的世界会客厅开幕。上海市委书记陈吉宁出席开幕活动并致辞。交通运输部部长李小鹏通过视频致辞。

陈吉宁指出,建设上海国际航运中心是党中央、国务院交给上海的重大战略任务。我们将深入学习贯彻习近平总书记重要指示精神,立足国家战略需要,把握全球发展大势,深耕航运重点领域,推动上海国际航运中心从"基本建成"向"全面建成"跃升。全力打造世界级航运枢纽,完善海陆空铁水"五位一体"的集疏运体系,加快航运重大工程建设,在服务长三角一体化发展中打造世界级港口群、机场群。持续提升航运服务能级,用好浦东引领区、临港新片区开放优势,支持开展国际船舶交易,完善航运综合金融服务,提升航运保险承保能力,打响上海高端航运服务品牌。引领航运业智慧低碳转型,加快建设智慧港口、智慧机场、绿色航道,加快布局船舶清洁燃料供应链,积极参与国际航运规则和标准制定。欢迎与会嘉宾为上海国际航运中心建设多提宝贵建议,为推动国际航运业高质量发展、共建全球航运新格局贡献智慧力量。上海将以海纳百川胸怀和国际一流营商环境,为企业来沪投资兴业提供优质高效服务。

李小鹏指出,习近平总书记高度关心航运事业发展,多次作出重要指示,为航运发展指明了前进方向、提供了根本遵循。当前我国已成为世界上航运设施体量最大、海上运输货物最多、海运连接度全球最高的国家,航运业在服务我国经济社会发展和对外贸易中发挥了不可或缺的重要作用。为推动航运业健康可持续发展,他提出四点倡议:一是坚持统筹融合,筑牢航运之基。二是坚持生态优先,顺应绿色之变。三是坚持创新驱动,增强发展之能。四是坚持交通天下,汇聚四海之智。

开幕活动上,围绕深化港口友好关系、推动绿色智能发展、提升航运枢纽能级、完善航运服务功能以及洞察行业前沿趋势等方面发布了一批最新成果。

资料来源:《2023 北外滩国际航运论坛在沪开幕 推动国际航运中心向"全面建成"跃升》,《解放日报》2023 年 9 月 23 日。

2. 上海国际航运中心的建设成效

经过多年来的锐意开拓、砥砺奋进,特别是基本建成国际航运中心后,上海已形成功能相对完善、要素充分集聚、体系比较健全的航运业发展格局。在亚太区域航运中心持续崛起的背景下,航运业已逐渐形成上海、新加坡、伦敦三大航运中心领衔的格局,上海国际航运中心的国际竞争力显著提升。

海港物流体系进一步完善。上海国际航运中心拥有现代化海港基础设施,创新水平在全球领先。洋山港区历经 20 余年分四期建设,洋山深水港四期成为全球规模最大、自动化程度最高的集装箱码头,助力 2022 年上海港集装箱吞吐量突破

4 730 万标准箱,连续 13 年全球第一。集疏运体系进一步优化,芦潮港铁路中心站与洋山深水港区一体化运营取得突破,2023 年上半年集装箱水水中转比例达 56.9%。口岸通关各环节基本实现无纸化,港口业务无纸化率达 100%。清洁能源设施、技术在港口推广应用,集装箱码头泊位岸电覆盖率 2023 年将达 90% 以上,力争实现全覆盖。区域港航协同发展有序推进,长江集装箱江海联运实现信息共享和业务协同航海服务保障水平显著提升,洋山港、长江口 E 航海项目全面完成,空中、水面、水下“三位一体”应急保障体系基本建成。

世界级航空枢纽进一步成型。上海成功构建国内首个“一市两场”城市机场体系,空港通达性居亚洲领先地位。浦东、虹桥国际机场被国际航空运输协会授予便捷出行项目“白金机场”认证,获评国际机场协会(ACI)“亚太地区年旅客吞吐量4 000 万以上最佳机场”。浦东国际机场全球最大单体卫星厅启用,快件分拨中心、冷库中心等专业化货运设施相继投用,枢纽功能进一步增强。浦东国际机场四期扩建工程于 2022 年启动并稳步推进。东方枢纽上海东站项目地下基础部分于2023 年 3 月正式开工建设,枢纽整体建成后将成为集航空、国家铁路、市域铁路、城市轨道交通等功能及站场城开发于一体的大型综合交通枢纽。2023 年 5 月,上海机场苏州城市航站楼启用,成为全国首个以数字化手段实现多元化空地联运功能的城市航站楼,也将成为全国覆盖航线航班最多的跨省城市航站楼。

航运要素进一步集聚。上海当前已发展形成七大航运服务集聚区,航运资源要素不断集聚。以航运总部经济为特色的北外滩、陆家嘴—洋泾地区,集聚各类航运市场主体,如北外滩已经吸引汇聚了超过 4 700 家的各类航运服务企业和 40 多家航运功能性机构。洋山—临港、外高桥地区以港口物流和保税物流为重点,成为现代航运物流示范区。吴淞口地区初步形成邮轮产业链,正建设运营国内首个国际邮轮产业园。中国首艘国产大型邮轮“爱达·魔都号”将于 2024 年 1 月 1 日执航以上海吴淞口国际邮轮港为母港的国际航线。虹桥、浦东机场地区依托国际航空枢纽、机场综合保税区、大飞机制造等实体,成为临空经济发展的重要载体,2023 年5 月,C919 大型客机商业运营首航仪式在虹桥国际机场举行,国产大飞机正式走向广大消费者。依托航运服务集聚区,一批国际性、国家级航运功能性机构云集上海,包括综合运力规模排名世界第一的中远海运集团、全球最大的造船集团中国船舶集团、全球最大的港口机械装备制造商振华重工,还有全球排名前列的班轮公司、邮轮企业、船舶管理机构、船级社等在沪设立的总部或分支机构。国际航运公会(ICS)也在2023年9月宣布在上海开设其成立百余年来的第二个办事处。

现代航运服务功能持续增强。上海航运保险市场已初具规模。船舶险和货运险业务总量占全国1/4左右,国际市场份额名列前茅。航运信息服务发展迅速,中国出口集装箱运价指数(CCFI)、中国沿海煤炭运价指数(CBCFI)得到市场广泛认可,基于"中国航运数据库""港航大数据实验室"的应用项目相继实施。吴淞口国际邮轮港成为亚洲第一、全球第四邮轮母港,邮轮商贸、邮轮船供业务得到发展,邮轮船票制度试点实施。国内首个航运期货品种——集运指数(欧线)期货于2023年8月在上海国际能源交易中心上市交易。上海高端航运服务能级也不断提升,上海首次跻身全球最受欢迎仲裁地前十名,上海海事法院首次采用法律互惠标准承认英国法院的商事判决,上海港成为全国首个、全球第三个拥有液化天然气(LNG)"船到船"同步加注报税服务能力的大型港口。上海还成功举办"中国国际海事会展""中国航海日"系列活动,打造中国航海博物馆等航运文化品牌,航运文化辨识度和认同度不断提升。

制度创新和环境优化取得突破。上海港全面落实国家减税降费部署,降低港口使用成本。上海国际贸易"单一窗口"对接22个部门,实现口岸货物申报和运输工具申报全覆盖。除国内水路运输业务,其他航运业务均已对外开放,累计34家外资国际船舶管理公司获批入驻自贸试验区。水运行业实施行政审批制度改革,压缩审批承诺时限,大幅精简申请材料,全面推进"证照分离"改革,构建"五位一体"的行业综合监管体制。2014年,上海国际贸易"单一窗口"启动建设,截至2023年已形成16大功能板块、66项特色应用,服务超60万家企业,成为支持全球最大口岸营商环境优化的"数字底座"。上海对航运高端人才、紧缺急需人才和特殊人才引进力度不断加大,2023年发布的《浦东新区促进航运服务人才发展实施意见》推出 11 项支持举措,加快打造国际航运中心人才集聚高地。上海还允许符合条件的境外国际集装箱班轮公司非五星旗国际航行船舶试点开展以上海港洋山港区为国际中转港的外贸集装箱沿海捎带业务。

表 5.1　2022 年上海口岸主要数据统计

大类	项　　目	12 月	同比(%)	本年累计	同比(%)
货物	上海口岸进出口货物总值(亿元)	9 295.7	−7.6	104 298.0	3.5
	进口	3 970.2	−0.4	43 381.2	−0.3
	出口	5 325.5	−12.3	60 916.8	6.3
	上海关区进出口货物总值	7 045.5	−6.4	77 152.3	1.9
	进口	3 036.7	1.1	31 625.0	−1.4
	出口	4 008.8	−11.4	45 527.3	4.3
	上海市进出口货物总值	3 639.0	−6.8	41902.7	3.2
	进口	2 153.1	−6.5	24 768.5	−0.5
	出口	1 485.9	−7.3	17 134.2	9.0
	上海口岸货物吞吐量(万吨)	3 516.4	−2.8	40 160.2	−4.1
	航空口岸货邮量	25.1	−19.6	297.8	−20.2
	水运口岸货物量	3 491.3	−2.6	39 862.4	−3.9
	上海口岸集装箱吞吐量(万标箱)	346.4	3.1	3 986.6	0.8
	出口	139.2	−8.8	1 692.9	−5.3
	进口	144.9	5.1	1 660.0	1.9
	内支线	62.3	36.3	633.7	17.6
人员	上海口岸出入境人员总数(人次)	256 243	9.2	2 059 409	−17.3
	旅客总数	196 177	19.7	1 353 855	−20.5
	航空口岸出入境人员	218 891	11.2	1 637 978	−20.3
	旅客	196 177	19.7	1 353 441	−20.5
	水运口岸出入境人员	37 352	−1.0	421 431	−2.9
	旅客	0	−100.0	414	−24.5
	铁路口岸出入境人员	0	0.0	0	0.0
	旅客	0	0.0	0	0.0
交通工具	上海口岸出入境交通工具总数	7 995	−22.6	97 980	−13.9
	飞机(架次)	6 171	−27.3	77 369	−16.2
	船舶(艘次)	1 824	−1.4	20 611	−4.2
	列车(车次)	0	0.0	0	0.0
	进出上海口岸国际航行船舶(艘次)	3 340	5.0	37 519	−0.3
	货船	3 331	8.4	37 419	0.0
	邮(客)船	9	12.5	101	−24.1

资料来源:上海口岸服务平台。

5.1.2 上海国际航运中心发展的新趋势与新要求

上海国际航运中心作为连接中国与全球的重要贸易物流枢纽,在中国逐渐融入世界经济贸易体系的进程中作出了重要贡献。随着国际国内的经济形势变化和科技创新的涌现,航运中心的建设又呈现出新趋势、面临新要求。上海加快建设国际航运中心需要紧跟新趋势,比照新要求,抢先布局、超前谋划,凝心聚力打造世界一流国际航运中心。

1. 上海国际航运中心发展的新趋势

当今世界正经历百年未有之大变局,全球经贸格局加快重构与演变,绿色智慧、产业融合的理念深入各行各业,航运业也不例外。厘清航运业未来发展的新趋势,将助力上海国际航运中心在新一轮发展中不再停留在"跟跑"层面,而是积极探索和引领未来方向,成为航运业的"领跑者"。

第一,国际贸易步入新增长阶段。全球经济,特别是受新冠疫情冲击以来,正处于衰退期,跨境贸易增长或将持续低迷。WTO 的数据显示,在新冠疫情发生前的 2019 年,全球贸易现状和趋势密切相关的诸多指标均已出现下降,部分分项指标接近或低于 2008 年金融危机以来最低水平。2020 年以来,新冠疫情、俄乌冲突等全球事件为世界经济发展蒙上了更大的阴影。尤其是新冠疫情的全球爆发对全球经济造成前所未有的冲击,不仅全球总需求不振的情况愈加突出,而且全球供应链、产业链中断的风险不断加大。当前全球经济仍在衰退的边缘徘徊,原本就处于低迷的跨境贸易尚未获得新的增长动力。未来,阶段性贸易需求仍存在较大不确定性,WTO 在 2023 年 10 月预测 2023 年全球商品贸易量仅增长 0.8%,国际航运中心的发展将由追求速度转向追求质量。

第二,国际产业链与航运服务区域化发展。伴随全球经济增速下行,国际社会进入新一轮逆全球化进程加速期,产业链区域化、多中心化的特征愈发显著,产业与经济贸易格局逐渐倾向于区域化发展。尤其疫情后全球各国提高了对产业链安全性的重视,美欧日韩等发达国家力促制造业回流,全球产业链缩短,国际贸易的区域化发展趋势日益明显。

航运服务空间也从面向全球向区域化转变。近年来,航运货流大规模向亚洲转移,国际航运业的成本也随着国际海事组织(IMO)的减碳要求及碳税开征被不断推高,服务于货运和船公司的高端航运服务业随之逐步由英国伦敦向亚洲转移,高端航运服务在新加坡的集聚态势正是这一趋势的反映。

第三,国内航运新格局加速构建。一方面,在新旧动能转换、产业结构调整的过程中,货运量已不再高速增长。近些年来,上海港集装箱箱量增长速度已由先前的10%以上,下降到目前的3%—4%(2023 年 1—8 月同比增长 3.6%),呈逐步放缓态势。与此同时,在大力推进高质量发展的过程中,上海的对外贸易结构也发生了变化,服务贸易额飞速增长。2022 年服务贸易额相比 2020 年已增长 60%以上,服务贸易占贸易总额(即货物贸易额与服务贸易额加总)比重也从 2020 年的 23%上升至28%以上。另外,贸易货物的货值越来越高,体积越来越小,对集装箱的需求量也在逐步下降。这些因素均预示着上海港集装箱箱量难以再回到以前的增长通道。

另一方面,在西部开放通道建设和周边港口竞争的过程中,货源将面临严峻的分流压力。内贸中转是上海港集装箱箱源的重要支撑,但近些年来,伴随着西南出海大通道、"渝新欧"国际铁路联运大通道等西部开放通道的建成,以及宁波—舟山港等周边港口对"长江战略"的积极布局,新的国内航运货物格局正加快形成。

第四,科技进步成为航运中心建设新驱动。在新一轮科技革命和产业变革驱动下,航运产业正面临数字化带来的颠覆性变革。数字化使得航运这一角色多样、流程冗长、缺乏信任的传统行业沟通成本有效降低,上下游的协同性明显提升。依靠大数据所做的决策支持将全面提升航运业的市场感知能力、风险防范能力、资源优化能力和经营判断能力,精细化发展逻辑将成为主流。

另外,数字化还将为航运业带来人工智能。以 ChatGPT 为代表的人工智能技术有望比肩甚至超越人类的智慧,这对功能型高端航运服务业可能产生变革。如智慧港口、智能船舶、第四方物流、远程操控、无人驾驶、虚拟化仿真等多种形式将减少航运业的人力需求。在整个航运业变得更智能的同时,人力密集型的时代也将一去不返。

在数字化和智能化转型的过程中,科技创新不仅成为上海国际航运中心发展的必然趋势,而且将催生新的航运服务商业模式,驱动行业规则和管理模式革新,为上海打造国际领先的航运中心提供弯道超车的重要契机。

第五,航运中心绿色发展导向渐成主流。世界能源消费向多元化、低碳化转型的步伐加快,航运业能源结构调整加速。2023 年 7 月,国际海事组织在海洋环境保护委员会(MEPC)第 80 届会议上通过了《2023 年船舶温室气体减排战略》。修订后的减排战略收紧了 2018 年提出的国际航运温室气体减排要求,明确在 2050 年前后,实现净零排放,国际航运温室气体减排步伐大大加快。

为达到国际海事组织更加严格的环保要求,世界各国在航运金融、航行技术、航运交易、航运法规等领域的绿色化行动越来越多。2020 年 9 月,中国也明确提出2030 年"碳达峰"与 2060 年"碳中和"目标。节能环保技术在航运、航空领域的应用不断加速,促使其向低能耗、零排放方向发展。不仅低硫燃油已在船用燃料中普及,液化天然气、甲醇、电力等新型能源也逐步投入使用。港口岸电设施快速推广,物流卡车"油改气""油改电"进程陆续推进。绿色环保已成为未来国际航运中心发展的新趋势。

第六,规则模式改革创新不断涌现。规则是航运服务业传递服务方式的载体,也是体现影响力和话语权的重要渠道。随着技术发展和政策开放的不断推进,新的规则与新的模式不断涌现。如以色列通过科技投资保险模式令其在伦敦航运保险市场的份额迅速扩大。上海海事法院在不断提高外国法适用能力的探索实践中,首次采用法律互惠标准承认英国法院的商事判决,海事审判公信力和国际影响力不断提升。

作为自贸试验区的一部分,临港新片区被赋予了更加灵活的政策和更加开放的市场。临港新片区在航运制度创新、航运功能拓展、航运资源集聚等方面已积极推进模式创新,在营商环境和政策透明度方面大力改革,不断加强与国际航运规则的接轨,助力上海国际航运中心的服务水平和竞争力的提升。

第七,航运产业融合发展持续深化。航运服务业正由海运、空运环节向物流链两端延伸,由单一运输方式向多式联运转变,物流系统集成化水平日益提升。海铁联运、公铁联运、空铁联运等多种运输方式的顺畅转换和高效衔接将不断优化运输组织、提高运输效率。

国内主要港口企业也呈现出向航运产业链上下游延伸的态势,全程供应链服务模式快速兴起。运输服务向生产、销售环节渗透,港口服务从运输、装卸、仓储等基本航运服务向航运金融、保险、信息、载运工具经营与管理等高端航运服务转变,并与贸易、金融互动发展,推动传统物流与现代服务间的深度融合、集成发展。

2. 上海国际航运中心发展的新要求

当前全球产业链和分工格局深度调整,数字化绿色化理念深入人心,制度创新和产业融合发展蔚然成风,航运中心的发展新趋势对上海国际航运中心的发展提出了新要求。不仅如此,新阶段加快构建新发展格局需要更高水平的国际航运中心支撑,经济发展迫切需要构建更高水平的物流体系。为更大范围内的资源配置提供更有力的支撑,从而更好地参与全球化、更顺畅地促进双循环,同样对上海国际航运中心的建设提出了进一步加快功能升级的新要求。

第一,全球供应链布局加快转型,国际航运中心发展亟须多式联运大协同。全球转型的大环境下,产业链的全球布局由效率优先转向安全优先,航运中心也逐步从服务船东到服务货主、再到服务供应链转型,立足于提升供应链的效率、安全性以及灵活性,加快发展多式联运成为必然要求。例如,新加坡正在积极发展多式联运,出台多式联运法案,核准加入东盟多式联运框架协定(AFAMT),积极拓展亚洲地区的海空货运业务,与印度尼西亚合作为不同类型的货物建立有针对性的多式联运解决方案,巩固其作为区域枢纽的地位。

相对而言,尽管上海国际航运中心已具备了水陆空立体化、多层级的集疏运网络,但目前公路集疏运仍为主要形式,海铁联运、水水中转、海空联动还有较大提升空间,港区支线泊位短缺、内外港衔接不够紧密、港站设施分离、国际航空通达性不足等瓶颈依然存在。这就要求上海未来需要充分依托自贸试验区新片区机场、海港、铁路站密集的独特优势,加快打造立体式的世界级超级物流枢纽,为构筑国际物流供应链枢纽提供有力支撑。

第二,国内国际双循环新格局加快构建,国际航运中心发展亟须长三角港口群大协同。以国内大循环为主体的新发展格局加快构建,区域协调发展战略全方位深入推进,要求上海国际航运中心进一步提升站位和统筹能力,推动长三角各港口协同发展,为区域整体对接利用国际市场和资源构建更多更大的平台。从国际经验看也是如此,日本三大港口群中,东京湾港口群通过加强水运交通运输设施建设,大阪港和神户港在合并后成立统一的港务机构,船舶进港只需付单一进港费,批准一次进港手续,极大地降低了港航企业的营运成本,形成了港口群内部的水运快速运输系统,极大提升了港口群的运输效率。

目前,长三角港口群联动协同的潜力尚未充分发挥,缺少强有力的规划统筹及法律制度保障,上海港已超负荷运行,铁路与港区、内河港区与海港间衔接不畅、港航信息互通存在较高壁垒等问题突出,高等级航道部分区段瓶颈影响了整体效益的发挥。因此,在新一轮上海国际航运中心建设中,上海需要率先做好示范引领、主动协调沟通,充分发挥科技、产业、人才、金融、开放合作等方面的优势,加快会同江苏、浙江、安徽构建长三角世界级港口群,形成一体化治理体系,协同推进长三角政策、交通、信息的联动互通,优化枢纽功能布局,提升枢纽服务效率和服务能力。

第三,全球航运市场竞争由物流型加快向配置型转变,国际航运中心发展亟须提升国际化、高端化水平。新加坡、伦敦、阿姆斯特丹等全球公认的航运中心发展历程显示,航运中心的核心功能已从国际货物运输功能向国际航运服务功能转变,追求高端完善的航运服务以及卓越的航运资源全球配置能力。

总体看,上海国际航运中心的货运量级优势突出,但服务能级不足明显。在国际航运中心的五项评价指标中,上海在服务功能、全球行业内资源配置能力以及市场环境三项指标上得分相对落后。尤其是高端航运服务的国际化水平较低,具体体现在:上海拥有的国际海事组织数量不足伦敦的 1/4 和新加坡的一半,限制了上海参与国际航运规则和标准制定;航运综合税率高于伦敦、新加坡等国际航运中心城市；根据 OECD 国际贸易限制指数（STRI），2019 年中国航运服务贸易限制程度在 40 个国家中排名第 32 位。上海需要加快适应全球航运中心转型的新趋势，全面提升航运服务产业的竞争优势和综合实力。

第四，新一轮技术革命加快全球物流体系变革，国际航运中心发展亟须提升数字化、低碳化水平。一方面，随着新一轮科技革命和产业变革的纵深推进，特别是新冠疫情的加速推动，数字化转型正渗透进各行各业。在航运领域，信息化、智能化逐渐代替规模化成为港口流量效率提升的重要基础，信息平台枢纽替代货物集散枢纽成为航运中心功能的重要支撑。比如港口、码头、仓储在货物集散及物流运输中的信息化衔接、平台化运行和智能化处理等。新加坡"2030 下一代港口"计划就是以大士港智能港口建设为核心。另一方面，港航业的碳减排重要性也日益凸显。2018 年，国际海事组织发布全球航运业首个关于温室气体减排的战略并在 2023 年进行了修订，挪威船级社（DNV-GL）发布的《面向 2050 年的海事展望》中也对航运业的节能减排问题有较大篇幅的论述，呼吁航运业做出减少碳排放的实际行动，提升能源使用效率。2021 年，英国在 COP26 气候变化峰会上呼吁 2050 年全球航运净零排放，在 2025 年时推出无污染商业船舶。

另外，上海航运数字化仍存在总体规划缺失、研发投入较少和企业合作不足等问题，对航运业节能降耗的探索效果也尚未完全显现。以上港集团为例，经测算，近年来该企业能源消耗和碳排放情况正处于"平台期"，尚未达到统计学意义上的显著下降。新形势下，上海国际航运中心要加快探索以数字化为主导、以智能化为指向、以绿色化为引领的发展路径，探索新的供应链运营模式，为打造高能级的物流中心枢纽提供支撑。

专栏 5.2　新加坡港"2030 年下一代港口"计划及启示

2015 年 10 月 22 日，新加坡海事和港口管理局提出了"2030 年下一代港口"（NGP 2030）的愿景，描绘了新加坡港的未来图景。NGP 2030 用以指导新加坡港口的总体规划和发展，旨在利用新一代技术来提高港口的效率和土地利用率，并保障港口作业安全性。

NGP 2030 以大士港智能港口建设为核心,将各类先进的港口技术应用于大士港,主要包括自动化码头、智能船舶交通管理系统和港口数字化社区,并关注清洁能源的使用、港口水域生态保护和港城协调发展等可能存在的问题,努力打造一个稳定高效、可持续发展的未来港口。

智能化是大士港的核心。目前新加坡港相关管理机构已成立 PSA Living Lab 基金以及其他扶持政策,探索基于数据分析、AI 等新兴技术的自动化、智能化技术在港口的应用。

自动化技术将是大士港运营的关键。大士港将配置自动化双车码头起重机、轨道式龙门吊、自动导向车以及卡车闸口等港口自动化机械与设施,并在自动化、远程控制的基础上实现更多智能化功能,还进行了 5G 通信网络和智能电网建设。

下一代船舶交通管理系统(Next Gen VTMS)保障大士港水域的船舶交通安全。该系统是应对海事改革计划中提出在"海上战略空间和海事交通管理"重点领域提高海事研发能力的成果,其在原有的船舶交通信息系统(VTIS)的基础上进行改造,积极对标 e-Navigation 等国际标准,并研究开发和测试应用船舶交通管理领域的新运营理念和新兴技术。

港口社区平台共享关键数据,提高决策效率。为实现 NGP 2030 的目标,新加坡海事和港口管理局启动了一些港口数字化方案,通过建立港口社区平台共享港口关键操作数据,为相关方提供决策支持,从而提高港口的运作效率。

新加坡"绿色海事倡议"指导下一代港口绿色发展。MSGI 是新加坡海事和港口管理局于 2011 年 7 月编制的一项倡议,计划五年内投资 1 亿新元,帮助减轻港口、船舶及相关活动对环境造成的污染。"绿色海事倡议"目前已经经过两次延长,内容随着政策和科技的发展不断演变,目前主要包括绿色船舶、绿色港口、绿色能源科技和绿色意识四个项目,从不同的角度指导港口的绿色发展。

资料来源:吴佳璋、张婕妹,《从新加坡港"下一代港口"规划看未来港口趋势》,《中国水运报》2020 年 4 月 24 日。

5.2　国际航运中心的发展规律及比较

国际航运中心集优越的地理区位、发达的基础设施和丰沛的物流体系于一身，以高度完善的航运服务为核心驱动，具备在全球范围内配置航运资源的能力。世界主要的国际航运中心除了上海外，还包括新加坡、伦敦、香港、纽约、鹿特丹等。在悠久的发展历程中，其他国际航运中心城市积累了先进的经验，沉淀了深厚的底蕴，形成了鲜明的特色。加快建设上海国际航运中心，事关国家经济社会发展大局，需要具备广阔的视野。充分学习和借鉴国际上重要港口城市的成功经验和良好做法，对建立适合中国国情和上海市市情的国际航运中心发展路径、实现更高质量的航运业发展具有重要意义。

5.2.1　国际航运中心的主要类型和规律经验

国际航运中心的形成可以追溯到第一次工业革命后，彼时伦敦凭借着英国强劲的进出口需求，成为首个国际航运中心。两百多年来，国际航运中心内涵不断迭代深化，至今已历经三种代际演变，并向新一代的智网创新型国际航运中心发展。其间不仅形成了国际航运中心逐步发展的一般规律，也积淀了港口城市如何领先乃至引领全球航运业发展的丰富经验。

1. 国际航运中心的主要类型

从伦敦、新加坡、香港、鹿特丹等代表性国际航运中心的发展历史来看，航运中心一般是从以货物为基础的传统国际航运中心开始演变，并结合国际贸易格局变化、港口城市的全球贸易地位、地理区位特征、资源要素禀赋和腹地经济发展等，呈现不同发展路径和代际类型。

目前，全球主要有三代国际航运中心。第一代国际航运中心，即货物中转型的国际航运中心，主要是围绕国际货物的海上运输、集散、中转等活动发展起来的，具有庞大的国际贸易货物运输量、连接国内外众多国家和地区的密集航线，以及高效的集疏运体系。早期的伦敦就是此类型。18世纪60年代,随着第一次工业革命的到来,英国成为世界经济贸易的霸主。伦敦造船业和航运业也因原材料进口和工业品出口需求得到迅猛发展,迅速成为全球最大的商业和贸易中心,并发展成为当时公认的国际航运中心。不过第一代国际航运中心仅仅聚焦于国际货物的集散与中转,目前已基本消失。

第二代国际航运中心,即加工增值型的国际航运中心,于港口城市及其腹地产业经济快速增长中发展壮大,是国内外市场对接节点,具有庞大的进出口规模、完备的航运服务体系,以及众多的航运企业要素。纽约、鹿特丹等属于此类型。作为全美最大的海港和联系五大洲的海上枢纽,纽约港凭借其独特的地理区位优势以及背靠美国广阔的经济腹地逐步成为国际航运中心。荷兰鹿特丹港在二战后随着欧洲经济复兴和共同市场的建立,以荷兰、德国、瑞士等西欧发达国家作为经济腹地,成为西欧海陆运输核心枢纽,逐渐发展成为又一个国际航运中心。第二代国际航运中心拥有强大的腹地经济支撑,一般通过国际集装箱吞吐量、国际运力与航线,以及与物流相关的国际航运服务水平等指标来衡量。

第三代国际航运中心,即市场配置型国际航运中心,是在信息化、国际分工不断深化背景下有形货物运输活动与市场交易活动分离中发展起来的,拥有权威的航运市场定价权、交易规则制定权,拥有众多的权威国际海事组织、跨国航运公司总部等。如今的伦敦及新加坡属于此种类型。新加坡港作为联通欧、亚、非的重要海上枢纽,依靠其独有的地理区位、优越的港口航运条件,以及世界领先的航运服务、金融服务、航运衍生产业体系,成为新兴的国际航运中心。第三代国际航运中心以高端航运服务为支撑,对于全球航运资源的管控、市场交易等发挥配置作用,属于国际航运中心的高级阶段,主要通过国际航运金融、海事仲裁、市场交易信息等高端服务水平,以及国际航运企业总部和权威海事机构数等指标来衡量。

当前,国际航运中心又开始向新一代的智网创新型国际航运中心发展,更加突出绿色化、网络化、智能化,更加强化航运创新。如伦敦提出要打造一个广泛、互联、整合的低空交通网络;新加坡提出到2025年建立全球海洋知识枢纽,2030年将大士港建设成为稳定高效、可持续发展的未来智慧港口。新一代的智网创新型国际航运中心需要强大的海事创新技术、创新机构、创新专才等方面的要素支撑。

2. 国际航运中心的规律经验

在漫长的发展历程中,其他国际代表性港口城市积累的宝贵经验不仅为上海国际航运中心的发展明确了前进方向,也提供了有益的借鉴。

一是国际航运中心向国际航运服务功能演进。从历史发展脉络看,国际航运中心的核心功能经历了从货物运输,到加工增值,再到航运资源市场配置的演进历程。历史悠久、世界领先的国际航运中心均具备高端的国际航运服务功能,侧重航运服务高质量发展。

纽约在《2022 年世界领先海事之都报告》的海事金融和法律等高端航运服务业分项排名中位列全球第一,是全球最大的海事上市证券交易所的所在地,在海事运营融资方面发挥着关键作用。作为曾经的国际货物集散与中转的航运中心,伦敦目前已成为市场配置型国际航运中心,是劳合社等世界领先机构的所在地。伦敦的海事法相关和海上保险服务受到了广泛认可,英国法在航运纠纷中应用最广。东京是日本航运界的重心,拥有多家在船舶融资方面实力雄厚的银行以及一家强大的出口信贷机构(ECA)。其保险公司(涵盖货运保险、船壳保险、保赔保险)产生了全球第二大的保险费用,许多海事公司均已上市。新加坡是当前领先的国际航运中心,聚集了全球各种海事企业,特别是金融、保险、网络安全、船舶经纪、法律和仲裁领域等其他海事参与者有 170 多家。

二是各国航运中心推进物流设施网络一体化。国际代表性航运中心均聚焦全物流链,推进物流设施网络一体化建设,打通公、铁、水转运系统,疏通港区交通线路,构建畅通高效的多式联运体系。

纽约—新泽西港务局协调两港共同推进了跨哈德逊河捷运、荷兰隧道及林肯隧道、乔治·华盛顿大桥、肯尼迪机场等设施的建设。西雅图和塔科马港共同投资建设疏港铁路,促进该地区多式联运发展。日本东京湾港口群通过加强东京湾港口群水运交通运输设施建设,形成了港口群内部的水运快速运输系统,极大提升了港口群的运输效率。新加坡与印度尼西亚合作开发细化多式联运解决方案,提高运输效率和运输成本效益。

三是各国航运中心统一服务管理标准。为避免港区内各港口重复建设与无序竞争,海岸线绵长、港口数量较多的国际航运中心通常通过统一服务和管理标准、降低市场进入门槛、细化专业分工等途径,缓解港口间的竞争压力,共同提升港口群整体竞争力。

为了解决20世纪五六十年代的日本港口同质竞争问题,1985年日本运输省同船东协会商定后,规定在日本东京、川崎、横滨、名古屋、大分、神户、门司、北九州等港口,入港费和岸壁使用费采取统一的标准,各港口共同揽货,提高整体知名度,从而将日本港口对内的互相竞争转变为对外的整体竞争。日本政府还大幅降低东京湾、阪神和伊势湾等三大港口群的收费,简化繁复的商船进港手续。欧洲海港组织设立了"单一窗口",简化行政审批手续,方便企业快速完成边境手续,促进欧洲经济贸易的发展。美国南部以新奥尔良港为中心的密西西比河下游港口群强调航道标准统一,构建了统一的内河航道网。

四是各国航运中心实现信息互联互通。各国代表性港口致力于推进公共信息(如口岸物流、港航动态、仓储物流、燃料供应、疏港交通等)、业务信息(如船代、货代、船务、航运交易、金融、保险及多式联运等),以及港口监管信息(如港口监控及应急指挥等)的共享共联,整合港口物流信息服务网络,提供更便捷、更高效、高顺畅的运输服务。

欧盟主导共建了内河航运综合信息服务系统(River Information Services, RIS),覆盖莱茵河与多瑙河流域的泛欧内河港口群。该系统主要涵盖航道信息、交通信息、交通监管、应急救援、运输物流信息、执法信息、统计信息和规费征稽等八大功能领域,打通了荷兰、比利时、法国、德国、匈牙利和奥地利等沿线国家内河港口的港航信息系统,极大推动了港口间航运的无缝对接和快捷运输。美国纽约—新泽西港务局于2001年共同建立的"实时货运信息系统"实现了两港的信息互联互通,为码头公司、船公司、海关、海岸警卫队提供港口的实时货运动态,极大提升了码头公司和船公司配货效率、海关监管效率，以及海陆空运输网络物流效率。德国汉堡港和不来梅港依托欧洲最大的货柜码头物流集团 Eurogate 公司这一公共营运人，管理两港的信息系统，通过整合两港船期表等方式极大提高了物流转运服务的便捷度。

五是各国航运中心拥抱数字化转型。新一轮科技革命和产业变革正加速演进，各行各业都在谋求数字化转型，各代表性国际航运中心也积极投身数字化、智能化转型，提高国际竞争力，助力航运中心发展。

新加坡已经建立国家层面上的一体化贸易信息平台，能够提供全流程智能化物流增值服务。新加坡航运协会还专门成立了新的数字化转型委员会，牵头航运智能化发展。新加坡的大士港智能港口作为其"2030 年下一代港口"计划的重中之重，正向建设成为世界上最大的自动化港口迈进。英国政府的"海事 2050 战略"提出大数据分析、数字化将是英国海事战略中降本增效的核心举措。荷兰鹿特丹港近年来加快推进数字化技术在港口发展方面的应用，不仅建立了完善的信息化基础设施和港口大数据中心，还建设了一个基于区块链的能源交易平台，实现了即时的财务管理、信息跟踪及无纸化文件处理流程。作为连接托运人与海运承运人的电子交易平台，纽约航交所近年来也逐渐将业务重心转向航运数字化发展与平台化建设，不断深化航运服务的智能化。其不仅将大部分航运业务线上化，还提供标准化的数字化货运合同与数字化集装箱远期运费合约等衍生业务。

六是各国航运中心响应世界范围的"双碳"行动。世界各国在节能减排问题上已基本达成共识。其中，港口和航运业的碳减排是决定国家能否按时实现"双碳"目标的重要一环。

新加坡早在 2011 年就提出了"海事绿色倡议"，包括绿色船舶、绿色港口、绿色能源科技和绿色意识等项目。近年来，新加坡先后与鹿特丹港建立世界上最长的绿色和数字化航运走廊，与洛杉矶港、长滩港签署打造绿色和数字化航运走廊的协议，与澳大利亚探讨在绿色和数字航运方面的合作并在 2025 年底前建立新加坡—澳大利亚绿色和数字化航运走廊。瑞典的哥德堡港务局长期致力于对航运公司选择绿色替代能源进行激励，包括获得岸边电力供应和港口关税环境折扣。发起甲醇倡议的渡轮运营商 Stena Line 和率先使用 LNG 的 Donsö Shipping AB 公司均被写入经合组织国际运输论坛的降碳海运瑞典案例中。澳大利亚—日本走廊是最大的干散货贸易路线之一,为降低该国航运业排放量,澳大利亚已在氢能方面投入巨资,并宣布计划到 2030 年建设 29 吉瓦的电解产能,其中大部分设施位于主要港口附近。

5.2.2 上海航运中心的国际对标分析

国际航运界目前有两大比较有影响力的航运中心建设排名,一是中国参与的"新华·波罗的海国际航运中心发展指数"排名,二是由挪威的梅农咨询机构(MENON)和挪威船级社编制的"世界领先海事之都"排名。上海在前者 2023 年发布的最新报告中排名第三,在后者 2022 年发布的最新报告中排名第四。

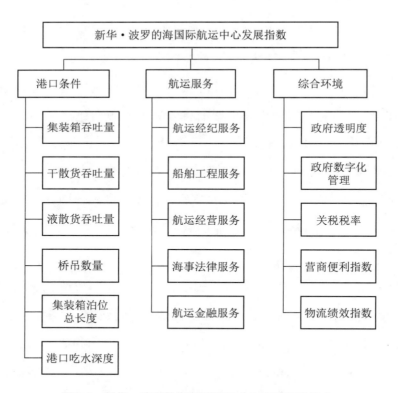

图 5.1　新华·波罗的海国际航运中心发展指数构成

资料来源:2022 年《新华·波罗的海国际航运中心发展指数报告》。

专栏 5.3　新华·波罗的海国际航运中心发展指数简介

　　新华·波罗的海国际航运中心发展指数由新华社直属的中国经济信息社联合波罗的海交易所联合编制,于 2014 年首次向全球推出。该指数是对全球范围内符合一定条件的国际航运中心进行综合评价,通过对航运密切相关因素的综合分析,建立系统、全面的评价体系,并运用相应的指数化评价方法进行量化测评,旨在全面衡量并真实反映一定时期内国际航运中心港口城市综合实力,简明直观、客观公正地体现国际航运中心发展水平和状态,为国际航运中心发展提供指导和参考,促进世界海运贸易可持续发展和资源优化配置。在设计原则上,具有客观性、全面性、科学性和权威性。

　　根据新华·波罗的海国际航运中心发展指数指标选取原则,指数确立了以客观评价指标体系为主的构建方式,所有指标均来自权威机构发布,可以由公开渠道获取的原始数据,或通过系统且科学的方法合成计算,并有专业组织维护并定期更新的数据源。指数体系包括 3 个一级指标,16 项二级指标。其中,一级指标主要从港口条件、航运服务和综合环境三个维度表征国际航运中心城市发展的内在规律;二级指标是基于功能属性对一级指标的具体展开,考虑了真实性与全面性,同时考虑数据可获得性,各层次之间通过指标加权后逐级合成。

　　新华·波罗的海国际航运中心发展指数研究路线有以下七个步骤。第一步,指数理论研究。通过对相关文献资料的收集及整理,全面了解国际航运中心理论基础和发展现状。对政府机构、研究学者、业界专家等进行深度访谈,听取各方专家对指数编制方法、思路及指标选取的建议。第二步,指标体系设计。中国经济信息社与波罗的海交易所共同研发构建新华·波罗的海国际航运中心发展指数指标体系,并组织专家委员会进行论证。第三步,数据采集处理。通过中国经济信息社和波罗的海交易所两个渠道,完成指标数据的初步采集工作,并同步标准化处理相关指标数据。第四步,指数建模计算,在前期理论研究基础上,根据指标之间的关联性,建立指数模型,并计算得出指数结果。第五步,指数报告撰写,在指数专家委员会的指导下完成指数报告。第六步,组织专家论证研究成果科学性并确定最终成果。第七步,指数结果发布。

资料来源:《2022 年新华·波罗的海国际航运中心发展指数报告》。

国际航运中心排名中,新加坡多年来稳居首位,伦敦仍具有较强竞争力,上海正在快速崛起并有望超过伦敦。历年新华·波罗的海国际航运中心发展指数排名显示,新加坡以绝对优势长期位居第一,上海近年来得分快速增长,不断缩小与伦敦的差距,有望在不远的将来赶超伦敦位列第二。

表 5.2　2014—2023 年新华·波罗的海国际航运中心发展指数排名

排名	2014 年	2015 年	2016 年	2017 年	2018 年	2019 年	2020 年	2021 年	2022 年	2023 年
1	新加坡	新加坡	新加坡	新加坡	新加坡	新加坡	新加坡	新加坡	新加坡	新加坡
2	伦敦	伦敦	伦敦	伦敦	香港	香港	伦敦	伦敦	伦敦	伦敦
3	香港	香港	香港	香港	伦敦	伦敦	上海	上海	上海	上海
4	鹿特丹	鹿特丹	汉堡	汉堡	上海	上海	香港	香港	香港	香港
5	汉堡	汉堡	鹿特丹	上海	迪拜	迪拜	迪拜	迪拜	迪拜	迪拜
6	迪拜	上海	上海	迪拜	鹿特丹	鹿特丹	鹿特丹	鹿特丹	鹿特丹	鹿特丹
7	上海	迪拜	纽约—新泽西	纽约—新泽西	汉堡	汉堡	汉堡	汉堡	汉堡	汉堡
8	东京	纽约—新泽西	迪拜	鹿特丹	纽约—新泽西	纽约—新泽西	雅典—比雷埃弗斯	雅典—比雷埃弗斯	纽约—新泽西	雅典—比雷埃弗斯
9	纽约—新泽西	釜山	东京	东京	东京	休斯顿	纽约—新泽西	纽约—新泽西	雅典—比雷埃弗斯	宁波舟山
10	釜山	雅典—比雷埃弗斯	雅典—比雷埃弗斯	雅典—比雷埃弗斯	釜山	纽约—新泽西	东京	宁波舟山	宁波舟山	纽约—新泽西

资料来源:《新华·波罗的海国际航运中心发展指数报告》。

1. 上海国际航运中心的发展优势

自1992年提出建设上海国际航运中心以来,上海国际航运中心建设进展不断加快,特别是2009年以来,上海国际航运中心建设取得了显著成效。目前,上海国际航运中心正立足自身发展优势,迈向"全面建成"的历史新阶段。

一是经济腹地市场广度世界领先。中国未来虽然继续面临部分劳动密集型制造外转移、高端制造回流欧美的挑战,但从短期、中长期来看,中国实现制造强国的战略并不会因此受到冲击。2022年,中国全部工业增加值和货物贸易进出口总值双双突破40万亿元。制造业增加值占全球比重接近30%,货物贸易出口国际市场份额接近15%。在庞大的制造业、消费市场体量和优秀的产业链上下游基础设施配套的支撑下,中国仍将是全球产业链、供应链中心。上海背靠中国强大的经济实力,辐射长三角与长江经济带,依托大循环和双循环新发展格局中的枢纽节点,可为高端航运服务业注入源源不断的发展动力,这是其他中转型、知识性国际航运中心所不具备的优势。

二是国际货物运输能力全球首屈一指。从集装箱吞吐量看,上海港已成为全球集装箱第一大港,吞吐量连续十三年位居世界第一。2022年上海港完成集装箱吞吐量突破4 730万标准箱,超过位居世界第二的新加坡港1 000多万标准箱。从船队综合运力看,总部位于上海的中远海运集团,船队综合运力超1.1亿载重吨,排名世界第一;从航空货邮来看,上海航空港客货运量保持国内第一、全球领先,浦东机场连续十多年稳居全球货运量前三;从集疏运水平看,上海港与全球500多个港口建立航线业务联系,拥有国际班轮航线300多条,规模数量超过纽约、香港等,且集疏运体系有效承载了庞大吞吐量的集散。

三是基础国际航运服务能力居全球前列。航运服务是评价国际航运中心竞争力水平的核心驱动因素,覆盖航运经纪服务、航运工程服务、航运经营服务、海事法律服务、航运金融服务等五个领域。上海在新华·波罗的海国际航运中心发展指数的航运服务评价中,在连续四年位居全球第四的基础上,于2019年首次超过香港跃升第三位,并保持至今。

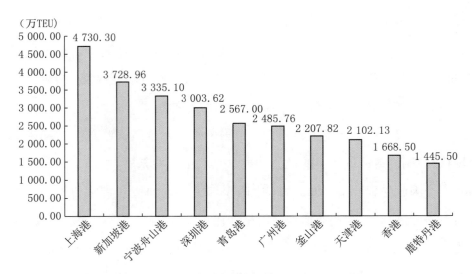

图 5.2　2022 年世界前列集装箱大港集装箱吞吐量

资料来源：劳埃德船舶日报（Lloyd's List）。

　　值得关注的是，一方面，上海国际航运服务主要聚焦于船舶、港口、物流、船员等基础国际航运服务，已经形成了门类齐全的全产业链现代航运服务业，有 2 000 多家跨国海上运输及辅助经营单位在沪从事经营活动，且几乎全部集中在集聚区内。另一方面，上海在高端国际航运服务上也实现了点的突破。2023 年上海航交所参与推出集运指数（欧线）期货，成为全球首个依托中国指数开发的航运期货品种，不仅有利于稳定集装箱运输市场，减少运价的周期性波动和交易过程中的风险，也为航运金融服务建设迈出了坚实一步。上海的航运保险业务量也形成了较大规模，航运保险收入已高于香港，略低于新加坡。目前上海、新加坡和香港的险种以船壳险、货运险及船货险为主，伦敦则集中了大部分的海工能源险及保赔险。不过，近年来上海也在大力发展保赔保险。2016 年中国船东互保协会总部搬迁至上海，中国首家国际保赔管理公司——中船保商务管理有限公司也于同年在上海成立。

　　四是产业规划与配套政策完善全面。自 2009 年开始，上海将上海国际航运中心建设纳入全局部署，制度体系不断完善，配套扶持政策不断出台，产业集群不断壮大，推动航运产业加速发展。如设置国际航运中心专项决策咨询研究重大课题，

表 5.3　2015—2022 年新华·波罗的海国际航运中心发展指数航运服务 TOP10

排名	2015 年	2016 年	2017 年	2018 年	2019 年	2020 年	2021 年	2022 年
1	伦敦	伦敦	伦敦	伦敦	伦敦	伦敦	伦敦	伦敦
2	新加坡	新加坡	新加坡	新加坡	新加坡	新加坡	新加坡	新加坡
3	香港	香港	香港	香港	上海	上海	上海	上海
4	上海	上海	上海	上海	香港	香港	香港	迪拜
5	雅典—比雷埃弗斯	雅典—比雷埃弗斯	雅典—比雷埃弗斯	迪拜	雅典—比雷埃弗斯	迪拜	雅典—比雷埃弗斯	香港
6	迪拜	迪拜	迪拜	雅典—比雷埃弗斯	迪拜	雅典—比雷埃弗斯	迪拜	雅典—比雷埃弗斯
7	汉堡	纽约—新泽西	汉堡	汉堡	孟买	汉堡	汉堡	纽约—新泽西
8	纽约—新泽西	东京	纽约—新泽西	纽约—新泽西	汉堡	孟买	休斯顿	汉堡
9	东京	汉堡	孟买	东京	休斯顿	休斯顿	孟买	休斯顿
10	孟买	孟买	东京	休斯顿	纽约—新泽西	纽约—新泽西	纽约—新泽西	孟买

资料来源:《新华·波罗的海国际航运中心发展指数报告》。

集聚社会智慧推进国际航运中心建设;探索建立上海国际航运中心统计指标体系,系统全面反映上海国际航运中心发展状况;制定《上海市推进国际航运中心建设条例》,营造具有国际竞争力的航运发展环境;编制《提升航运服务业能级助力国际航运中心建设行动方案》,促进航运服务业更高质量发展。

新加坡与上海类似,政府主导推动航运产业发展的力度较大。新加坡海事和港口管理局的激励措施吸引着全球的船东和船舶经纪公司;海事改革计划明确在高效智能的世界级下一代港口、无人船和智能海上作业、海上战略空间和海事交通管理、有效的海上安全等四个重点领域提高海事研发能力;海事集群基金为海事人才培养、业务发展、生产率提高提供保障。伦敦和香港在产业规划与扶持方面力度则相对不足。伦敦依然在依靠其历史积淀及集群优势,尚未有政策的强力倾斜,而香港优惠政策力度近年来才开始加大。

当前,上海已形成规模庞大、要素齐全的产业集群。上海在空间上发展形成的七大航运服务集聚区分别以航运总部经济、港口物流和保税物流、邮轮产业、临空经济等为特色,产业发展基础扎实,集群化发展方向明确。新加坡、伦敦、香港目前仍未专门设立产业集聚区,所谓的"产业集群"主要指城市范围内航运服务产业自主形成的相互联结的产业。但由于城市面积相对较小,空间上并未专门规划。

五是国际航运创新引领能力实现点上突破。近年来,上海在绿色航运、智慧航运、海事技术创新等方面的建设成效逐步显现,部分领域实现了全球领先和引领。如洋山深水港四期码头为全球规模最大、自动化程度最高,并引领了智慧码头场景应用的"中国标准";全球首个绿色航运走廊计划"上海港—洛杉矶港绿色航运走廊"项目启动;全球首艘 LNG 双燃料超大型原油船"远瑞洋"号、全球首艘大型集装箱智能船舶"荷花号"建成交付,可实现智能航行;上海港外贸集装箱泊位岸电覆盖率达到 90% 以上;上海市营运船舶、检验船舶受电设施改造和内河港口低压小容量岸电建设完成"三个 100% 全覆盖"目标。

2022 年《世界领先海事之都》报告显示,在行业专家认为可作为领先的海事科技中心(研发、教育、造船和海事设备)的城市排名中,上海位居第五,领先于东京(第六位)和鹿特丹(第七位)。报告肯定了上海造船业的先进技术和生产质量。

总体来看,拥有广阔经济腹地的上海已具备了全球领先的货物运输能力、基础航运服务能力及创新引领能力,成为世界公认的国际航运中心。

专栏 5.4 洋山四期引领全球"码头革命"背后的故事

上海东南角,东海大桥的那头,人们驱车前往,最先看到的就是洋山四期自动化码头。这是全球单体规模最大、综合智能化程度最高的自动化集装箱码头,2017 年底建成投入试运营之初,它就被誉为全球自动化码头的集大成之作,有望引领全球"码头革命"。

如今,洋山四期并没有令人失望,疫情之下,它屡次打破全球码头的作业效

率纪录,软硬件不断升级。这一集大成制作的诞生和成长自然离不开那群为之不懈奋斗的人。洋山四期的智能管控系统,被视为码头的"智慧大脑",是码头能够自动高效运转的关键所在。上港集团科技信息部总经理、时任洋山四期系统项目总负责人黄秀松回忆,当时构建自动化码头"大脑"在国内尚无先进案例可供参考,连教科书都没有,又面临着国外的技术封锁,因此只能自己尝试编写代码,摸着石头过河。

三年研发路,开拓者们凭着一股钻劲,翻烂了一本本行业书籍、攻克了一道道技术难题,立志要为洋山四期安上"中国芯"。上港集团哪吒科技公司总经理、时任海勃公司总经理黄桁介绍,自动化码头的复杂就在于其背后拥有海量数据,这么大体量的码头,整个系统的复杂程度超乎想象。他这样比喻,一个人自抛自接 3 个乒乓球同一个人自抛自接 30 个乒乓球,这两者的难度不可同日而语。

"我们当时研发这一系统,目标很明确,就是一定要成功。自动化码头代表了未来的发展趋势,原本该领域的核心技术都掌握在国际龙头手中,上海港要迈向世界一流,争创世界领先,必然需要自己攻克难关、自己掌握核心技术。"一位技术团队成员表示。经过 1 000 多个日夜奋战,这颗"中国芯"终于诞生了,上海港打破了国外垄断,有了一座拥有自主知识产权的自动化码头。

未来,洋山四期拟建立全域智能化管控系统,将云计算、大数据、人工智能等技术手段结合起来,实现安全监督更精准、设备维保更智能、生产作业更高效、港口生产更环保,真正推进自动化码头向智慧化码头落实落地。同时,洋山四期将主动融入并积极推动"区块链港航生态圈"建设,进一步提升港口综合竞争力。

资料来源:《洋山四期引领全球"码头革命"背后的故事》,上观新闻,2022 年 10 月 17 日。

2. 上海国际航运中心的发展短板

相比始终处于领先地位的新加坡、伦敦,包括香港等国际航运中心,上海国际航运中心仍存在以下几方面的差距和不足。

一是高端航运服务国际化能力不足。相比伦敦、新加坡等航运中心,上海国际航运中心的海事仲裁、航运咨询信息服务等业态国际化程度依然有限,国际影响力有待提高。

凭借英国司法系统的历史地位以及海事判例法深度,伦敦高度集中了全球海事法律仲裁资源要素,拥有专门海事法院,律所数量、仲裁员人数、市场业务规模等均绝对领先。上海虽已有一定要素集聚,但相比同在亚洲的新加坡、香港尚有一定差距。在国际海事仲裁中心全球化扩张且向亚太地区转移的过程中,新加坡、香港先后成为伦敦、纽约之外的主要国际海事仲裁中心。上海当前在亚太仲裁中心的框架下推进海事仲裁中心建设,并积极建设国际海事争议解决优选地,但总体业务规模与要素集聚程度尚不及新加坡与香港,在各项指标中均相对落后。

航运业具有国际影响力的航运信息和研究咨询类机构目前基本集中于伦敦,包括波罗的海航运交易所、劳埃德船舶日报、克拉克森研究、德鲁里航运咨询公司。这些机构发布的信息和研究报告,如波罗的海干散货指数、Lloyd's TOP100,以及克拉克森和德鲁里发布的研究报告等,在国际航运产业领域均具有极高的认可度和公信力。上海航运咨询业起步较晚,但发展迅速,上海航运交易所的集装箱运价指数已有一定国际影响力,不过整体业态仍需进一步壮大。

二是国际规则制定话语权较弱。当前,上海国际航运中心主要依托中国造船业优势,在造船业中享有一定的国际话语权,编制并推广了中国海事仲裁委员会标准造船合同(上海格式)。但由于高端航运服务产业整体国际化水平仍有待提高,且具有国际影响力的行业组织机构体量支撑不足,上海国际航运中心对制度规则制定尚未掌握主导权。

国际规则制定话语权需要建立在国际领先的产业基础上。伦敦凭借多年来对航运交易、航运金融、信息通信、教育培训等各类高端航运服务产业的发展与沉淀,逐渐形成了一套成熟的市场规则与惯例。通过依托于国际海事组织、伦敦海事仲裁协会等国际性组织,伦敦将其形成的规则惯例向整个行业推行并得到广泛认可。新加坡、香港则侧重于自身优势产业推行行业规则。相较而言,上海国际航运中心未来需加大高端航运服务产业发展力度,扩大自身优势产业范围,并逐步提升自身在制度规则制定方面的范围,增强国际话语权与影响力。

三是国际航运资源市场配置能级偏低。伦敦目前是主要国际航运组织总部所在地,尤其是国际海事组织总部设立在伦敦,这一重大象征意义不断吸引航运企业和机构在伦敦集聚。除国际海事组织外,国际船级社协会、国际船东保赔协会集团、波罗的海交易所、国际干散货船东协会等重要组织也设立在伦敦。

不过,随着伦敦航运实体产业逐渐衰落,部分国际航运组织也逐步向外转移或在他处设立分支机构。但是在这一过程中,上海并不具备最强的吸引力,新加坡往往成为首选地。亚洲船东协会总部、国际独立邮轮船东协会亚洲中心等国际组织纷纷选择新加坡,甚至原先在香港、上海等地的国际组织也转向新加坡。

2022 年《世界领先海事之都》报告显示,在专家眼中最受欢迎的航运公司迁址候选城市排行榜中,上海位居全球第三,落后于新加坡、伦敦,且与排名第四、第五的香港和迪拜并无明显差距。

目前,上海已加大政策力度推动国际航运组织集聚。2022 年发布的《关于促进洋山特殊综合保税区高能级航运服务产业发展的实施意见》承诺,对落户开展业务的国际航运组织给予最高不超过 500 万元的一次性落户支持。2023 年 9 月,总部位于伦敦的国际航运公会继在中国香港成立了第一个海外办事处后又设立了上海代表处。在高端航运服务发展和政策支持下,相信上海对国际航运组织的吸引能力将逐步增强。

四是国际货物中转的比例仍然较低。从海港看,上海港"水水中转"近年来已升至 50％以上,但国际中转比例仍然很低。2020 年上海港集装箱水水中转中国际中转比例仅为 12.2％,不仅相较 2018 年有所下降,而且远低于近年来新加坡港的 85％、香港港的 60％和釜山港的 50％。从空港看,上海机场货邮国际中转比例不到 8％,与香港机场的国际货物中转比率达 50％以上的差距十分明显,也远远低于仁川机场、新加坡樟宜机场的 30％左右的水平。

五是国际航运创新能力建设基础仍较薄弱。2022 年《世界领先海事之都》报告显示,上海的海事技术综合排名第五,在专家眼中未来的海事技术引领中心、数字化转型、科研发展三项指标上均位列第三,但在作为创新能力建设基础的海事教育机构指标上仅居第十位,不仅落后伦敦(排名第一)、鹿特丹(排名第二)、汉堡(并列第三)、雅典(并列第三),也落后于新加坡(排名第五)。

目前,上海拥有航运院校 4 所,航运科研院校、航运专才等总体发展相对滞后,而伦敦有 122 所,新加坡有 50 所,香港有 34 所;上海拥有航运律所 19 家,少于伦敦的 97 家,纽约的 70 家。[①]

总体来看,上海国际航运中心现代航运服务的国际化、高端化水平仍不足,全球航运资源市场配置能力仍有较大提升空间。因而,上海国际航运中心当前仍是以国际货物运输为主的国际航运中心,初步形成了全球航运资源配置能力,并进入了加速提升期。同时,值得注意的是,在中国外向型经济快速发展和国际影响力大幅跃升的背景下,上海国际航运中心的全球航运资源市场配置能力提升得到了有力支撑,步伐更快。与具有相同代际特点的鹿特丹国际航运中心相比,上海国际航运中心发展速度更快。从新华·波罗的海国际航运中心发展指数报告看,上海国际航运中心排名从落后鹿特丹,到 2017 年领先鹿特丹,已连续六年位于鹿特丹之前。

5.3　上海加快建设国际航运中心的总体思路

上海国际航运中心要从"基本建成"迈向"全面建成",全力支撑上海打造国内大循环的中心节点、国内国际双循环的战略链接,形成枢纽门户服务升级、引领辐射能力增强、科技创新驱动有力、资源配置能级提升的上海国际航运中心发展新格局。

5.3.1　指导思想

以习近平新时代中国特色社会主义思想为指导,全面贯彻党的二十大精神,践行创新、协调、绿色、开放、共享的新发展理念,深入贯彻习近平总书记考察上海重

---

① 来自 World Shipping Register 2019 年数据。

要讲话和在浦东开发开放 30 周年庆祝大会上重要讲话精神。落实《交通强国建设纲要》,面向全球、面向未来,推动上海国际航运中心建设进一步深化改革,加快向注重质量效益、要素聚集与互动交流并重、改革创新驱动、系统融合发展转变。坚持全球视野、中国特色,坚持系统观念、统筹谋划,坚持服务大局、协同联动。以国际化、高端化、数字化、低碳化为方向,以多式联运协同、长三角区域协同为抓手。同时,积极作为,以上海国际航运中心建设为依托,制定航运产业运行新规则,推广航运技术应用新标准,全面参与构建航运新秩序,加快建设上海国际航运中心,确立上海国际航运中心的全球引领地位。

5.3.2　基本原则

一是服务大局,强化引领作用。协调处理好全局与局部、国家与地方、长期与短期的关系,聚焦推进长三角一体化、长江经济带发展等区域重大战略,更好服务国内国际双循环、全国统一大市场等国家重大战略。强化重大区域战略背景下上海港核心和引领地位,以上海为中心,同长三角、长江经济带重要节点城市共建战略协同、规划统筹、优势互补、市场融通、全球辐射的长三角世界级港口群、机场群。

二是补齐短板,发挥集成优势。对标新加坡、伦敦等国际航运中心,在全球航运服务能力、全球航运资源要素配置能级、集疏运体系建设等方面补齐短板。充分发挥上海在科技、产业、人才、金融、开放合作等方面优势,将国际航运供应链服务作为未来上海国际航运中心实现由"并跑"到"领跑"的核心,形成由服务船东到服务货主再到服务供应链的前瞻性布局。以临港新片区新一轮建设为抓手,积极应对和承接国际经贸规则,推动新一轮全方位高水平对外开放和深化改革,构建高水平国际投资贸易自由化便利化政策制度体系。实施更加科学的国际航运管理制度和政策,推动港航服务业实现更深层次、更高水平开放,营造更具国际市场竞争力的航运发展营商环境,促进航运与贸易、金融、科技融合发展,加快航运要素集聚和辐射能力提升。

三是整合要素,提升服务能级。充分发挥市场在航运资源配置中的决定性作用,更好地利用政府规划引导、协同各方的作用,克服体制机制方面的挑战,推动上海国际航运中心高质量发展,更好地服务长三角一体化、长江经济带发展战略。充分发挥航运服务机构的辐射带动作用,全方位提升航运服务品质、服务能级,夯实现代航运服务发展基础。落实区域港口资源整合与协调发展战略,加快构建长三角新型区域治理体系,实现航运要素的高效配置和便捷流动。

四是科技赋能,实现可持续发展。以航运中心数字化转型为抓手,大力推动科技赋能航运产业,构建开放航运数字生态。加快管理、服务、商业模式创新,推动航运中心发展由要素驱动向创新驱动转变。把握行业数字转型契机,加强企业引入与市场培育,助力航运科技创新领域实现弯道超越,在全球范围内发挥引领示范作用。注重节能减排与资源利用,重点加强岸线、空域、土地等资源的集约利用,通过政策引导、制度设计和技术更新,强化航运领域节能减排和污染防治,提升安全监管、运行保障和应急处置能力,推动航运中心与社会经济、资源环境相互促进,实现航运产业数字化智能化绿色化发展。

5.3.3 发展目标

1. 总体目标

发挥上海的龙头带动作用,加强上海国际航运中心在长三角区域的协同引领作用,扩大国际航运枢纽辐射影响力,增强现代航运服务体系功能,提升聚焦全球航运资源配置能力,进一步深化改革,推动上海国际航运中心能级提升。其中包括:加强协同,全面推进航运中心"一体两翼"布局,发挥长三角区域中心引领带动作用,构建开放型区域协同创新共同体;扩大开放,对标国际最高标准和最好水平,促进贸易便利化,提供全球化服务,参与全球航运治理,代表国家参与国际竞争;提升能级,充分发挥上海国际航运中心制度优势,强化全球资源配置、科技创新策源、高端产业引领、开放枢纽门户四大功能。

持续拓展港口基础设施能力,加快建设世界一流港口枢纽,构筑上海国际航运中心的航运产业新集群,推动航运资源配置能力由以"国内为主"向"国内外并重"

转变，由"要素齐备"向"能级提升"转变。同时，以上海国际航运中心建设为依托，制定航运产业运行新规则，推广航运技术应用新标准，全面参与构建航运新秩序，确立上海国际航运中心的全球引领地位。

专栏 5.5　上海国际航运中心的长三角区域一体化和"一体两翼"格局

2019 年 12 月 1 日，国务院印发《长江三角洲区域一体化发展规划纲要》（以下简称《规划纲要》）。规划范围包括上海市、江苏省、浙江省、安徽省（"三省一市"）全域（面积 35.8 万平方公里）。以上海临港等地区为上海自贸试验区新片区，打造与国际通行规则相衔接、更具国际市场影响力和竞争力的特殊经济功能区。规划期至 2025 年，展望到 2035 年。

《规划纲要》对"三省一市"的主要港口功能进行了定位。《规划纲要》第五章第一节提出，协同推进港口航道建设。推动港航资源整合，优化港口布局，健全一体化发展机制，增强服务全国的能力，形成合理分工、相互协作的世界级港口群。围绕提升国际竞争力，加强沪浙杭州湾港口分工合作，以资本为纽带深化沪浙洋山开发合作，做大做强上海国际航运中心集装箱枢纽港，加快推进宁波舟山港现代化综合性港口建设。在共同抓好长江大保护的前提下，深化沪苏长江口港航合作，苏州（太仓）港建设上海港远洋集装箱运输的喂给港，发展近洋航线集装箱运输。

需要提出的是，早在 2018 年 12 月，交通运输部联合"三省一市"政府印发《关于协同推进长三角港航一体化发展六大行动方案》。该行动方案要求，积极推进内河航道网络化、区域港口一体化、运输船舶标准化、绿色发展协同化、信息资源共享化、航运中心建设联动化。协同推进港航一体化发展、绿色发展、率先发展，完善上海国际航运中心"一体两翼"格局，推动形成上海国际航运中心、舟山江海联运服务中心和南京长江区域性航运物流中心联动发展的格局，努力实现长三角港航更高质量一体化发展，更好发挥示范引领作用，更好服务交通强国建设和长江经济带发展。

资料来源：《定位：错位发展，优势互补》，《航运交易公报》2020 年第 22 期。

到 2025 年,基本形成功能完备、服务优质、开放融合的现代航运服务业高质量发展体系,数智化发展水平、低碳化发展能力达到国际先进水平,"上海航运"服务品牌的国内示范作用和国际影响力显著增强,参与国际航运事务的能力明显提升。

到 2035 年,全面建成现代航运服务体系高度发达、引领全球航运服务创新发展、深度融入国际航运治理体系、具备全球航运资源配置能力的绿色智慧国际航运中心。

2. 具体目标

第一,区域一体化资源共享,海空枢纽服务品质创国际一流。高质量推进长三角区域一体化发展,形成以长三角世界级港口群和机场群为依托的国际枢纽。到 2025 年,洋山深水港区产能进一步释放,集装箱年吞吐量达到 4 700 万标准箱以上,继续保持全球第一;航空物流枢纽功能凸显,航空旅客年吞吐量达到 1.3 亿人次以上,货邮年吞吐量达到 410 万吨以上;邮轮旅客发送量保持亚太第一,跻身世界邮轮港口第一方阵。到 2035 年,全面建成以上海为核心引领的长三角世界级港口群和机场群,形成安全高效、绿色智慧、辐射能力强的全球航运枢纽。其中,港口集装箱年吞吐量、航空旅客年吞吐量、货邮年吞吐量均持续提升,邮轮旅客吞吐量跻身全球前三。

第二,物流集疏运体系协同高效,供应链服务水平为全球领先。科学布局区域物流资源,实现运输通道便捷高效,综合集疏运网络不断升级增能。到 2025 年,基本形成高效协同的跨区域多式联运网络,口岸功能辐射内陆腹地,其中集装箱水水中转比例不低于 52%,集装箱海铁联运量不低于 65 万标准箱,浦东机场到市中心 40 分钟抵达。到 2035 年,全面建成高效协同的现代化综合集疏运网络,集装箱水水中转比例再上一个台阶,集装箱海铁联运量大幅提升。

第三,现代航运服务体系高度发达,国际资源配置能力居世界前列。持续推进航运服务业开放融合,健全航运服务功能体系,促进国际航运资源配置能力不断增强。到 2025 年,依托北外滩、陆家嘴—世博等核心承载区,实现航运服务要素加速集聚,航运服务品牌效应凸显,服务价值链向高端延伸,服务辐射能级显著增强,国内示范引领作用和国际影响力全面提升。到 2035 年,国际航运中心国际航运资源配置能力显著提升,航运类国际组织数量持续增加,航运保险业务规模进入"前三",航运相关融资保险、法律仲裁、科技研发、教育培训、信息咨询、文化会展等业态加速集聚,深度参与和融入国际航运事务治理体系。

第四,航运科技创新能力全面提升,绿色智慧水平引领全球。加强数字化和低碳化引领,推动航运科技创新能力培育,推进港航绿色产业发展,打造低碳环保、智慧高效的航运产业生态圈,实现服务、管理与前沿技术的深度融合。到 2025 年,形成航运新基建框架体系,实现新一代信息技术与生产、服务和管理深度融合,培育航运服务新业态,形成航运发展新动能;技术创新与政策引导相结合,实现能源清洁、能耗节约、污染物受控、土地岸线资源集约利用。到 2035 年,航运科技、海事技术服务处于全球领先水平,形成一批上海航运首创"技术标准",实现能源清洁、环境友好、污染无害化。

表 5.4 上海国际航运中心发展目标

类 别	发展目标	单位	2020 年基准值	2025 年目标值
枢纽辐射能级	上海港集装箱年吞吐量 上海机场航空旅客年吞吐量* 上海机场航空货邮吞吐量* 上海港邮轮旅客年发送量*	万标准箱 亿人次 万吨 —	4 350 1.22 406 亚太第一	＞4 700 ＞1.3 ＞410 亚太第一
多式联运协同	上海港集装箱水水中转比例 上海港集装箱海铁联运量	％ 万标准箱	51.6 26.8	≥52 ≥65
国际化	上海港航运连接度 航运类国际组织 航运保险业务规模 全球海事律所数量	— 家 — 家	134.32 8 全球第三 30＋	全球第一 9—10 全球第三 ≥35
数字化	海事技术能力 世界银行跨境贸易营商环境排名	— —	全球第五 7	全球第五 海运经济体前列
低碳化	港口专业化泊位岸电设施覆盖率 机场综合能耗	％ 万吨标煤	79 13.6	100 22

注:部分数据受疫情影响,2020 年基准值较 2019 年统计值有较大偏离,* 表示使用 2019 年统计数据作为基准值。世界银行物流通关时效为 2018 年数据。
资料来源:上海市人民政府发展研究中心,《上海国际航运中心深化发展战略研究》。

第五,航运治理体系开放融合,企业营商环境优于国际。推进口岸综合效率提升和市场营商环境改善,增强国际航运企业向心力。到2025年,形成安全、法治、高效的航运保障体系,航运中心的文化辨识度较大程度增强,航运人才发展环境更具国际竞争力,逐步形成全球航运人才高地。到2035年,航运保障能力显著提升,全面参与全球航运治理体系建设,市场营商环境达到国际一流水准,逐步形成国际航运人才集聚地与海事法律案件首选地。

5.3.4 发展路径

"十三五"时期,上海已基本建成航运资源要素集聚、航运服务功能完善、航运市场环境优良、航运物流服务高效的国际航运中心,初步具备全球航运资源配置能力。在2023年新华·波罗的海国际航运中心发展指数排名中,上海国际航运中心位列全球第三。未来,上海将沿着强化枢纽门户功能、提升资源配置能力、构建数字化绿色化航运、加强航运软实力建设的路径,加快建设国际航运中心。

1. 以海空枢纽为载体,强化枢纽门户功能

作为海洋大国、航海大国、造船大国,中国拥有广袤的管辖海域和漫长的海岸线,海运承担了中国约95%的对外贸易量。在三年新冠疫情中,中国航运物流始终稳定畅通,为保障全球产业链供应链稳定贡献了中国担当。在推动形成全方位对外开放新格局中,航海业也发挥着重要作用。因此,港口是中国发展的关键性战略资源。拥有辐射世界的重要港口,既是中国实现经济全球化和提升全球战略资源保障能力的重要手段,也是港口所在城市提升全球资源配置能力的核心需求。

上海国际航运中心围绕海空枢纽建设,强化枢纽门户功能,加快布局全球港航资源,在重点物资运输以及维护国际国内物流供应链安全稳定畅通方面,都将提供更强有力的支撑。不仅如此,上海国际航运中心"一体两翼"枢纽港吞吐量的提高,以及长三角区域中核心与引领地位的强化,将有助于提升上海港面向国内外的辐射等级,充分发挥港口群联动协同的潜力,从而进一步推动长三角区域外向型经济的快速发展和国内大循环为主体、国内国际双循环相互促进的新发展格局的加速

形成。

2. 以航运服务为基础,提升资源配置能力

提升航运中心的国际影响力离不开航运服务要素特别是高端服务要素的集聚。其他国际代表性航运中心,如伦敦、纽约、新加坡等,或通过历史优势,或通过金融产业优势,或通过政策优势,吸引聚集了大量的高端航运服务业要素,包括海事仲裁、海事保险、船舶融资和船舶管理等。上海加快建设国际航运中心立足航运服务,强化占据国际航运业产业链价值链上游的高端航运服务业,提升资源配置能力,不仅有助于上海深度融入国际航运治理体系,引领全球航运产业资源配置,更能够保障航运业稳定、安全地运行,维护好中国的海洋权益,让中国更有底气面对当前全球经济脆弱复苏的新形势、新挑战。

同时,上海加快建设国际航运中心聚焦航运服务,提升资源配置能力,也将为上海国际科创中心、金融中心、贸易中心、经济中心提供有力支撑:如从支撑经济建设和贸易发展角度对航运服务业产业链进行强链补链固链稳链,带动产业体系发展;对航运相关的金融开放和海事科技领域进行重点推进等。以航运服务特别是高端航运服务为引领,开辟上海国际航运中心建设“新赛道”,将推动航运业与金融、贸易、科技产业的交叉融合,牵引国际科创、金融、贸易、经济中心建设,从而形成“五个中心”协同的合力发展局面,带动提升上海城市能级和核心竞争力。

3. 以科技创新为动力,构建航运数字生态

智能化、网络化、科技化逐渐成为国际航运中心发展演进新动力源,基于国际货运量、物流网络和国际航运服务的港航信息产品、智能港航标准与规则、港航技术创新能力等日益成为国际航运中心话语权和影响力的重要体现。作为国际领先的航运中心,新加坡和伦敦对推动数字航运非常重视。新加坡港从 2000 年起就开始进行全域数字化改造,伦敦则依托一系列航运公司和海事协会,打造航运服务数字化产业集群。

上海国际航运中心以科技创新赋能航运产业,构建开放的航运数字生态,不仅把握了行业数字化转型的趋势,更是助力上海在航运科技创新领域逐步实现弯道

超越、在全球范围内发挥引领示范作用的重要举措。上海国际航运中心的数字化转型,一方面将有效降低航运业的人力成本和沟通成本,加快航运上下游协同发展,促进航运业智能化发展,提供更高的效率和定制化服务;另一方面,依靠大数据将助力上海国际航运中心更好把握市场动向,优化资源配置,防范潜在风险。同时,推进航运产业链数字化基础设施联通,牵头相关规则与标准建设,将有力提升上海国际航运中心的国际话语权和影响力。

专栏 5.6 新加坡强化枢纽港国际航运中心地位

新加坡目前与全球 600 多个港口实现了通航,近十年来多次获得"世界第一航运中心"殊荣。新加坡生机勃勃的航运业,在其经济发展中扮演着举足轻重的角色。为进一步提升国家竞争力,目前,新加坡正在积极强化枢纽港和国际航运中心地位,多措并举打造高效低碳、创新发展的现代化航运业。

第一,加快大士港建设进程。新加坡最大的港口码头大士港第二期填海工程已于 2018 年 3 月展开,目前已完成约六成。2022 年 9 月,大士港正式启用。2040 年大士港完全建成后,将成为世界上最大的全自动化集装箱码头,年处理能力为 6 500 万个标准箱(TEU),约为 2022 年 3 730 万个标准箱处理量的两倍。目前,大士港第三期规划和设计工作已经开始,第三期填海工程预计于 21 世纪 30 年代中期完成。

第二,增加 5G 基站建设数目,力争在港口范围内实现 5G 全面覆盖。按照计划,新加坡将建立 12 个海上 5G 基站,以补充陆上 5G 通信基础设施,其中 3 个基站将在 2023 年年内准备就绪,其余 9 个将在 2025 年前建成。为进一步推进海上数字化和未来运营概念的发展,新加坡海事和港务局和信息通信媒体发展局于 2022 年 8 月签署了一份谅解备忘录,力争到 2025 年中期在港口主要锚地、航道、码头和登船场提供全面的海上 5G 覆盖。

第三,开发新一代船舶交通管理系统。为提高港口船舶航行安全水平及工

作效率,新加坡海事和港务局正在开发人工智能支持的下一代船舶交通管理系统(NGVTMS),力争通过数据交换系统和海上5G网络等各种连接平台,促进NGVTMS在船与船、船与岸之间安全可靠的数据传输。

第四,发起贸易数据交换试点共享倡议。新加坡海事和港务局将与新加坡贸易数据交易所、裕廊港及其合作伙伴协同发力,试点数据共享计划,重点关注物资采购、履行和驳运物流。该试点旨在帮助企业通过船舶供应业务的数字化享受到更加优质、高效的服务,并鼓励船舶供应部门供应链利益相关者之间的数据共享。

第五,筹建海上网络保障和行动中心。为应对海事系统日益数字化存在的潜在风险,新加坡海事和港务局将在2025年之前建立海上网络保障和行动中心,以提供实时安全监测和传播信息。

为支持新加坡港口整体升级,新加坡海事和港务局已实施多项计划,旨在吸引和发展稳定的海事人才通道。具体包括:实行本科生实习和职前培训措施;设立奖学金,奖励优秀航海学员;推出应届毕业生与海事相关的勤工俭学文凭课程等。海上运输专业人员和相关人员的职业转换计划也正在加快推动中。该计划将为海事和非海事中间职业人士提供技能转换机会,使他们能够在港口运营和服务、航运和海事服务中担负起重要责任。自2018年以来,已有近220名中层职业人士受益于海上运输职业转换计划。

资料来源:《新加坡强化枢纽港国际航运中心地位》,《经济日报》2023年4月5日。

4. 以低碳环保为导向,实现绿色航运发展

航运业是全球贸易运输的命脉,占据全球贸易运输80%的份额。但是航运业存在不容忽视的污染排放问题,国际海事组织的数据显示,2022年全球航运业的二氧化碳排放量超过10亿吨,碳排放占全球人为活动排放总量的比重已逼近3%。世界能源消费加快向多元化、低碳化转型,推动航运业能源结构调整。其他国际航运中心均注重通过技术革新减少碳排放,以此帮助港口提升竞争力。据统计,在上

海港,船舶尾气对大气中 SO_2、NO_x 和 $PM_{2.5}$ 的贡献率分别为 12.0%、9.0%、5.3%。上海国际航运中心以低碳环保为发展的方向,不仅是对上海自身生态环境的有效保护,也对中国提出的 2030 年"碳达峰"、2060 年"碳中和"承诺的努力践行,更是对国际海事组织提出的 2050 年前后实现温室气体净零排放目标的积极响应。

专栏 5.7　上海国际航运中心绿色化发展成果

上海以绿色化智能化为重要引擎,持续推动航运中心在绿色低碳、数字经济新赛道上实现更高质量发展,为全球航运发展贡献中国智慧、上海方案。

日前,上海黄浦江首艘新能源纯电动游览船"上海久事"号交付,这是黄浦江上首艘零排放、低噪声、无污染、新能源高端水上游览船,可载客 150 人,搭载自主研发的全锂电池动力系统。

为促进上海航运中心绿色低碳转型发展,近年来,上海持续推动苏州河、黄浦江电动船舶应用,首艘浦江游览新能源船舶完成建造,苏州河 12 艘观光游览船全部为纯电动船,世界首艘超级电容车客渡船"新生态"轮已执行 5 900 个航次,载客 25 万人次,运输 10 万多辆次。"常规船的单月油耗基本上在 21 至 22 吨,每月电费 18 万元左右。"上海市客运轮船有限公司长横分公司副经理王斌说,"新生态"轮每月电费在 4 万元左右,一个月就可节省 14 万元。

在岸电设施建设和使用方面,上海港外贸集装箱泊位岸电覆盖率达到 90% 以上,营运船舶、检验船舶受电设施改造和内河港口低压小容量岸电建设实现全覆盖,上海港"LNG 船到船同步作业"实现常态化。

民航领域,上海浦东国际机场与虹桥国际机场桥载电源使用率超过 99%,机场非道路移动源尾气排放检测通过率、近机位辅助动力装置(APU)替代设施安装率均达到 100%。

资料来源:《以绿色化智能化为重要引擎　上海航运创新业态链接共赢》,《中国交通报》2023 年 9 月 22 日。

同时,上海国际航运中心实现绿色航运发展,将有助于提升船舶的能源效率,促进零排放船舶及其关键部件的研发,从而巩固中国造船业的领先地位,有力推动整个新能源产业链的发展壮大。另外,凭借中国规模庞大的船队、世界领先的造船厂及船用发动机生产商和可再生发电设备制造商,以及广阔的大型港口网络,上海国际航运中心将进一步提升在航运业碳排放监测管理体系、绿色航运设施建设标准等方面的国际影响力,在全球可持续发展中体现社会主义现代化国际大都市的责任担当。

5. 以航运文化为依托,助力航运软实力建设

上海港因城生,城因港兴。坐落于上海各地的航运地标见证了上海航运的历史沉淀,记载了上海向海而兴的发展轨迹。在源远流长的航运历史滋养下,上海深厚的航运文化底蕴历久弥新。为进一步推进"上海航运"服务品牌升级,2022 年 3 月,在上海国际航运中心发展促进会的批准下,航运与海洋文化工作委员会正式成立,全方位助力上海海洋与航运"软实力"发展。

在上海加快建设国际航运中心的过程中,注重航运软实力建设,一方面是对独具上海特色的航运文化的传承发扬,有利于保护利用航运文化遗产,推动航运与海洋历史文脉的赓续;另一方面,将培育上海国际航运中心建设的精神力量,提高民众的参与度和支持度,让航运文化深入人心,吸引更多的人才投身航运事业,为上海国际航运中心的发展注入源源不断的动力。同时,上海航运软实力的提升将进一步增强上海国际航运中心对国际航运市场的吸引力和影响力,成为上海重要的展示窗口,向世界讲好上海故事。

5.4 上海加快建设国际航运中心的任务举措

上海加快建设国际航运中心,要严格围绕发展的具体目标,在协同发展路径的基础上,对比借鉴新加坡、伦敦国际航运中心等国际航运中心的发展举措,补齐自身短板,聚焦提升服务国际能力,抓住新赛道机遇,加快布局形成科技、绿色领域优势,兼顾"硬实力"和"软实力"发展,确立上海国际航运中心的全球引领地位。

5.4.1 共建辐射联通国际海空枢纽

一是持续提升枢纽网络的通达性。积极服务国家"一带一路"建设,推进国际、国内航运网络深度整合,完善上海港到非洲、南美洲主要港口的海运通道。拓展航空客运的洲际航线网络,巩固亚洲国际航线网络,发展高品质国内航线网络,全面实施"通程联运",完善到欧洲、日韩、印度的航空货运通道,加强上海与西部陆海新通道的衔接与合作,加强与中西部陆港的联系。开发多点挂靠邮轮航线,吸引国际访问港邮轮挂靠,推动浦东机场与"一带一路"沿线国家和地区扩大航权安排,提高虹桥国际机场的亚太国际航班比例。

专栏5.8 "沪滇·澜湄线"国际货运班列的开行

2023年10月8日,建设面向印度洋国际陆海大通道暨首趟"沪滇·澜湄线"国际货运班列开行活动和主题研讨会在云南昆明举行。活动期间各方进行了深入研讨,认真贯彻落实习近平总书记考察云南重要讲话精神和国务院支持云南加快建设面向南亚东南亚辐射中心的意见,强调要更好地服务和融入"一带一路"建设,彰显参与共建"一带一路"倡议十周年重大成果,推动面向印度洋国际陆海大通道建设,提升中老铁路"黄金线路"效应,深化东西部协作,促进沪滇两地资源禀赋优势互补,主动参与国际国内市场双循环。

以"深化东西部协作,共建陆海大通道"为主题,云南将与国家部委、兄弟省区市、龙头企业携手同行、群策群力,共同推动面向印度洋国际陆海大通道建设合作共识和倡议落实落地。

交通运输部专家委员会主任周伟认为,"沪滇·澜湄线"国际货运班列的开行,是云南拓展大循环、强化双循环、主动服务和融入国家战略的有为之举,具有很强的担当意识和战略眼光。针对这项工作的推进,他提出三方面建议:一要积极对接国家部委。争取将建设面向印度洋国际陆海大通道这一事项纳入国家层面规划,为相关工作的推进打下坚实基础。二要守正创新。在国际班列开行的

多双边跨国运输协议、便利通关等方面有所突破,从法规、机制、标准、技术等方面,打造高质量对外开放的标杆和品牌。三要充分发挥沪滇协同多地参与优势。落实合作机制,在货源组织、政策协同和经营模式等方面形成合力,推动"沪滇·澜湄线"国际货运班列运行可持续发展,实现参与各方的互惠互利、合作共赢。

云南大学国际关系研究院研究员方芸认为,"沪滇·澜湄线"国际货运班列是一条链接区域优势、深化沪滇合作的可持续生命线和幸福线。从云南的角度来看,聚焦面向南亚东南亚辐射中心建设任务,可通过这条国际货运班列充分利用长三角地区产业及资源优势,贯通东部,增强沿海与边境地区经济往来,带动西部地区发展,并通过中老铁路将沪滇合作的影响扩展到澜湄沿线国家。班列的开通,能有效将"上海经验"和"云南速度"叠加起来,进一步丰富国际物流大通道的内涵,加快中老铁路运营新模式的探索,并有望实现"三个提升":一是将有效提升中老铁路的聚集和辐射效应,助力中老铁路升级为"海陆海"新通道,发挥更大的互联互通功能。二是将进一步强化中老铁路货源组织,长三角城市群、义乌中小商品出口市场等的货源将有力支撑"沪滇·澜湄线"国际货运班列的运行。三是将进一步拉紧中国与周边的利益纽带,加快中老铁路沿线国际供应链枢纽建设。上海在国际物流供应链、服务贸易等方面经验丰富,可助力中老铁路在这些方面实现很大提升。

云南省交通运输厅运输处副处长王晓晶认为,作为除云南省外其他省份首次开往老挝万象的班列,"沪滇·澜湄线"国际货运班列开通后,将进一步丰富中老铁路运输产品,打造中老铁路货运优质品牌,吸引更多进出口贸易企业认识中老铁路、了解中老铁路、选择中老铁路。他建议以"沪滇·澜湄线"开行为契机,促进更多省份组织开行中老铁路"澜湄线"货运班列,依托昆明独特地理优势,发挥内河、海运及公路的便利性,形成班列货源集结中心。万象及昆明地区可发挥资源优势,大力组织橡胶、有色金属、食糖等货源,常态化开行"沪滇·澜湄线"货运班列。同时,从运输价格、运输时效及货运服务水平等方面细致分析,做好政策调整,对比公路、海运形成比较优势,切实为企业提供实惠、快捷、安全的运输选择。

资料来源:《深化东西部协作　共建陆海大通道》,云南网,2023 年 10 月 9 日。

二是打造高效畅达的集疏运体系。加强长江口航道综合治理,提升长江口航道整体通过能力和安全保障水平。持续完善内河高等级航道网络,加快内河码头建设进度,推进大芦线东延伸等河海直达通道建设,加强内河航道网络与海港主要港区衔接,建设多式联运中心,制定海空联动促进政策,加快布局内陆集装箱码头,积极拓展海铁联运市场,建立和完善内陆地区对接上海港的海铁联运通道,实现上海港与水路、铁路、公路的高效衔接。完善机场、邮轮港周边综合交通配套,实现机场、邮轮港与铁路、地铁、道路等的便捷连接。

三是增强海空枢纽的韧性。健全海港、空港、邮轮应急管理体系,统筹优化安全监管和应急救助系统设施装备布局,建设智能交通管控网络和大数据应用平台,建设海上安全预警及应急反应中心。建立海空、邮轮安全与公共卫生事件应急处置标准体系,加强国际突发事件应对能力建设,完善国际合作机制。

四是以上海为核心打造长三角世界级港口群。充分发挥上海在区域内港航协同发展中的引领作用,加快以资本为纽带开展长三角港航合作,以集装箱增量协同模式起步,共同推动沪浙苏皖港口企业在上海设立长三角一体化港口经营主体。加快建设小洋山北作业区规划报批和项目实施,推进上海协同参与通州湾港区建设及运营,推进长三角地区沿江、沿海多模式合作,加强长江沿线联运航线对接。开展建立跨区域港口行政管理机制,推动港政、航政、口岸管理协同,建立长三角水上大交管一体化工作机制和统一的长三角港航标准体系,提升长三角口岸通关一体化水平。

五是统筹区域资源建设长三角世界级机场群。明确上海两大机场的国际、国内市场地位及差异化定位,稳步推进上海两大机场后续建设,加快推动浦东机场扩建,持续提升虹桥机场运行效率。合力推进跨区域的上海多机场体系建设,加快实施大场机场迁建,支持规划建设南通新机场,明确通用航空机场布局,加强长三角机场群在规划建设、运行管理、市场拓展、军民融合等方面的合作。同时,统筹长三角机场群空域与时刻资源,优化以上海为中心的长三角空域航线和航班资源分配。研究上海机场在苏州、嘉兴等地建设虚拟航站楼,完善长途巴士枢纽集散信息服务,拓展长三角区域异地货站、卡车航班等业务,提升上海机场辐射服务长三角的能力和国内货物集散功能。

六是建设国际一流邮轮港。统筹吴淞口国际邮轮港、上海港国际客运中心、外高桥邮轮备用码头功能布局。在上海打造"亚太邮轮船供中心"和具有全球资源配置能力的亚太区域邮轮经济中心,形成"枢纽港＋总部港＋制造港"的邮轮经济发展上海模式,开展无目的海上游航线产品试点。积极拓展邮轮产业链,培育本土邮轮修造产业集群。充分发挥上海邮轮母港的引领作用,探索区域邮轮组合母港建设,推动建立长三角邮轮旅游服务联盟。吸引全球邮轮公司的地区总部、总部型机构和跨国公司事业总部落户上海,同时打造跨国公司总部基地,形成国际邮轮总部的集聚效应。

5.4.2　提升航运资源服务配置能力

一是提升国际专业服务能力。对国内各家航运交易所指数进行整合、协调,将上海航运交易所打造成国内最权威、最有影响力的航运指数发布平台,进一步提升"上海航运指数"品牌影响力,推进航运指数期货等航运衍生品上市,构建衍生品交易、结算和信息平台,支持上海航运交易所推动现货市场、指数端、期货端的协同发展。建设国际海事司法中心、亚太海事仲裁中心,积极打造海事纠纷解决优选地。形成具有国际影响力的航运保险市场。支持本土航运服务机构在境外设置分支机构,积极拓展全球业务。支持上海港集团打造全球码头运营商。打响"北外滩国际航运论坛"品牌。积极参与国际海事技术规则和标准的制定、修订,提升在航运装备、技术、标准等领域服务全球的综合能力。支持主基地航空公司打造世界级洲际转运中心,鼓励基地航空公司加强在沪运力投入、拓展国际市场,支持航空联盟成员进行枢纽运作。

二是促进高端航运服务要素集聚。随着国际货运量的持续增长,上海国际航运服务也获得了快速发展,但主要集中于船舶代理、码头仓储、货物代理等领域的低端服务业,而航运金融、航运交易、海事法律等高端服务发展滞后。上海需积极推进洋山—临港地区、外高桥地区、陆家嘴—世博地区、北外滩地区、吴淞口两侧区域、浦东机场地区和虹桥地区七大服务功能集聚区建设,充分发挥航运服务功能集聚区要素汇集和辐射带动作用。支持通过兼并重组、资本融合、平台整合的市场化手段以及区域一体化的方式,促进现代港口和航空服务、航运信息、航运金融、海事法律、航运文化等专业服务要素集聚上海。大力吸引和培育国际性、国家级航运专业组织和功能性机构,服务和保障国际航运组织和机构在沪发展,形成上海参与国际航运治理的平台优势。

三是构筑国际航运供应链管理中心。鼓励港航物流企业与上下游企业合作,建设航运供应链协同平台。大力培育新型航运供应链服务企业,提供货运代理、物流配送、融资保险、商检报关等一体化服务。发展将运输、仓储、装卸、加工、整理、配送、信息等有机结合的现代物流,形成一条完整的供应链。充分发挥长三角地区产业链供应链体系集聚的强大优势,吸引全球航运核心企业把供应链管理总部或平台迁移到上海,将上海打造成为全球航运供应链管理中心和总部基地。总体推进上海国际航运中心航运供应链服务,实现由服务船东到服务货主再到服务供应链的前瞻布局。

四是推进铁水联运高质量发展。利用智能航运技术,进行航线和船舶调度的优化。通过大数据分析和人工智能,预测货物需求,提前规划最优航线和装卸计划,降低运输成本。加大对长江内河水路的投资,提高内河航道的通航能力。发展内河运输,减轻公路和铁路运输压力,降低运输成本,提高资源利用效率。打造多式联运的交通枢纽,实现航运、铁路、公路和空运的无缝对接。建设现代化的多式联运综合交通枢纽,提供集装箱、散货和液体货物的转运和分拨服务。推动铁路和公路与港口的对接:加强港口、铁路和公路之间的配套建设,优化运输通道,提升与港口的对接效率。建设现代化的物流信息平台,实现货物的实时追踪和监控。推动物流企业采用信息化管理系统,提高信息共享和处理效率。

五是加大人才引育力度。通过市、区联动建立航运高端人才引育体系,以支持高校提升航运相关学科教学水平。继续加强产学研合作,致力于培养应用型、复合型、创新型人才。动态调整航运人才引进的重点机构名单,并扩大航运类急需紧缺高技能人才职业目录的覆盖范围。依托上海船员评估示范中心,建设高级航海人才培养基地和航运人才交流中心。开展上海国际航运中心建设先进集体、先进个人的表彰活动。积极吸引国际航运企业和财团、航运中介组织、海事权威机构等要素加快入驻并形成聚集,加快航运金融、管理、技术人才的引进和培养,建立上海乃至世界的航运人才高地。

5.4.3　科技赋能引领数字航运变革

一是推动航运数字化转型。应用数字孪生技术打造上海国际航运中心数字口岸,建立"通关＋物流"跟踪查询系统,全面实现数据网上共享、快速申报查询、中英文信息翻译等功能,加速港口、仓储、铁路、内河等物流企业信息化建设,并实现数据共享和业务透明化。支持上海数据交易所与国际数据港先导区功能联动,共同推动海外数据在新片区试点交易。加快建设上海数字贸易国际枢纽港临港示范区,培育一批数字贸易标杆企业,打造一系列数字贸易功能性平台,助力形成数字贸易创新发展的高地。同时,依托数字化口岸加强对港航物流服务业的监管,推进智能航运监管机制建设,推动各节点信息实时动态可视、可控,完善船舶通关"一站式"作业。

二是搭建信息开放互通平台。信息汇聚、交互与管控已成为国际航运中心核心资源之一,上海应争取试点国际物流离岸数据开放政策,推动航运领域基础公共信息数据有序开放,加强公共信息服务平台建设,推动企业数据对接,面向航运企业提供普惠性服务。推动口岸、物流、交易、金融等数据集成,开展数据格式、航运在线服务标准研究,提供口岸大数据智能物流服务,打造国际物流信息交换枢纽。推动 5G、北斗导航、大数据、区块链、人工智能、物联网等技术在铁路水运行业深度融合应用,积极探索跨区域、跨业务协同和货物全程追踪。加强海关、海事、铁路、港口、航运等部门间的信息开放互通,实时获取铁路计划、到发时刻、货物装卸、船舶靠离港等信息,实现车、船、箱、货等信息的实时获取和共享。支持铁水联运信息系统的互联互通,鼓励发展第三方供应链全链路数据互联共享服务,完善铁水联运信息交换接口标准体系。推动铁路、港口等信息系统对接和实时信息交换,提升港铁协同作业效率和联运服务整体效能。深化上海港航信息平台、集装箱江海联运公共信息平台等建设。

三是支持航运区块链联盟组织发展。推动区块链等技术在航运领域的场景应用和标准制定,研究并形成传统集装箱码头自动化升级成套技术和标准。积极与国际航运组织、其他国家的航运区块链联盟等进行合作,分享经验,共同开展技术培训、平台搭建,共同推动区块链技术在全球范围内的应用和发展,建设航运物流大数据联合创新实验室,并提升航运算力服务中心的能级。推进陆家嘴智能航运特色产业园区的发展,以推动航运业的数字化和智能化升级。促进上海成为区块链技术应用于航运领域的国际中心,为全球航运业提供智能、高效、安全的数字化解决方案,引领航运行业向着数字化、智能化、可持续发展的未来迈进。

四是建立航运科技的领先优势。纽约、伦敦的经验表明,国际航运服务高端化、国际化发展得益于科技创新等领域的强大支撑。相对而言,上海需加大智能船舶与港口等关键技术的攻关,加强自动化码头与船舶智能系统总体设计,牵头制定自动化码头国际标准体系。加大智能船舶建造扶持力度,确立"上海航运技术标准",打造一批智能港航装备制造集聚区。实施洋山港智能集卡商业化示范项目,推动港内智能转运车辆等新型航运装备的研发测试,打造智慧港口示范运营标杆。

五是加快推进数字海事建设。深入推进"一网通办""一网统管"等海事信息化一体化基础设施建设,创新推进全要素、全过程、大协同等新型监管模式,强化海事大数据应用,提高水上交通安全监管预警、研判、分析和决策能力,提升智能化应用水平,加强与相关部门信息共享交换,重点打通长三角与粤港澳、环渤海等区域动态监管共享通道,提升区域协同监管能力。完善内河高等级航道测量测绘设施,加强航道尺度、水文、气象等在线监测,推动通航建筑物和航运枢纽大坝关键设施结构健康监测,提高内河电子航道图覆盖率,提高航道维护智能化水平。推动水上绿色服务区建设。提升航道协同监管能力。整合航道、海事、水运数据资源,提高航道突发事件应急联动效能。推广船舶污染物接收和监督系统,实现船舶污染物接收转运处置联合监管、船舶排放控制区现场监督检查等功能。

六是推动"陆海空天"一体化安全保障体系建设。实施三大海区和长江干线船舶动态交通管控系统工程,加强多源信息融合应用,提升船舶监管和综合指挥能力,提高航道综合服务能力。推广船舶过闸智能调度,推进船闸设施自动化控制、智能调度、船舶通行、故障预警等一站式服务。加强大中型海事基地建设,推进海事技能训练及技术鉴定系统建设;加强大型巡逻船、航标船、测量船建设,加大高性能新船型开发力度,提升船艇整体效能和综合实力。统筹固定翼飞机配备使用,推进轻型、小型无人机应用,推进海事机载专用设备研发和应用,加强目标跟踪、违章识别、污染监视,实现精准高效监管。构建基于北斗的安全监管和航海保障服务系统;加强卫星遥感监测技术应用,有效监视管辖水域及周边水域船舶动态。开展传统导航设施数字化改造和虚拟航标应用。推广船舶北斗高精度位置服务。建设适应智能船舶的岸基设施,推进航道设施与智能船舶自主航行的配套衔接。

5.4.4　低碳绿色推进航运生态发展

一是应用可持续发展的绿色航运技术。全方位提升长三角区域的整体岸电装机容量,合理推动船舶岸电改造进程,完善绿色港口发展的法规体系及配套的政策体系。例如借鉴国际做法,通过加强对岸电服务费、船舶岸电的使用补贴,引导港口企业落实针对使用岸电的船舶的优先靠泊、减免岸电服务费等措施,提高船方对岸电的使用意愿,要求船东及激励靠岸船舶使用岸电。共推长三角整体提升岸电装机容量,合理促进船舶岸电改造进程。推进上海港形成多种新能源船舶加注服务业务体系。

专栏 5.9　上海保税 LNG 加注

近日,在东海绿华山锚地水域,"海港未来"号液化天然气(LNG)加注船缓缓搭靠中国香港籍"以星珠穆朗玛峰"轮。两船经过"连接—输气—分离"三个步骤,顺利完成约 1 600 立方的保税 LNG 海上"船对船"加注业务。

该项业务的顺利完成,标志着上海港自2022年成为全球少数具备"船到船加注保税LNG"服务能力的港口后,再次成为国内首个实现海上锚地加注保税LNG业务的港口。保税LNG加注地点从港口转移到海上,提高了保税LNG加注的灵活性和经济性。

为拓展上海港的保税LNG加注功能,保障本次锚地"船到船"加注业务,上海的交通、海事、海关、边检等相关部门经过多次专题研究论证。上海海事局制定了专门的工作方案保障加注业务顺利开展。相关团队持续检验、完善加注方案,攻克锚地加注船对船兼容性匹配、作业风险评估、安全保障措施及应急预案制定难题,针对锚地加注流程中关键风险点,建立安全操作管理细则,圆满完成本次加注服务。

据悉,国际航行船舶保税燃料补给是衡量港口配套服务能力强弱的重要指标。上海海事、海关、边检等主管部门始终坚持理念、制度、模式创新,持续强化上海口岸开放枢纽功能,为本次国内首单锚地保税LNG加注的顺利实施给予了大力支持。

"海港未来"轮拥有2万立方米LNG舱容,是目前世界上最大的新造LNG加注船。继2022年3月15日"中国首单"国际航行船舶LNG加注服务完成后,截至目前,"海港未来"轮已为法国达飞集团、以星综合航运等全球著名航运公司国际班轮累计完成了38艘次船对船LNG加注服务。上港集团陆续实现保税LNG加注业务的常态化运营,以及全球最大LNG动力集装箱船加注,使上海港在洋山深水港区具备了全泊位LNG燃料加注能力,可以为世界现有主流国际集装箱班轮进行保税LNG船—船同步加注。

此次"以星珠穆朗玛峰"轮的锚地加注完成,标志着上海港成为世界上少数、国内首个具备国际班轮保税LNG海上锚地加注功能的港口,国际枢纽港配套服务能级得以持续提升。

资料来源:《国内首次!上海港完成海上锚地对国际航行船舶加注保税LNG业务》,《文汇报》2023年5月1日。

二是完善航运低碳的绿色生态圈。以上海环境能源交易所为主要承载,率先将航运业纳入全国碳排放交易市场体系,打造全国航运业碳交易中心,搭建科研创新交流平台,开展碳核算与监测技术、增汇方案、投融资机制等研究,依托重点园区高校和科研机构,对标欧洲航运业碳排放管理模式,从自愿减排类型开始,视情况逐步变成配额减排。争取在沪设立中国船舶能效管理中心,推进构建绿色航运联盟组织,建设全国能效数据库,研究制定中国船舶能效管理制度体系,完善航运业碳排放监测管理体系。与中国船级社合作制定航运业碳排放检测标准,开展船舶能效评级。发挥在绿色航运设施建设标准的设计、制定、认证、执行与评价等方面的示范引领作用,率先形成和出台业内技术标准和规范,完善与推广绿色航运标准体系。尽快制定规范和标准,对抵达上海港开展装卸作业的国际船舶同样进行碳排放监管与配额管理。

三是促进绿色技术的国际合作。新加坡港务局在 2022 年 8 月与荷兰鹿特丹港签署谅解备忘录,建立世界上最长的"绿色和数字航运走廊(GDSC)"。该走廊将试点部署数字解决方案,支持对绿色基础设施的投资,开发利用促进低碳和零碳航运的有利因素。借鉴新加坡国际航运中心具体举措,上海要发挥亚洲海事技术合作中心作用,推动绿色航运技术、标准、应用等领域合作。以设立国际联合研发计划、科技合作专项、联合人才培养等方式,促进上海对先进技术的借鉴吸收、高层次技术人才的引进,开展航运相关领域的科技合作,在国际平台充分展现上海低碳减排的优势技术并参与相关国际新标准的制定,促进绿色船舶行业"内外双循环"的协同发展。同时,依托绿色技术银行,促进绿色技术的国际交流与合作、共享绿色技术信息与成果、推进合作项目。

四是优先发展绿色动力技术。随着 LNG、氢燃料技术在船舶动力推进领域的不断应用和提升,产业发展迭代效应将逐渐显现。鉴于氨、氢能源未来可能成为主流的零碳排放船舶动力替代燃料,上海亟待重点突破氨、氢燃料的生产、运输、存储等技术,以及加注网点的布局,探索船舶清洁燃料生产供应链。逐步推广氢燃料动力电池在船舶领域的示范应用,依托长江三角洲海洋经济带,率先建立氢燃料电池动力船舶的示范应用项目,继而向全国推广。积极稳妥发展 LNG 动力船舶,加快发展电池动力船舶;加快推进智能技术研发应用,加快先进适用安全环保智能技术应用,推动新一代智能航行船舶技术研发应用。推广太阳能、风能、氢能等清洁能源在港口的生产、照明上的应用,完善液化天然气、氢气、甲醇等加注站的布局和基础设施建设,支持航运低碳燃料的使用,码头操作实施电能替代,推进港口原油、成品油装船作业油气回收,提高能源效率。

五是建立以港口为关键枢纽的绿色低碳供应链。提升绿色智能船舶产业水平,加强绿色智能船舶标准化设计、推动内河船舶制造转型升级、构建绿色智能船舶新型产业链。加快运输结构调整,充分释放水运能耗低、排放少的绿色优势,加快大宗货物和中长距离货物运输"公转水""公转铁",大力发展铁水联运、水水中转;加快绿色水运基础设施建设,将绿色低碳理念贯穿于水运基础设施规划、建设、运营、维护全过程,降低全生命周期能耗和碳排放;持续提升船舶污染治理能力,鼓励淘汰高污染、高耗能老旧运输船舶,大力推进船舶大气污染物监测监管试验区建设,建立健全长江经济带船舶和港口污染防治长效机制。充分发挥港口作为综合交通运输枢纽关键节点的作用,建立码头运营商、物流公司、托运人之间的沟通协同机制,灵活部署和调整运输方式,推动货物运输"公转铁",运输能源"油转电"。

5.4.5 构建航运便利化的营商环境

一是完善航运发展环境。目前香港国际航运中心为提高其航运便利化的营商环境,在 2020 年为船舶出租商以及海事保险业务分别提供税务宽免及优惠,2022年 7 月进一步向船舶代理商、船舶管理商和船舶经纪商提供利得税半税优惠。上海国际航运中心为促进航运服务进一步便利化,可进一步争取改善航运税收政策环境,借助临港新片区改革创新平台,积极研究并争取有利于航运服务要素集聚的税收政策。争取国家支持,针对航运融资租赁、启运港退税、多业态混拼、沿海捎带、国际船舶登记等已有创新政策,强化政策细化和政策配套,尽快明晰操作流程。同时,鼓励航运服务企业与多层次资本市场建立联系。加强海事司法支持和保障,完善海事法院与仲裁机构的海事案件委托调解机制；以优秀的海事案例为基础，推动形成广泛认可的裁判标准和司法规则。深化国际贸易"单一窗口"建设，促进中国（上海）国际贸易单一窗口与全国国际贸易单一窗口标准版的对接与数据共享，促进上海企业在全国作业数据共享。构建口岸综合治理体系，建立基于企业综合信用维度的风险管控模式，探索以信用为基础的新型监管机制。通过市场引导、价格监督检查和行业自律等方式，进一步规范口岸收费，加强收费公开和查询便捷化，推动口岸物流各环节收费结构优化。

二是深化航运制度创新。优化国际中转集拼业务监管模式，打造国际中转集拼中心。优化机场间国际快件转运。推广一线"径予放行"便利化监管政策。在上海自贸试验区探索实施与国际接轨的航运税收制度、国际航行船舶登记制度和海事仲裁制度，推动自贸试验区国际船舶管理服务创新试点，落实临港新片区离岸业务免税政策。对航运及相关服务业经常性事项下离岸金融或跨境结算业务，实施便利化改革措施，提高融资汇兑便利水平，支持在沪银行编制跨境金融服务专属方案，更好适配国际航运相关汇兑结算融资等需求。建立健全适合邮轮靠泊通行和旅客通关出行的管理体系。建立国际物流离岸数据中心，积极参与跨境数据流动国际规则制定，建立国际物流数据确权、交易和国际供应链透明度建设的标准和规则。在临港新片区设立船舶维修服务中心。加快推进海事行政审批制度改革和"放管服"改革，简化船舶登记和审批手续，提高审批效率，为航运企业提供便捷的登记服务，确保船舶合法合规运营，深化海事政务服务"减材料、减环节、减时限、减跑动"，进一步优化营商环境。

三是加强口岸制度创新。以洋山港为国际中转港，创新外贸集装箱沿海捎带业务监管模式，探索优化完善配套政策，扩大政策实施效果，提升沿海捎带运输的规模和效率。推动长三角区域海关监管创新，在具备监管条件的长三角内陆集装箱码头与上海港之间推广"联动接卸"模式。开展大型集装箱船舶在能见度不良条件下进出洋山港试点。扩大船舶"一程式进港"试点码头泊位范围。推进在东方枢纽打造国际特定管理区。积极争取优化升级 144 小时过境免签和邮轮 15 天入境免签政策,吸引以第三国家为中转港的货物回流。

四是推动跨境金融创新试点。推进航运企业金融企业全方位合作,共同推动航运产业链价值链安全、高效、共赢、可持续发展,共同探索各方互利共赢的发展机遇,共同为行业高质量发展贡献力量。深化合格境外有限合伙人(QFLP)和合格境内有限合伙人(QDLP)的试点工作。鼓励金融机构在合规经营、控制风险、商业可持续的原则下,为临港新片区内的企业和非居民提供跨境发债、跨境投资并购和跨境资金集中运营等跨境金融服务。鼓励金融机构运用人工智能、区块链等技术,打造金融科技应用示范项目。鼓励保险公司利用自由贸易账户进行保险跨境业务创新,加快打造再保险"国际板",吸引各类保险机构在此设立再保险运营中心。同时,积极发展新型金融服务,支持在临港新片区注册的企业和个人在遵守法律规定的前提下,跨境购买境外金融服务。

五是完善制度集成化开放体系。发展与国际接轨的税收、金融服务等制度支持体系,落地航运离岸业务。利用上海自贸试验区及临港新片区等改革创新系统的制度优势,率先推进国际航运领域高水平开放,规则、规制、管理、标准接轨国际,实施航运业更高水平对外开放,基本形成较高水平的航运制度型开放,打造航运改革开放和科技创新的先锋基地。统筹发展在岸业务与离岸业务,强化保税物流和国际供应链管理功能,发展国际中转集拼、国际船舶登记、国际分拨及配送等高端航运服务业。

本章主要参考资料

［1］交通运输部、自然资源部、海关总署、国家铁路局、中国国家铁路集团有限公司:《推进铁水联运高质量发展行动方案(2023—2025年)》

［2］交通运输部:《海事系统"十四五"发展规划》

［3］上海市人民政府:《提升上海航运服务业能级　助力国际航运中心建设行动方案》,2023年7月21日

［4］上海市人民政府:《推进国际邮轮经济高质量发展上海行动方案(2023—2025年)》,2023年6月7日

［5］《上海国际航运中心建设"十四五"规划》

［6］《浦东新区深化上海国际航运中心核心区建设"十四五"规划》

［7］中国（上海）自由贸易试验区临港新片区管委会办公室：《关于支持临港新片区深化高水平制度型开放推动服务贸易创新发展的实施方案》，2023 年 8 月 30 日

［8］海南自贸港：《如何实施航权开放政策》，2022 年 10 月 26 日

［9］上海市人民政府发展研究中心课题组：《国际代表性港口群一体化治理的经验及对长三角港口群的启示和建议》，《调研专报》2021 年第 9 号

［10］上海市人民政府发展研究中心课题组：《"十四五"期间上海国际航运中心建设应强化新一代国际航运中心的模式指引》，《调研专报》2020 年第 11 号

［11］上海市人民政府发展研究中心课题组：《上海初步形成了全球航运资源配置能力，但能级亟待提升——上海国际航运中心建设评估》，《调研专报》2019 年第 19 号

［12］上海市人民政府发展研究中心课题组：《上海国际航运中心深化发展战略研究》，2021 年 12 月

［13］上海市发展研究中心课题组：《新加坡国际航运中心数字航运发展经验做法及对上海的启示》，《决策参考信息》2020 年第 44 期

［14］上海海事大学赵楠课题组：《上海高端航运服务业发展提升的关键问题研究》，2023 年度上海市人民政府决策咨询研究重大课题

［15］上海海事大学赵楠课题组：《上海国际航运中心新一轮深化发展研究》，2021 年度上海市人民政府决策咨询研究重点专项课题

［16］上海海事大学郭胜童课题组：《"新基建"发展背景下上海智能航运中心建设的总体框架与基本思路研究》，2020 年度上海市人民政府决策咨询研究——国际航运中心专项课题

［17］赵楠、谢文卿、真虹：《上海国际航运中心新一轮深化发展的目标思路和主要任务》，《科学发展》2023 年第 2 期

［18］荣伟成：《新时代上海国际航运中心建设路径的研究》，《淮南师范学院学报》2022 年第 3 期

［19］郑洁、柳存根、林忠钦：《绿色船舶低碳发展趋势与应对策略》，《中国工程科学》2020 年第 6 期

［20］上海市人民政府新闻办公室：市政府新闻发布会问答实录（上午），2023 年 9 月 12 日

［21］《2023 北外滩国际航运论坛在沪开幕　推动国际航运中心向"全面建成"跃升》，《解放日报》2023 年 9 月 23 日

［22］刘书斌：《突出四个协同　发挥港口绿色低碳引领作用　交通运输部水运科学研究院院长》，《中国交通报》2023 年 7 月 12 日

［23］戴跃华、姜乾之：《借鉴国际航运中心最新发展经验，提升上海现代航运服务业能级》，澎湃新闻，2023 年 5 月 8 日

［24］林世雄：《善用自身优势　巩固香港国际航运中心及国际航空枢纽地位》，《紫荆》2023 年 5 月

［25］《新加坡强化枢纽港国际航运中心地位》，《经济日报》2023 年 4 月 5 日

［26］徐建刚、张林、谢黎萍、杨建勇、张励、刘明兴：《向海而兴｜王明志：上海为中心，苏浙为两翼的组合港建设之路》，澎湃新闻，2020 年 7 月 17 日

第 6 章

上海加快建设国际科创中心战略研究

　　随着经济社会发展和科技进步,科技创新已成为决定世界政治经济力量对比和国家前途命运的关键因素,成为推动社会变革的革命性力量和拉动经济增长的核心动力,是决定生产力水平的首要因素。进入 21 世纪以来,新一轮科技革命和产业变革正在孕育兴起,全球科技创新呈现出新的发展态势和特征,许多国家把发展科技创新作为战略选择,以科技创新带动经济社会发展。与此同时,近些年地缘政治冲突加剧,国际科技创新格局日益错综复杂,全球创新资源的分布版图及竞争格局进一步重构。数字技术推动全球经济蓬勃发展,加速了技术、资金、数据等创新要素在国际空间的快速交流与转移。作为创新思想的交汇之地,国际科技创新中心城市正在不断吸引和驱动全球创新要素空间汇集和流动,辐射带动周边地区创新突破,打造全球创新产业价值新链条,成为引领全球科技创新的关键基点和驱动人类未来变革的重要力量。

　　在新的背景下,研究上海国际科创中心建设的新一轮发展战略,解构上海国际科创中心新一轮发展的基本内涵、战略定位、发展目标和关键指标,提出务实管用的重大政策、重大举措、重大平台以及配套保障措施,对于从战略导向、评价导向和政策导向方面精准发掘上海国际科创中心建设的不足,赋予上海创新发展以强大的外部驱动和内生动力,推动上海向建设具有世界影响力的社会主义现代化国际大都市和具有全球影响力的科技创新中心进军,具有重要的现实意义。

6.1　上海国际科创中心建设成效、面临的挑战及原因分析

6.1.1　国际科技创新中心的基本内涵及演化路径

国际科技创新中心本质上是指全球范围内科技创新资源密集、科技创新活动集中、科技创新实力雄厚、科技成果辐射范围广大,从而在全球价值网格中发挥显著增值功能并占据领导和支配地位的城市或地区。国际科技创新中心能够集聚高端科技创新资源,辐射引领能力强,不仅是全球科学中心,还是科技创新活动的集中地,拥有良好的创新生态环境,在全球创新版图中占据重要位置。

从多维的功能角度理解,国际科技创新中心首先是科学研究活动纵深发展和地理扩散形成的科学中心。科学研究活动的集聚推动了知识共享、思想碰撞与成果溢出,通过共享科技创新基础设施,有效降低创新的风险和成本,提高资源配置效率。随着科学研究活动和创新资源的大规模集聚,全球科学中心辐射和引领周边地区乃至全球的科技发展。

其次,国际科技创新中心是创新活动和创新经济蓬勃发展后形成的全球创新高地。它汇聚了全球创新领先企业和创新经济活动,引导、指挥和影响全球创新要素的流动方向和发展效率,集聚着跨国公司的总部所在地和研发中心,指挥并且驱动着产业链和生产资源的全球配置。先进制造业、生产性服务业等产业的集聚,不仅推动着前沿技术的革新与转化,还提供广阔的市场空间,使得新兴产业和创业企业蓬勃发展,创新高地的经济发展水平和效率也得以提升。

再次,国际科技创新中心为科技创新营造了良好生态。通过多元创新主体的协作和相互支持,城市内和城市间形成治理良好、动态演化的创新生态系统。该系统具有开放包容的创新文化,加速各类人才、技术、资本和数据等重要创新要素的空间流动,为创新发展提供持续原创力和产业化能力。良好的创新生态系统还鼓

励创业,以优质的公共服务,激发创新源动力。

科学学奠基人贝尔纳通过分析人类技术活动与社会变革的关系,将世界按照科技水平划分为若干科学地区,论述了以发达国家为焦点形成科学中心的现象。这是蕴含全球科技创新中心思想的最早论述。人类历史上先后发生过三次全球范围的技术革命,英国、法国和美国最先抓住历史机遇,形成了首批全球科技创新中心,并逐渐发展成为主导全球技术变革的领军力量。随后德国、日本相继搭乘技术革命的快车,跻身全球科技创新中心阵营。全球科技创新中心历史变革与演化路径如图 6.1 所示。

全球科技创新中心的形成与技术革命密切相关。18 世纪 60 年代,第一次技术革命在蒸汽机的轰鸣声中拉开序幕,英国工业文明迅速发展,伦敦建成首个全球科技创新中心,并长期保持技术领先地位。19 世纪 40 年代,电力广泛应用,内燃机的

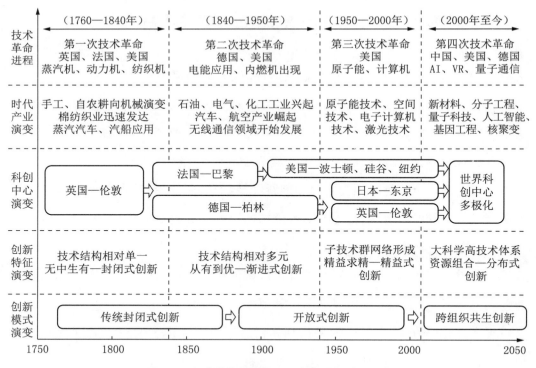

图 6.1　全球科技创新中心历史变革与演化路径

资料来源:《上海国际科技创新中心新一轮发展战略研究》,上海市人民政府决策咨询研究重点课题。

发明带动钢铁、煤炭和机械等产业崛起,美国和德国抓住技术革命机遇,形成了全球科技创新的两大中心。20 世纪 50 年代,美国通过移民政策从世界各地吸引大量顶尖科技人才,凭借原有技术累积优势,在原子能和计算机方面取得了巨大突破。自此,美国掀起第三轮技术革命,波士顿与硅谷地区发展成为全球科技创新中心的佼佼者。纵观技术发展史,前三次技术革命都是由西方国家主导的,呈现技术革命推动的从蒸汽时代、电气时代到信息时代的迭代演变。

进入 21 世纪,技术革命的轴心力量开始从西方向东方转移,中国、新加坡、日本和韩国等国抓住科技变革机遇,占据了智能时代技术革命主战场的一席之地。随着时间推移,东方与西方的生产力差距将持续缩小,世界创新力量轴心随之转移并逐渐平衡,这将是百年未有之大变局中最重要的变化。在新一轮科技革命之后,百年来的人类生产格局将会被重新塑造,全球科技创新中心也将呈现多极化分布。

6.1.2　上海国际科创中心的建设成效

2014 年 5 月,习近平总书记到上海调研时,对上海提出"加快有效实施创新驱动战略,向具有全球影响力的科技创新中心进军"的工作要求,此后"上海建设具有全球影响力的科技创新中心"上升为国家战略。全球科技创新中心的兴起、更替及多极化,本质上是由科技革命、制度创新、经济长波等因素的历史性演变所决定的,也是时间与空间要素相互交织的结果。从全球科技创新的发展趋势看,加强科技创新中心建设是把握新一轮科技革命和产业变革机遇的重要抓手;从国家战略要求看,加强科技创新中心建设是建设创新型国家和世界科技强国的必由之路;从上海自身发展看,加强科技创新中心建设是上海实现更高质量发展的必然选择。

2015 年 5 月,上海发布《关于加快建设具有全球影响力的科技创新中心的意见》(简称"科创 22 条"),努力推进科技创新,实施创新驱动发展战略,加快建设具有全球影响力的科技创新中心。2016 年 4 月,《国务院关于印发上海系统推进全面创新改革试验加快建设具有全球影响力科技创新中心方案的通知》提出,上海要"加快向具有全球影响力的科技创新中心进军"。2019 年 3 月,上海进一步发布《关于进一步深化科技体制机制改革增强科技创新中心策源能力的意见》(简称"科改 25 条"),破除一切制约科技创新的思想障碍和制度藩篱,全面深化科技体制机制改革,推动全面实施创新驱动发展战略,加快具有全球影响力的科创中心的建设。2020 年 5 月,《上海市推进科技创新中心建设条例》施行,上海以提升创新策源能力为目标,对以科技创新为核心的全面创新作出了系统性和制度性的安排。2021 年 9 月,《上海市建设具有全球影响力的科技创新中心"十四五"规划》发布,上海锚定 2035 年远景目标,围绕科技创新中心建设需求,致力于加快基础研究原创突破,提升原始创新能力,提升关键核心技术竞争力,打造产业高质量发展新动能。

目前,上海科创中心建设正从形成基本框架体系向实现核心功能跃升,在科学新发现、技术新发明、产业新方向、发展新理念等方面取得重要进展。根据《上海科技创新中心建设报告 2022》的最新数据,2022 年,即便受到新冠疫情的持续影响,上海全社会研发经费支出占全市生产总值的比例仍提高到 4.2%,高于 2.55% 的全国平均水平。在世界知识产权组织最新发布的《全球创新指数报告》中,上海—苏州集群居世界科技创新集群第六位;在《自然》发布的《2022 自然指数—科研城市》中,上海从 2020 年的全球第五位升至全球第三位;在中国科学技术发展战略研究院发布的《中国区域科技创新评价报告 2022》中,上海综合科技创新水平指数继续位列全国第一。

上海国际科创中心建设的最新成效还具体表现在:

第一,上海国际科创中心凸显创新策源能力。2022 年度中国科学十大进展揭晓,三项进展由上海科研团队参与或主导完成。上海科学家在《科学》《自然》《细胞》上发表论文 120 篇,同比增长 12.1%,占全国总数的 28.8%,基础研究持续高质量发展。产业技术攻关取得新突破。壁仞科技发布了首款通用 GPU 芯片,创出全球算力纪录;新增获批 4 个 1 类国产创新药,8 项医疗器械产品通过国家创新特别审批程序上市,推动 VV116 新冠治疗药物研发应用;多款智能推理芯片发布,部分型号的国产车规级智能芯片实现量产;发布开源的智能光通信仿真平台,在国产化替代的同时实现性能超越;C919 大型客机首架机实现交付;全球最大 2.4 万标箱超大型集装箱船交付使用。

第二,上海国际科创中心赋能经济高质量发展。截至 2022 年底,中国商飞、中核集团、微创医疗等 8 家大企业布局了各具特色的开放式创新平台。2022 年,入库科技型中小企业达 16 988 家,高新技术企业突破 2.2 万家,研发总支出同比增长 22.2%;新增 155 家科技小巨人(含培育)企业,累计超过 2 600 家。2022 年,全市新认定外资研发中心 25 家,累计认定 531 家;其中,全球研发中心 11 家,外资开放式创新平台 2 家,由世界 500 强企业设立的外资研发中心约占总数的 1/4。2022 年,上海经认定登记的技术合同达 38 265 项,成交金额达 4 003.5 亿元,成交金额同比增长 45.0%,输出国内外技术合同数为 19 219 项,成交额达 2 850.29 亿元,科技成果转化走上快车道。2022 年,全市专利授权量达 16.34 万件,其中发明专利授权量为 3.37 万件,每万人口发明专利拥有量为 80.2 件(常住人口数为 2 487.09 万人)。张江高新区规上工业总产值达 1.9 万亿元,高新技术企业有 1.3 万家,PCT 专利申请达 4 424 件,技术合同登记成交金额达 2 683.76 亿元。在 2022 年度国家高新区综合评价中,张江高新区名列全国第二。张江科学城而立之年再上新台阶,经济总量站上万亿元大关。

第三,上海国际科创中心强化战略科技力量。2022 年,上海建成和在建的国家大科技基础设施已达 14 个,全部位于张江国家自主创新示范区内。目前,已建成(含试运行)8 个、在建 6 个,涵盖光子、物质、生命、能源、海洋等多个前沿科技领域,设施数量、投资金额和建设进度均全国领先。上海拥有国家重点实验室 44 家、上海市重点实验室 170 家、国家工程技术研究中心 21 家、国家企业技术中心 100 家。14 所高校的 35 个学科入选"中国顶尖学科",位居全国第二;15 所高校的 64 个学科入选第二轮"双一流"建设高校及建设学科名单。科研机构充分释放创新活力。长三角国家技术创新中心与 22 家细分领域龙头企业共建联合创新中心,提炼企业技术需求 80 余项,形成企业意向合同金额超 1 亿元;李政道研究所在轻暗物质探测领域取得进展;上海前瞻物质科学研究院在高温高压条件下,合成新形态的金刚石——次晶态金刚石。

第四,上海国际科创中心服务构建开放创新生态。2022年,上海引进世界名校留学人员9 000余人,共778位优秀博士后研究人员获得上海市"超级博士后"激励计划资助,科创人才加快集聚。金融赋能科技创新成效显现。上海企业已在科创板上市78家,排名全国第二,累计募资1 947.8亿元,排名全国第一。截至2022年末,上海科技型企业贷款金额6 892.5亿元,较年初增长51.9%。科技治理体系逐步完善。《上海市财政科研项目专项经费管理办法》出台,进一步扩大科研项目预算自主编制、调剂权,放宽科研结余留用政策,加大科研人员激励力度;扩大科研经费"包干制"实施范围至科技人才项目,将科技"启明星"和"学术带头人"项目纳入"包干制"试点范围,明确允许项目负责人自主决定项目经费使用;开展"基础研究特区"创新实践,支持复旦大学、上海交通大学、中科院上海分院、同济大学、华东师范大学、华东理工大学等单位在项目遴选、考核评价等方面开展探索;加速推进赋予科研人员职务科技成果所有权或长期使用权试点,6家试点单位完成150余项成果赋权,转化金额超过1.5亿元。科技部与长三角三省一市政府联合印发《长三角科技创新共同体联合攻关合作机制》,15项企业需求解决方案纳入首批长三角联合攻关计划。2022年,长三角三省一市相互间技术合同输出25 273项,技术交易金额为1 863.5亿元,分别同比增长20.3%、112.5%。

专栏6.1　上海张江综合性国家科学中心

2016年2月,国家发展改革委、科技部同意上海以张江地区为核心承载区建设综合性国家科学中心,作为上海加快建设具有全球影响力的科技创新中心的关键举措和核心任务,构建代表世界先进水平的重大科技基础设施群,提升我国在交叉前沿领域的源头创新能力和科技综合实力,代表国家在更高层次上参与全球科技竞争与合作。

当前,张江综合性国家科学中心建设不断取得新突破。一是科技创新实力不断增强。科学特征日益明显,重大科技基础设施和研发机构加速集聚,"从0到1"的原始创新持续增加。建成和在建的国家重大科技基础设施达到8个,光源二期首批线站投入试运行,超强超短激光实验装置成功实现 10 拍瓦激光放大输出并创下脉冲峰值功率的世界纪录,软 X 射线自由电子激光装置顺利出光,硬 X 射线装置核心部件研制加快推进,上海光源、蛋白质设施的用户遍布全球,初步形成我国乃至世界上规模最大、种类最全、功能最强的光子大科学设施群集群。

二是主导产业竞争力不断提升。集成电路、生物医药和人工智能三大主导产业不断取得关键核心技术突破,呈现年均 10% 以上的高增长态势。集成电路产业创新优势加速显现,已成为目前国内集成电路产业最集中、综合技术水平最高、产业链最齐全的区域。生物医药产业研发创新能力不断提升,形成了新药研发、药物筛选、临床研究、中试放大、注册认证到量产上市的完整创新链。人工智能产业生态圈加速形成,张江人工智能岛入选上海市首批人工智能应用场景,集聚 20 多家国内外 AI 研发中心。

三是科技创新人才集聚效应不断放大。张江科学城集聚了诺贝尔奖获得者、海外院士、中国两院院士、海外高层次人才以及产业领军人才等一批高端人才。全面落实人才创新政策,持续开展海外人才申请中国永久居留身份证和移民融入服务试点工作。率先试点永久居留推荐直通车制度、外籍人才口岸签证、外国本科及以上学历毕业生直接就业政策。

四是创新创业生态不断优化。科技服务体系日趋完善,创新创业载体建设成效显著。各类双创载体达到 100 家,在孵企业 2 500 余家,孵化面积近 80 万平方米,形成了"众创空间＋创业苗圃＋孵化器＋加速器"的创新孵化链条。

资料来源:《上海市张江科学城发展"十四五"规划》。

6.1.3　上海加快建设国际科创中心的优势

1."四个中心"建设所形成的基础性优势

目前,上海国际经济、金融、贸易、航运中心基本建成,在国内形成了独一无二的"四个中心"优势。经济实力保持全球城市前列,2022 年,上海 GDP 达 4.47 万亿元,位居世界城市第四、全国第一。上海在全球金融中心指数、新华·波罗的海国际航运中心发展指数的排名中已连续多年位列世界第三。上海的证券市场筹资额、现货黄金交易量、原油期货市场规模等均位居世界前三;口岸贸易总额继续保持全球城市首位,上海港集装箱吞吐量连续 13 年居世界第一。充分利用"四个中心"所形成的基础性优势,全面增强科创中心的核心功能,引领"四个中心"能级提升,进而通过"五个中心"之间的良性互动,实现上海经济社会的高质量发展。

2."中心节点"与"战略链接"的独特目标定位优势

作为国内大循环的中心节点和国内国际双循环的战略链接,上海被赋予独特的目标定位。从国内视角看,上海是全国最大的经济中心城市,是长三角一体化发展的引领者,在资金、信息、技术、人才、货物等要素配置中占据关键环节,雄厚的综合实力、成熟的金融体系、活跃的服务贸易,使得上海具备带动国内大循环的能力。从全球视角看,上海是国际经济、金融、贸易、航运中心,并逐步成为全球创新网络的重要节点,可以吸纳和运筹全球创新资源,链接国际国内两个市场。上海要打造成为全球人流、物流、资金流、信息流的集聚扩散中心,一方面要进一步完善金融市场体系、产品体系、机构体系、基础设施体系,建设国际金融资产交易平台,更好地服务和引领实体经济发展;另一方面要积极参与、牵头组织国际大科学计划和大科学工程,开展全球科技协同创新,在协同中强功能、提能力,在长三角一体化发展中更好发挥龙头辐射作用。

3. 有助于创新能量释放的地理区位优势

长三角地区 GDP 约占全国总量的 1/4,上海在长三角经济总量中的占比超15%。上海位于长三角地区的核心位置,生产要素齐备,创新资源丰富,市场潜力巨大,有助于科技创新活动的开展和创新能量的释放。在长三角一体化发展中,上海发挥着引领和带动作用,与长三角区域多个城市共同打造国际创新带、创新示范点、G60 科创走廊等创新生态实践区,在区域科技合作、科技资源共享、技术市场共建等方面深入探索,已形成良好的实践基础。

4. 有利于更高水平开放的国际化优势

自近代开埠以来,在江南文化、红色文化和海派文化的共同滋养下,上海孕育了开放、包容、进取的城市精神,形成了良好的国际交流与合作的环境。作为国际大都市,上海的知名度和影响力不断提高,对于海外人才和跨国资本的吸引力持续增强。据上海市人才工作协调小组办公室的数据信息,截至 2021 年年中统计,在沪工作外籍人才达 28 万人,占全国 24%,排名全国第一。境外企业、研发中心乃至国外城市的合作意愿高,目前上海已与五大洲的 20 多个国家和地区签订政府间国际科技合作协议,包括英国、以色列、智利等 10 个国家级合作关系;与以色列在新材料、生命科学、人工智能等领域开展合作项目 5 个,与新加坡开展科研合作项目 6 个、企业合作项目 5 个;国际技术转移更加活跃,技术贸易规模不断扩大,技术转移服务覆盖全球 35 个国家;浦江创新论坛、世界顶尖科学家论坛等正成为全球科技创新合作交流的重要平台。依托这些既有的国际化优势,上海可以运筹全球创新资源,打造具有世界影响力的前沿科技领域交流和合作平台,进而发起和推进国际大科学计划,启动国际大科学工程。

5. 支撑高成长性创新型企业发展的金融要素市场优势

上海已经成为全球金融要素市场最齐备的城市之一,集聚股票、债券、期货等全国性金融要素市场 14 家,金融市场年成交总额突破 2 200 万亿元。上海已经成为中外金融机构最重要的集聚地之一,各类持牌金融机构达 1 674 家,其中外资金融机构占近三分之一。金融要素市场完整、成熟度高,科技创新资金来源稳定充足,科技产业、风险投资和资本市场相互联动的科技金融生态日趋成熟,科创板助力战略性新兴产业快速成长。通过扩大政策设计和引导基金的指向作用,激发多层次资本市场力量,可以为高成长性创新型企业全生命周期发展提供全方位金融支持。

6. 多层次科技创新人才体系逐步形成的优势

上海在吸引和培育创新创业人才方面的政策取得初步成效,多层次的创新人才体系逐渐形成。上海集聚了全国 52% 的 5G 人才、40% 的集成电路人才、33.7% 的人工智能人才,以及 25% 的创新药人才和自动网联人才。同时,上海聚焦国家有需求、上海有优势、市场有空间的重要科学和关键技术领域,围绕人才使用、授权松绑、揭榜挂帅、多元投入等体制机制,加大改革突破力度,不断完善公共服务体系和创新交流平台,激发人才的创新潜能。

7. 营商环境和创新生态持续优化的优势

上海拥有良好的营商环境。在《中国营商环境指数蓝皮书(2021)》中,上海营商环境排名全国第一。2017 年以来,上海营商环境优化从 1.0 版升级到 4.0 版,逐年迭代升级,法治元素日益凸显,市场活力得以激活。

上海拥有国内一流的创新创业环境。上海建设世界级大科学设施集群已初步成型,已建和在建的大科学设施达 14 个,设施数量、投资金额及建设进度均处于全国领先位置。上海已建和培育各类功能性平台 20 余家,集聚人才超过 2 000 名,累计实现服务收入达 15.5 亿元,撬动社会投资和产业规模近百亿元,在支撑产业链创新、支撑重大产品研发转化、支撑创新创业方面卓有成效。各类创新创业载体超过 500 家,90% 以上为社会力量兴办,覆盖 38 万多科技类创业者。

专栏 6.2　上海的营商环境情况

2017 年底,上海出台了《上海市着力优化营商环境加快构建开放型经济新体制行动方案》,即优化营商环境 1.0 版。随后的 2018 年,也被称为上海改善营商环境年,从中央到上海,优化营商环境的话题被反复提起。这一年 1 月 3 日,新年第一次国务院常务会议即部署进一步优化营商环境工作。会议指出,优化营商环境就是解放生产力、提高综合竞争力。这一年,上海市委机关报《解放日报》提及"营商环境"922 次,是上一年的 3.6 倍。此后,上海多次在岁末年初召开全市营商环境工作推进大会,并以一年一版的频率更新营商环境改革方案,截至 2022 年共计 756 项改革举措。2023 年 1 月 28 日,农历春节假期后首个工作日,召开的全市大会上再度聚焦优化营商环境建设,同时发布了《上海市加强集成创新持续优化营商环境行动方案》。

从 2017 年的 1.0 版到 2023 年的 6.0 版,上海围绕市场化、法治化、国际化持续打造一流营商环境。遵循市场规律,持续完善要素市场配置体制机制;出台全国首部外商投资法规,实施外商投资项目核准和备案管理办法,持续加强外商企业和外资企业合法权益的保护;率先实施外资准入前国民待遇和负面清单管理制度,还陆续出台服务业扩大开放综合试点等重大举措,加快构建与国际规则相衔接的经济贸易制度体系。

目前看,上海持续优化营商环境的改革成效显著,五年累计减税降费超8 000亿元,"证照分离"改革全覆盖和"一业一证"改革深入开展,证明事项告知承诺制全面推行,"双随机、一公开"监管、综合监管和信用监管等深入推进。首创并持续打响政务服务"一网通办"品牌,总门户累计接入服务事项3 588项,累计办件量2.97亿件,网办率达到84%。

资料来源:《龚正市长在上海市第十六届人民代表大会第一次会议的政府工作报告(2023年)》,2023年1月。

8. 独特的经济结构优势

上海具有独特的经济结构,国企、外企、民企分别占上海经济比重的1/2、1/4、1/4。一方面,上海在吸引外资方面优势明显,以约占全国万分之六的面积、百分之二的人口,吸引了超过十分之一的实际使用外资金额。另一方面,在沪央企和地方国企的实力强劲,并具有资本、技术力量、科研平台、土地、数据等方面的优势,有利于"集中力量办大事"。外企和国企是上海建设国际科创中心不可或缺的重要力量,但目前能量尚未被充分激发。在新一轮发展中,上海应当着重考虑如何用好这两股力量。

9. 较大规模的先导产业优势

上海的集成电路、生物医药、人工智能三大先导产业已经成为上海高科技产业的领头羊,整体产业规模已达万亿元。这三大先导产业不仅是未来上海高质量发展的动力引擎,更是国家对上海寄予厚望之所在。这三大先导产业如果要形成更大产业规模,需要在基础前沿领域探索、关键核心技术攻关、产业链与创新链深度融合等方面有持续突破,这个过程对于上海创新策源能力提升具有重要意义。

综上,上海建设国际科创中心的既有优势如图6.2所示。

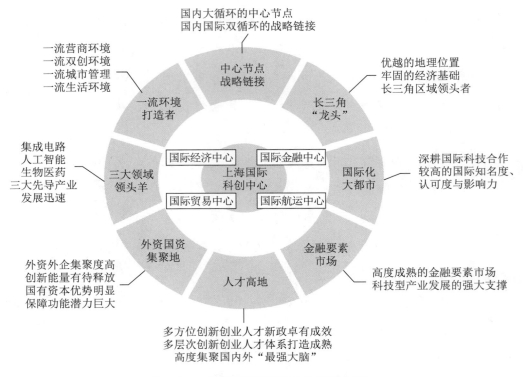

图 6.2　上海建设国际科创中心的既有优势

资料来源:《上海国际科技创新中心新一轮发展战略研究》,上海市人民政府决策咨询研究重点课题。

6.1.4　上海加快建设国际科创中心存在的问题与原因

发展韧性不足。标志性原创成果不多,关键核心技术攻关能力欠缺,战略性新兴产业对于经济增长的贡献有限,集成电路、生物医药、人工智能等主导产业尚未形成较大产业规模。原因在于,一是基础研究投入强度仍缺乏国际竞争力;二是高水平的教育机构、新型研发机构及科技领军企业数量较少;三是有组织、策略化的颠覆式创新尚未有效部署;四是面向主导产业的技术、材料、工艺、装备、仪器、管理协同并进的战略科技力量尚未形成。

发展张力偏弱。对于全球产业链关键环节的掌控能力偏弱,发起大科学计划和启动大科学工程的能力不强,在全球科技治理中的话语权和影响力不大。原因在于,一是具有国际影响力的战略科学家匮乏;二是基础前沿领域的议题设置能力偏弱;三是制度型开放仍处于探索过程中;四是主场科技外交尚未进展至较深层次。

发展活力欠缺。高成长性创新型企业数量较少,企业的创新主体作用尚未充分体现,民营企业创新活力不足,国有企业在科技创新中的直接贡献和功能保障作用有限,外资研发中心的知识溢出效应不明显。原因在于,一是人才生活成本和企业商务成本趋高;二是科技评价制度和科研项目管理制度改革滞后;三是面向中小微企业的政策性扶持渠道有限,资源分散;四是国企改革仍须深化;五是放大外资在沪研发溢出效应的政策激励须进一步加大。

发展黏度有限。运筹全球创新资源的能力偏弱,对于全球高等级人才和技能型人才的吸引力有限,风投机构及控制资本仍未形成较高集中度。原因在于,一是大科学装置和功能性平台的开放度和成熟度不高;二是高等级学术平台(组织、会议、期刊等)欠缺;三是科技服务体系的市场化和专业化程度不高;四是大量吸引风险资本的金融环境仍未形成;五是建制性科技力量与社会创新力量的交流合作不畅;六是长三角创新协同亟待重大突破。

发展弹性不够。应对科技创新未来发展的思想准备和工作准备还不够充分,相应的条件和能力建设仍须加强,创新生态有待进一步完善,政府制度供给的质量和效率有待提升,有利于科技创新的社会氛围尚未形成。原因在于,一是面向未来的新型基础设施及重大科研基础设施规划和建设尚待加快;二是应对技术快速迭代的制度供给模式亟待建立;三是全民科学素养提升仍须加强;四是前瞻性、高水平科技智库建设有待加强。

6.2　国际科技创新中心建设的国内外对标

6.2.1　国际主要城市对标

进入 21 世纪以来,全球科技创新进入空前密集活跃的时期,新一轮科技革命和产业变革正在重构全球创新版图、重塑全球经济结构。世界知识产权组织（WIPO）发布的《2022年全球创新指数报告》显示，中国排名第11，较上年再上升一位，连续十年稳步提升，位居36个中高收入经济体之首。中国的创新与发展呈现出良好的正向关系，创新投入转化为更多更高质量的创新产出。报告还显示，到2023年，中国将有24个科技集群进入全球前100，超过上年持平的美国（21个），成为进入全球前100科技集群数量最多的经济体。

根据施普林格·自然集团、清华大学产业发展与环境治理研究中心发布的《国际科技创新中心指数2022》，旧金山—圣何塞、纽约、北京、伦敦、波士顿、粤港澳大湾区、东京、日内瓦、巴黎、上海在国际科技创新中心综合排名中分列前十强。该指数报告认为，全球不同区域科学中心和创新生态的异质化竞争程度加深，美国城市以科技人才资源、知识创造、开放与合作、创新支持见长，欧洲城市在公共服务和创新文化方面具备优势，亚洲城市则在科研机构与科学基础设施方面表现突出。因此，通过对标国内外主要国际科创中心，掌握国内外最新情况，参考借鉴相关城市建设经验，有利于进一步推动上海国际科创中心新一轮的发展。

1. 纽约：政府"对症下药"解决创新生态难题

根据《国际科技创新中心指数2022》，纽约在国际科技创新中心综合排名中位列第二，科学中心单项指标领先全球。纽约是全球知名的金融中心，2008年金融危机后，纽约市政府和专家们便认为，城市的支柱性产业不能再由金融一家独大，需顺应趋势，大力推动科技创新。为促进城市经济复苏，纽约市政府将工作重心放在扶持具有竞争优势的行业上。2010年，纽约市政府在全球率先提出建设"全球科技创新中心"的目标，多措并举，稳步推进实施。2019年的"全球创新城市排行榜"显示，纽约在创新指数上已经升至全球第一，被公认为全球技术的领导者，转型成为新的世界科技创新中心。短短十年间，纽约的创新生态系统逐步形成。许多高技术行业的大鳄，如谷歌、雅虎、亚马逊等，都选择落户纽约。纽约的创新生态系统横跨众多行业，包括媒体、时尚、医疗、教育等。与此同时，更多科技型小企业茁壮成长。

　　纽约虽以高度市场化的发展模式起家,但其如今在科技产业领域的成就离不开纽约市政府多年来的扶持和引导。其主要举措包括以下方面:

　　一是城市发展向科技创新进行战略调整。2008 年全球金融危机后,时任纽约市长迈克尔·布隆伯格(Mike Bloomberg)及其幕僚团队组成了一个代号为"游戏转换器"(Game Changers)的小团队,通过与数百名企业家、风险资本家、城市管理专家和教育家进行"头脑风暴",研究硅谷和以色列海法技术驱动的经济增长模式,聚焦于在纽约"建立基于现有产业优势的高技术人才引擎",以帮助这座城市吸引科技公司,吸纳科技人才,实现可持续发展。2009 年,布隆伯格发布了新一轮名为"五大行政区经济发展计划"的综合发展战略,旨在通过实施城市发展长远愿景,投资于重点科技领域,为纽约创造更多就业岗位,带领纽约市尽早度过经济衰退期。随后,纽约市政府发布"纽约经济多样化项目发展计划",重点围绕生物、绿色、制造、时尚、金融、媒体等新兴科技产业进行布局。

　　二是建设适应未来发展的新型科技园区。2010 年,纽约市政府推出了"应用科学计划"(Applied Science NYC),为纽约市培养应用科学人才,增强该市在应用科学领域的能力,激发创新理念,催生具有增长潜力的高技术公司。在具体运作中,纽约市政府提供价值 10 亿美元的土地以及最高达 1 亿美元的政府资助,由相关大学负责建设科技园区。政府还投资基础设施建设,为科学家改善工作和生活环境。至 2013 年底布隆伯格卸任时,纽约已确定了 4 个"应用科学"项目,分别是纽约大学的城市科学和进步中心(Center for Urban Science and Progress)、康奈尔大学和以色列理工学院合作的康奈尔科技城、哥伦比亚大学的数据科学和工程研究院以及卡内基梅隆大学的综合媒体项目。这 4 个项目预计将创造 1 000 个新企业、4.8 万个工作岗位、超过 330 亿美元的经济收入,从而帮助实现纽约市经济大转型的发展目标。

　　三是着力推动重点科技创新领域发展。最具有代表性的是纽约曼哈顿的"硅巷"(Silicon Alley)。其位于靠近百老汇和第 23 街的第五大道的熨斗大厦附近,横跨中城和下城。此处有大量科技创新企业聚集,谷歌、Facebook、微软等高技术企业巨头也纷纷在此设立了研发机构和业务中心。"硅巷"的快速崛起,使得其与旧金山硅谷和波士顿一同构成了美国三大科技中心。但是与硅谷有所不同的是,受纽约浓厚的文化和商业氛围影响,纽约的科技创新产业并不是围绕芯片、半导体等硬件设备展开,而更倾向于通过研发各种信息技术,为新媒体、金融技术、互联网等领域提供先进的解决方案和优化升级,进而实现科技创新与其他产业的深度融合。

四是培养高技术产业的创新生态。纽约前任市长白思豪(Bill de Blasio)延续了布隆伯格对高技术产业和创新引领城市发展的思路。纽约市政府推行管线改造计划,利用曼哈顿 34 大街和布鲁克林商业区的地下 175 英里长的旧管道安装光纤线路,实现高速数据传送;加强地铁站和移动信号建设,使更多纽约市民可以获得高速网络服务;通过公开竞争,资助 10 个创新热点(纽约市的每个经济发展区域分配一个)和 20 个认证企业孵化器。这些孵化器利用资金进一步资助初创公司,并提供低租金的共享办公地点供创业者使用,为他们提供分享、交流与合作的环境,并协助创业者吸引投资。孵化器大多配有导师,让成功的创业者为正在创业的年轻人提供传帮带指导;出资设立种子期基金(NYC Seed Fund)和合作基金(Partnership for NYC),投资软件、网络、金融、生命科学等领域处于种子期或扩张期的技术公司;推出纽约市技术人才计划(NYC Tech Talent Pipeline),出资 1 000 万美元资助技能培训。

此外,纽约实行专门的创业行动计划激励行业可持续发展,旨在通过激发中小企业创新活力来恢复国民经济。创业行动计划以鼓励技术创业为出发点,由纽约市政府调控治理,纽约市经济发展公司负责具体实施,多维度干预,助力科技创新企业发展。纽约市创新治理体系如图 6.3 所示。一是政府与企业合力打造纽约市科技人才管道,促进企业与高校间定向合作关系链条形成,并通过科技人才管道提供相关职业教育和技能培训,高度匹配岗位需求与就业需求。二是成立创业基金组织,解决当地创业公司获取种子基金难的问题。三是关注信息传播对企业发展的影响,通过构建数字化信息交流网络增强企业间的联系,营造良好的信息融通环境。

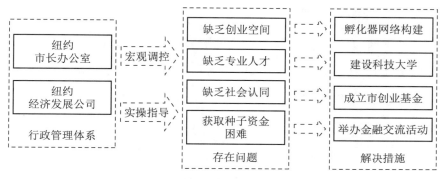

图 6.3　纽约市创新治理体系

资料来源:《上海国际科技创新中心新一轮发展战略研究》,上海市人民政府决策咨询研究重点课题。

2. 伦敦:打造科技与金融互补发展的多元化创新中心

伦敦是世界金融、艺术、文化和科技中心,拥有发达的科技产业和服务业。2010 年左右,伦敦"世界科技之都"和"欧洲硅谷"的进程开始加速,综合创新实力始终位居全球前列。2016 创业国家峰会(Startup Nations Summit)上,Nesta 创新基金会和欧洲数字论坛(EDF)联合公布的欧洲数字城市指数(EDCi)显示,伦敦因其充裕的创业资本、优秀的企业文化和高质量的劳动力市场,连续多年位居"欧洲最适合科技创业和发展的城市"榜首。德勤公司发布的《连接全球金融科技:2017 年全球金融科技中心报告》(Connecting Global FinTech:Interim Hub Review 2017)显示,伦敦和新加坡在全球营商指数、全球创新指数和全球金融中心指数三个维度上并列第一,是最有利于金融科技发展的城市。在 2019 年发布的《全球创业生态系统报告》中,伦敦排名第五。在《2020 全球科技创新中心评估报告》中,伦敦排名第三,尤其是在基础研究方面高居第一。根据《国际科技创新中心指数 2022》,伦敦在国际科技创新中心综合排名中位列第四,在创新生态方面表现尤为突出。

伦敦发展成为多元化国际中心,一方面在于银行和相关保险业务集聚形成的独特优势为其发展科技金融奠定了良好基础;另一方面,伦敦经过百余年的科技发展,拥有众多科研院所和跨国企业,是伦敦成为创新型城市的基础。在全球科技创新中心建设过程中,伦敦采取"国家—城市—地方"的多级政府共治的科技创新行政管理体系,营造了良好的创新生态环境。同时,伦敦注重高新技术产业和金融科技产业的互补发展,着力于打造更具国际影响力的多元化创新中心,凭借"知识(服务)＋创意(文化)＋市场(枢纽)"模式而成为世界城市可持续发展的榜样。伦敦科技创新中心建设模式如图 6.4 所示。

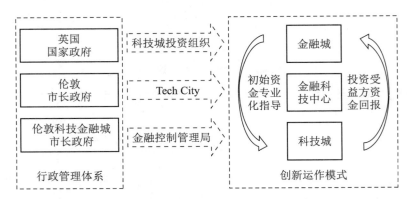

图 6.4 伦敦市利用科技与金融互补发展推动创新中心建设模式

资料来源:《上海国际科技创新中心新一轮发展战略研究》,上海市人民政府决策咨询研究重点课题。

伦敦构建多级政府共治的科技创新行政管理体系,为科技创新中心建设提供政策支持和制度保障。一是国家层面,政策宏观调控和财政输出支持创新。2008年,英国政府在《创新国家》白皮书中制定了创新体系的基本框架;2009 年实施"从知识中创造价值"计划,大力扶植低碳技术、生命科学、新材料、空间和海洋技术等重点领域;2010 年实施"科技城计划",在伦敦城内建立 Here East、Knowledge Quarter、Tech City Croydon、Tech City 四大科技聚集区;2010 年启动"国家基础设施规划",加强建设科学、数字、通信、交通、低碳等重点产业的基础设施;2012 年发布"高价值制造战略 2012—2015",对五大高价值制造领域进行重点投资;2023年,英国首相苏纳克宣布启动一项新的政府计划"新科学技术框架",包括为创新科技初创企业和公司提供融资,通过战略性国际参与、外交和伙伴关系塑造全球科技格局等行动,意在到 2030 年将英国打造成科技超级大国。

二是城市层面,通过中观治理和体制保障促进创新。"更宜居的城市——2030

专栏 6.3　伦敦的科技金融政策体系

雄厚的金融基础和实力是助力伦敦成为全球顶尖科创中心的强劲动能,核心是以政府直接投资、政府引导基金、税收减免优惠、鼓励企业市场化融资为主的政策体系,构建起科技与金融双向促进、互补发展的创新运作模式。其中,政府直接出资的包括企业金融伙伴计划(BFP)、创业贷款计划(SLS)、天狼星计划(SP)、成长加速器计划(GAP)、新企业津贴计划(NEA)、中小企业研究与开发计划(SMART)等;政府引导基金包括企业资本基金(ECF)、英国创新投资基金(UKIIF)、商业天使合作投资基金(BACIF)、英国高技术基金(UKHFT)等;税收减免优惠政策包括企业投资计划(EIS)、种子企业投资计划(SEIS)、风险资本信托计划(VCT)、专利盒子计划(Patent Box)等;鼓励企业市场化融资政策包括企业融资担保计划(EFG)、可选择投资市场(AIM)、伦敦证券交易所高增长板块(HGS)等。

从伦敦财政金融体系的特点来看,一是伦敦将政策重点定位于弥补市场缺失的功能。在扶持创新性企业发展过程中,政府不大包大揽,仅发挥有限作用,重点是以有限的资金,介入高风险的种子和先期种子阶段,引导风险投资。二是直接资助和间接扶持相结合。对科技创新直接给予资金扶持,尤其支持中小微、初创企业的创新活动,同时以间接刺激为目标,通过综合利用财政税收及金融等手段间接推动科技创新活动,包括研发税收减免、风险投资、融资担保以及公共采购等。三是政府资助的门槛低且力度大,兼顾政府和企业的双赢。英国政府扶持科创活动的适用条件格外宽泛,扶持条件非常丰厚。比如种子企业投资计划(SEIS),对申请融资资格的企业仅要求资产不超过 20 万英镑,雇员不超过 25 人,创立时间不超过两年。同时,英国的政策都有明确的计划,以保障政府以有限的投入收获最大的收益、面临最小的风险。

资料来源:纪慰华,《伦敦科技金融政策体系对上海建设全球科创中心的启示》,《上海城市管理》2021 年第 6 期。

伦敦规划"指出,要强化伦敦金融、航运、旅游、商业、创意等产业的国际竞争力,提升英国产业领域的资源配置能力和国际话语权,提升产业发展实力和密度,未来产业发展布局将走集约化、复合化、融合化的道路。规划中特别提出,要将伦敦塑造成为一个国际创意中心及知识型经济中心,要重点扶持新兴创新部门,并且促进信息技术、商务智能等技术产业的进步。近年来,伦敦以丰富的金融资源、来自国际一流大学的高素质人才资源、大量高科技企业的多年技术基础等三大优势,大力推进创新生态开发,迈入了"政府—产业—高校—科研机构—中介机构"协同推进,多产业共同发展的道路。

三是科技城层面,以硅环岛为核心打造东伦敦科技城。首先,在构建软实力方面,成立科技城投资集团(TCIO)孵化东伦敦科技集群,通过科技城投资集团与金融城合作的融资平台为不同阶段的初创企业提供支持。制定税赋优惠政策,比如将具有专利的企业所得税降低10%,修改IPO规则,进一步支持进入成熟期的科创企业,推动研发税收优惠等。将收购建筑中的一部分空间用作科技孵化区,包括50家支持机构、60个加速器和100处共享办公。推出人才专项签证,允许科技城为境外的科技人才提供担保。其次,在优化硬件再造城市中心方面,东伦敦科技城虽然有艺术化、潮流化的基底,但已跟不上创新产业对配套的需求,于是科技城采取强化优势、补齐短板的方式,进行新一轮的更新提升,目标是将老城区转化为吸引年轻人的活力中心。建筑潮设计、功能复合化、网红美食餐厅、高密度职住平衡,以及多样化的社交空间,形成了多重叠加效应。东伦敦科技城还通过向海外派驻科技大使的形式,促进国际合作。如汤森路透公司的全球移动技术主管Bob Schukai作为科技城驻纽约大使,发挥促进两个城市间技术合作的积极作用。

3. 东京:推行政产学研协同合作,倡导科技改善民生

东京的本土企业具有极强的创新能力,东京的国际枢纽地位与产学研合作形成的创新集群相辅相成,带动东京高新制造业稳健发展。根据"国际科技创新中心指数2022"排名,东京在国际科技创新中心综合排名中列第七,各方面综合指标较均衡。此外,根据世界知识产权组织发布的2023年版全球创新指数(GII),全球科

技集群中,东京—横滨排名第一,继续在全球保持领先。

东京所处的东京湾区,作为世界上第一个主要依靠人工规划而缔造的湾区,同自然形成的旧金山湾区和纽约湾区相比,有更为明显的规划设计和精密实施的痕迹,成为人工规划湾区建设的典范。东京湾区经济高水平发展,以日本国土面积的3.5%,创造了超过 1/3 的日本 GDP,经济效率在日本各都道府县中位居前列。科技创新是湾区经济发展的共同特征,也是企业集群形成和发展的关键。政策指导"产学研"结合促进人才培养和产业成果转化,建立以银行为主导的间接融资体系,完善资本市场拓宽融资渠道等措施,为东京湾区科技创新提供人才和资金保障。

东京市政府遵循市场经济发展规律,提倡顺应市场变化进行创新治理,强调企业产品设计要与客户需求紧密结合,打造知识密集型创新群落,注重地区知识溢出能力建设和知识转移效率提升。其全球科技创新中心建设模式如图 6.5 所示。一方面,依托创新要素聚集优势,持续施策助力"政产学研"协同合作发展,促进创新集群的知识溢出与知识转移,实现社会创新资源高效协同。另一方面,政府推行"社会 5.0"模式,提升高新技术面向社会公众的应用程度,促进虚拟空间与现实空间高度融合,宣扬技术惠民精神,倡导科技改善民生。

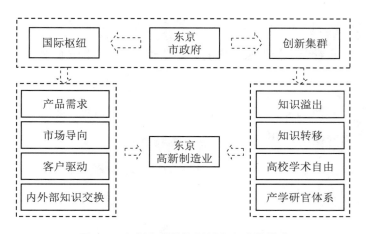

图 6.5 东京全球科技创新中心建设模式

资料来源:《上海国际科技创新中心新一轮发展战略研究》,上海市人民政府决策咨询研究重点课题。

围绕科技创新驱动发展,东京的模式可以归纳为如下方面:

第一,东京通过政策指导"产学研"结合,重视人才培养和成果转化。一是高等院校集聚,培养高素质人才。东京湾区内拥有多类型、多学科、多层次的大学集群,让高学历、高素质的高科技人才集中于东京湾区,为科技创新提供智力保障。湾区内有东京大学、早稻田大学、东京都市大学、横滨国立大学、庆应义塾大学等120多所大学,占日本大学总量的20%以上。东京湾区政府的教育投入稳定增长,在20世纪70年代到80年代增长最快,和日本从20世纪70年代开始向高新技术产业的转型一致。2014年,日本开展"超级国际化大学"计划,该计划共列入日本的37所大学。东京湾区有日本超级国际化大学A类13所中的6所(东京大学、东京工业大学、庆应义塾大学、早稻田大学、筑波大学和东京医科齿科大学),B类24所中的11所,共占日本"超级国际化大学"计划的46%。此外,东京湾区内还拥有仅次于硅谷的世界第二大高科技基地、日本科教中心筑波科学城。二是研发支出强度高,企业研究经费占主体。东京湾区内科技创新繁荣,不仅是由于大学集群所带来的高素质人才,更与重视大学集群与产业集群之间的互动互促,以及第三方研发经费大量投入有关。日本政府推出相关政策将许多最初属于部委的大学和研究所独立法人化,赋予了大学和科研机构更大的行政自主权力。尤为关键的是,日本的主要科研力量在企业,企业研发经费每年约占日本研发经费的80%,原因之一是企业更了解需求。从投向看,企业研发经费主要用于运输机械器械制造、医药和通信等行业上,和发展技术密集型产业的趋势一致。三是"产学研"结合促进科技成果转化。20世纪90年代以来,日本政府颁布了一系列法律法规,作为促进科技发展和科研成果产业化的制度保证。1998年《大学技术转移促进法》的颁布实施,则促进了技术转移机构的诞生和发展。该法规定,将促进高校科技转化作为突破口,建立大学技术转让机构(Technology Licensing Organization,TLO)。技术转移机构主要以公司法人形式存在,其职能是秉承"产学研"结合理念,负责挖掘、评估、选择具有产业潜能的研究成果,将大学的研究成果转让给企业,破解高校科技转化率低的问题。大学技术转让机构由日本经济产业省和文部科学省共管,在审批程序上,由两省大臣根据相关标准进行审查、核实,共同决定审查结果。在运营过程中享有国家优惠政策,特别在经费、设施设备和人才等方面得到了政府的大力支持和社会团体的援助。比如在设施设备方面,大学技术转让机构可无偿使用国家公共设施和设备。

第二,日本政府和东京积极推动以银行为主导的间接融资模式。一是政策性金融机构支持科技型中小企业。日本科技型企业融资的渠道,主要有金融机构贷款和社会直接融资。日本是较为典型的"银行主导型"金融体制,银行的间接融资占科技企业总融资的40%。政府建立了政策性金融机构,如国民金融公库、中小企业金融公库、商工组合中央公库、环境卫生金融公库等,介入科技型中小企业的融资活动,扶持科技型中小企业的发展。政策性金融机构主要职能是为中小企业发展提供低息融资服务,但又各有侧重。二是信用担保制度为中小企业间接融资增信。日本的信用担保机制,为解决科技型中小企业因缺少抵押品和信用记录而面临的融资难问题提供了重要支持。目前已经形成了中央与地方风险共担、担保与保险有机结合的信用保证体系。

第三,东京积极拓宽企业的股权融资渠道。一是鼓励对科技型中小企业的风险投资。日本政府拓宽科技型企业资金来源,为风险资本投资科技型企业提供法律保障和政策优惠。1963年,按照《中小企业投资育成公司法》,在东京、名古屋和大阪设立风险投资公司、中小投资育成公司;1974年,又成立了以研究开发型企业为核心的风险企业中心,为从事研究、科研开发、新产品试制或高科技成果转化等业务的科技型中小企业提供融资支持。1997年,制定天使投资税制度,促进个人(天使轮)、年金、有限责任组合、海外资本、其他风险资本不断投入风险投资领域,保证了多元化的资金来源。2009年,日本政府根据《促进工业振兴和其他法律促进日本工业活动创新的特别措施法》,成立株式会社产业革新机构(INCJ),这是日本政府与19家大公司的公私合作制企业,为创新型企业和项目提供大额资金。INCJ成立以来,主要投资的方向是电子机械器件、IT研发、材料化学和健康医疗业。二是发展多层次资本市场。为完善资本市场的企业覆盖面,日本构建了主板、二板、三板三个层次的资本市场,为科技企业提供股权市场。二板市场即JASDAQ市场

专栏 6.4 日本的中小企业信用担保体系

中小企业发展存在稳定性差、自身资产和可抵押品有限等先天因素,严重制约了小微企业贷款的可获得性。日本的信用担保机制,为解决中小企业因缺少抵押品和信用记录而面临的融资难问题提供了重要支持。

从历史沿革角度看,早在20世纪30年代初,日本就采取了政府紧急贷款、都道府县对金融机构坏账损失进行赔偿等多项政策性措施。1937年日本成立了东京都中小微企业信用保证协会,实行信用保证制度,是世界上较早建立信用担保机制的国家之一。截至1952年,日本共设立了52个信用保证协会,覆盖全日本。1955年成立了全国信用保证协会联合会,该协会是以为中小企业提供担保为目标的非营利性政策性担保机构,贯彻日本政府支持中小企业发展的产业政策。1958年日本成立全国性的中小企业信用保险公库,以中央政府财政拨款为资本金,对信用保证协会进行保证保险。

关于资金来源,日本中央信用保险公库的资本金由中央政府财政全额拨款,地方信用保证协会是公共法人,独立于政府运作,日本各都道府县地方政府会根据当地中小企业融资实际需求,以地方财政预算拨款给予资本金补充。各地方政府出资比例不同,但一般不低于50%,其余部分由当地中小企业、金融机构、企业团体共同出资。此外,各地方金融机构捐助的资金可以直接用于成本费用开支。

在法律环境方面,为更好地解决中小企业融资难问题,日本政府于1953年颁布了《中小企业信用保证协会法》,并依法成立了信用保证协会,帮助中小企业从银行等金融机构获得贷款。1958年7月,《中小企业信用保险公库法》颁布,明确了中小企业信用保险公库对中小企业者的债务保证进行保险的目标和向信用保证协会提供其所需资本的法律制度安排。同时,日本政府出台了一系列政府施行令和施行规则,明确信用担保机构的经营范围、担保的对象、风险控制、内部管理制度、信息披露、管理机构及其权限等。

资料来源:宋慧中、梁洪泉,《美、日中小企业融资担保体系的发展经验及启示》,《金融时报》2021年3月。

是东京交易所的市场二部,三板市场即 MOTHERS 创业板市场。二板、三板主要面向高科技企业提供直接融资的支持。2010 年,整合后的 JASDAQ 市场有 1 001 家上市公司,总市值达 98.279 万亿日元,超过韩国 KOSDAQ 和中国深圳创业板,成为亚洲最大的科技企业融资场所。JASDAQ 市场分成"JASDAQ 标准"和"JASDAQ 成长"两部分,分别面向已经有一定规模的企业和正在发展中的企业,为这些企业发展提供资金支持。与此同时,在 MOTHERS 板块上市公司的数量持续增加。从 2000 年的 29 家公司,增加到 2017 年的 248 家。根据日本交易集团 2018 年 10 月月报,9 家 IPO 公司中,有 7 家在 MOTHERS 市场上市,2 家在 JASDAQ 标准市场上市,MOTHERS 市场已经成为新兴中小企业上市的重要市场。

综上,国际典型科技创新中心城市的经验启示、战略规划与应对策略如表 6.1 所示。

表 6.1　国际典型科技创新中心城市的经验启示、战略规划与应对策略

	经验启示	战略规划	应对措施
伦敦	一方面,构建多级政府共治的科技创新行政管理体系,为科技与金融互补发展提供政策支持和制度保障;另一方面,构建科技与金融双向促进、互补发展的创新运作模式	到 2036 年,建设成为"顶级全球城市",其科技产业的优势在于数字媒体、销售、市场及金融服务	(1)成立专门的管理机构"科技城管理公司";(2)支持创业以及中小规模企业的集聚来吸引大型国际投资者;(3)为技术人员提供企业家签证;(4)提供降低融资成本的金融服务;(5)政府提供空置的自有物业作为创业空间,并实施网络提速等措施
纽约	一是政府与企业合力打造纽约市科技人才管道,高度匹配岗位需求与就业需求;二是成立创业基金组织,解决创业公司获取种子基金难的问题;三是关注信息传播对企业发展的影响,营造良好的信息融通环境	明确全球创新之都的城市发展定位,保持纽约作为全球创新之都的地位	(1)实施应用科学计划,培养更多高科技人才;(2)实施融资激励计划,为纽约创新创业企业提供资金扶持;(3)实施设施更新计划,改善纽约城市软硬件基础设施;(4)实施众创空间计划,致力于激发纽约全市的创新创业活力
东京	一是依托创新要素聚集优势,持续施策助力"政产学研"协同合作发展,实现社会创新资源高效协同;二是政府推行"社会 5.0"模式,提升高新技术面向社会公众的应用程度,促进虚拟空间与现实空间高度融合,宣扬技术惠民精神,倡导科技改善民生	到 2040 年,建设成为"安全城市""多彩城市""智慧城市",提供任何人都可以健康生活的场所,创建任何人都可以发挥能力、都可以很活跃的优秀城市	(1)设置"国际商务交流区"用于强化东京作为国际经济活动中心的集聚功能,促进国际资本、国际人才、国际企业聚集东京,开创具有国际竞争力的新产业。(2)设置"多摩创新交流区"用于引导"职住平衡"并推动新城产业集聚与创新发展,打造具备高品质生活环境、集聚多样创新价值、与周边城市密切合作交流和可持续发展的新城区,发挥创新引领作用

资料来源:编写组整理。

6.2.2 国内主要城市对标

1. 北京国际科创中心建设

北京是全国乃至全球科技创新资源最为聚集的城市之一,拥有全国一半的两院院士,一半的顶尖学科,以及三分之一的国家重大科技基础设施。2016年,国务院印发《北京加强全国科技创新中心建设总体方案》,确立了北京建设全国科技创新中心的"三步走"方针:到2017年,科技创新动力、活力和能力明显增强,北京全国科技创新中心建设初具规模;到2020年,全国科技创新中心的核心功能进一步强化,成为具有全球影响力的科技创新中心;到2030年,全国科技创新中心的核心功能更加优化,成为全球创新网络的重要力量。2021年,《北京市"十四五"时期国际科技创新中心建设规划》进一步提出:到2025年,北京"科学中心"建设将取得新进展,"创新高地"建设实现新突破,"创新生态"营造形成新成效;到2035年,北京国际科技创新中心创新力、竞争力、辐射力全球领先。在"国际科技创新中心指数2022"排名中,北京位列第三,展现出蓄势待发、奋楫争先之势,国际科技创新中心率先建成的重要窗口期已开启。

目前,北京国际科创中心建设呈现出以下趋势:

一是科技创新综合实力呈显著增强趋势。北京全市的研发经费支出占地区生产总值比重保持在6%左右,在国际创新城市中名列前位。支持开展数学、物理、生命科学等领域自主探索,基础研究投入占比从2014年的12.6%提升至2019年的15.9%。累计获得国家科技奖项占全国30%左右;每万人发明专利拥有量是全国平均水平的10倍;科研产出三年蝉联全球科研城市首位;涌现出马约拉纳任意子、新型基因编辑技术、"天机芯"、量子直接通信样机等一批世界级重大原创成果。

二是科技创新对北京高质量发展支撑作用呈显著增强趋势。北京发布高精尖产业"10+3"政策,打造新一代信息技术和医药健康"双发动机";出台促进北京经济高质量发展的若干意见及"五新"行动方案;发布三批60项重大应用场景,加速前沿技术迭代升级。"十三五"时期北京全市技术合同成交额超2.5万亿元,同比增长超 80％；中关村国家自主创新示范区企业总收入较"十二五"期末增长 80％，对全市经济增长贡献率近 40％。围绕人民生命健康，强化科研攻关，在分子靶向药物、免疫治疗药物等领域达到国际先进水平，贡献全国数量最多的源头创新品种。新冠肺炎疫苗研发始终居国际第一梯队，为科技抗疫贡献"北京力量"。

三是在创新型国家建设中的地位呈显著增强趋势。北京发挥社会主义市场经济条件下新型举国体制优势，举全市之力筹建国家实验室。北京怀柔综合性国家科学中心建设进入快车道，规划建设 5 个大科学装置和 13 个交叉研究平台。出台《北京市支持建设世界一流新型研发机构实施办法（试行）》，设立量子信息、人工智能等一批前沿领域新型研发机构，持续探索新体制新机制，形成一批引领原始创新的战略科技力量。"十三五"期间在京单位牵头承担的国家重大科技项目立项数量和经费投入均居全国首位，覆盖全部民口专项，为"天问一号""嫦娥五号""怀柔一号""奋斗者号"等重大成果提供有力支撑。

四是科技创新战略布局呈显著增强趋势。北京系统推进"三城一区"主平台、中关村国家自主创新示范区主阵地建设。紧紧围绕聚焦、突破、搞活、升级，高标准编制实施"三城一区"规划，中关村科学城在全国乃至世界新经济发展中形成引领态势，怀柔科学城初步形成重大科技基础设施集群，未来科学城开放搞活明显提升，北京经济技术开发区产业主阵地地位更加稳固。持续推进中关村国家自主创新示范区统筹发展，为国际科技创新中心建设注入强大动力。加快建设京津冀协同创新共同体，实施"一带一路"科技创新北京行动计划，中关村论坛、联合国教科文组织创意城市北京峰会等国际品牌效应已经形成。

五是创新生态环境优化呈显著增强趋势。中关村国家自主创新示范区改革创新"试验田"作用持续发挥，推动实施科技成果"三权"改革等政策先行先试。深化科技奖励制度改革，出台促进科技成果转化条例、"科创 30 条"、"科研项目和经费管理 28 条"等系列法规政策。出台实施"人才五年行动计划"，落实和实施中关村国际人才 20 条出入境政策和外籍人才绿卡直通车、积分评估等政策，集聚培养一批战略科技领军人才。国家服务业扩大开放综合示范区、中国（北京）自由贸易试验区落地。北京在 2021 年"全球创业生态系统指数"排名中位列世界城市第三,连续两年位居中国营商环境评价第一。

北京在推动国际科创中心建设的过程中,"政治驱动,多点布局,协同发力"的特点明显。在战略规划层面,首先,北京以推动首都高质量发展为主线,以科技创新和体制机制创新为动力,将"三城一区"建设作为主平台,其中中关村科学城、怀柔科学城、未来科学城、北京经济技术开发区分别承担聚焦—突破—搞活—升级的功能。其次,强调"四个着力",即着力打好关键核心技术攻坚战,着力强化战略科技力量,着力构建开放创新生态,着力提升科技治理能力和治理水平。再次,突出"四个坚持"原则:一是坚持使命引领、自立自强,始终把创新摆在现代化建设全局中的核心地位,把科技自立自强作为首都高质量发展的战略支撑。二是坚持集智攻关、协同突破,发挥新型举国体制优势,支持跨学科、跨领域深度协同攻关,协调各方面力量,努力形成国际科技创新中心建设整体优势。三是坚持先行先试、服务为本,充分发挥中关村改革创新"试验田"作用,大胆试、大胆闯,下大力气破除制约障碍,围绕人才第一资源以及各类创新主体发展需求,提高服务能力和水平。四是坚持"五子"联动、一体推进,强化国际科技创新中心建设"第一子"地位,加强与"两区"建设、全球数字经济标杆城市建设、以供给侧结构性改革创造新需求、京津冀协同发展的联动,形成正向叠加效应。

北京在落实到行动方面,一是转变发展导向,结合"两区"建设发展服务贸易,在人才、财税、知识产权及通关四要素方面提升服务质量,打造适合居民与人才需求的空间品质。二是体现"北京样本",金融改革开放打造类海外环境。在北京"两区"建设中,金融领域是分量最重的部分,有 102 条相关政策措施推出,多个重点领域取得突破性进展。三是体现"北京担当",聚焦"卡脖子"技术攻关和战略科技力量,发挥国家实验室体系与大科学设施作用,加速北京怀柔综合性国家科学中心建设。持续推进世界一流新型研发机构等创新体系建设,以及原创性基础研究、空天科技等重点领域研发,共性技术平台等原创性关键核心科技攻关。四是体现"首都特色",聚焦产业新动能培育和全域应用场景构建。一方面,持续发挥北京在医药化工制造业、电子信息制造业、高端设备制造业领域的长板特色,通过支撑新能源智能网联汽车、智能制造、航空航天等产业创新发展,前瞻布局未来产业等,加速培育高精尖产业新动能;另一方面,通过加快打造全球数字经济标杆城市、提升智慧城市建设水平、实施科技冬奥专项计划等,促进国际一流的和谐宜居之都建设。

2. 深圳国际科创中心建设

深圳是中国改革开放的重要窗口,实行特殊政策和灵活措施,发挥对全国改革开放和社会主义现代化建设的示范作用。40 多年来,深圳的地区生产总值以年均20.7％的速度快速增长,深圳已成为一座充满魅力、动力、活力、创新力的国际化创新型城市。深圳把创新作为城市发展主导战略,构建了"基础研究＋技术攻关＋成果产业化＋科技金融＋人才支撑"的全过程创新生态链,获批建设国家可持续发展议程创新示范区,国家战略科技力量布局取得重大突破,全社会研发投入占地区生产总值比重达 5.46％,创新体系实现历史性变革、系统性重构,创新能力居国家创新型城市首位。

目前,深圳的国际科创中心建设呈现出以下趋势:

一是科技改革深入推进。深圳颁布实施自主创新示范区条例、科技创新条例,出台基础科学研究实施办法、科技计划管理改革方案;建立市科技研发资金投向基础研究和应用基础研究不低于 30％的长效机制;推行项目评审"主审制"、机构评估"里程碑式"管理、科研经费"包干制"。

二是科技创新重大平台取得突破。大湾区综合性国家科学中心、鹏城实验室布局深圳,河套深港科技创新合作区、光明科学城、西丽湖国际科教城稳步推进,获批建设肿瘤化学基因组学国家重点实验室、国家高性能医疗器械创新中心、国家应用数学中心和国家感染性疾病(结核病)临床医学研究中心,国家级创新载体达 124个,基础研究机构设立 10 家。

三是创新人才加速集聚。深圳率先开展人才引进"秒批"改革,新引进人才 120万人;承接《外籍高端人才确认函》审发权,上线运行"外国人综合服务管理平台",在深外籍高端人才占比逐年上升,其中 21 位外国专家获得中国政府友谊奖。

四是科技产业质量持续提升。深圳 PCT 国际专利申请量连续 17 年居全国城市首位,专利授权量居全国城市首位,5G 标准必要专利数占全球 1/4;战略性新兴产业增加值占地区生产总值比重达 37.1%,高新技术产业发展成为全国的一面旗帜,国家级高新技术企业达 1.86 万家,五年增长 237%,深圳国家高新区实现扩容提质;国家新一代人工智能创新发展试验区获批。

五是开放创新持续拓展。推进广深港澳科技创新走廊建设,支持港澳创新主体申请深圳市科技项目,科研资金实现跨境使用,科研仪器实现开放共享;实施"深圳—以色列联合资助计划",与新加坡签署谅解备忘录;成功举办中国国际人才交流大会、全球青年创新集训营等科技交流活动。

深圳在国际科创中心建设过程中,具有明显的以外向型、开放型创新生态激发创新活力特点,通过建立"基础研究+技术攻关+成果产业化+科技金融+人才支撑"全过程创新生态链,走出了一条具有深圳特色的自主科技创新之路。具体来讲:

一是率先形成基础研究长期持续稳定投入机制。深圳通过制定出台《深圳经济特区科技创新条例》,以法定形式明确政府投入基础研究和应用基础研究的资金比例,设立市级自然科学基金,资助开展基础研究、应用基础研究,培养科技人才。同时,大力引导支持企业及其他社会力量通过设立基金、捐赠等方式,加大对基础研究和应用基础研究的投入力度。

二是建立关键核心技术攻关新机制。深圳改革重大科技项目立项和组织管理方式,实行"揭榜挂帅"项目遴选制度,择优选定攻关团队;实行"赛马式"制度,平行资助不同技术路线的项目;实行"项目经理人+技术顾问"管理制度,对项目实施全生命周期管理;实行"里程碑式"考核制度,对项目关键节点约定的任务目标进行考核,确保产业链关键核心环节自主可控。

三是建立科技成果"沿途下蛋"高效转化机制。深圳依托综合性国家科学中心先行启动区布局建设一批重大科技基础设施,设立工程和技术创新中心,构建"楼上楼下"创新创业综合体,"楼上"科研人员利用大设施开展原始创新活动,"楼下"

创业人员对原始创新进行工程技术开发和中试转化,推动更多科技成果沿途转化,并通过孵化器帮助创业者创立企业,开展技术成果商业化应用,缩短原始创新到成果转化再到产业化的时间周期,形成"科研—转化—产业"的全链条企业培育模式。

四是发挥政府投资杠杆作用组建早期创业投资引导基金。深圳以政府投资撬动社会资本,按照市场化、法治化原则,成立创业投资引导基金,构建引领和促进科技创新的风险分担机制。按照"全球化遴选顶级管理人、全球化引进早期硬科技、全球化招募合伙人、全球化让渡属地收益"的经营理念,成立完全市场化运作的早期创业投资子基金,引导社会资本投向早期创业类项目和种子期、初创期企业。创业投资引导基金对子基金在项目投资过程中的超额收益予以全部让渡,同时最高承担子基金在一个具体项目上40%的投资风险,助力种子期、初创期企业跨越"死亡谷"。

五是建立科技人员双向流动制度,重构市场导向的人才分类评价激励体系。深圳促进科技人才在高等院校、科研机构和企业之间合理流动,支持和鼓励事业单位科研人员按规定离岗创业和在职创办企业,允许科研人员从事兼职工作、高校教师开展多点教学、医师开展多点执业并获得报酬;允许高等院校、科研院所设立一定比例的流动岗位,聘请有实践经验的企业家、企业科研人员担任兼职教师或兼职研究员。此外,破除"唯论文、唯职称、唯学历、唯奖项",区分竞争领域和非竞争领域,对市场发挥主导作用的竞争领域,以人才市场价值、经济贡献为主要评价标准,建立"经济贡献越大、奖励补贴越多"的持久激励机制;对政府主导投入的非竞争领域,由以"帽"取人向以岗择人转变,由用人主体自主评聘"高精尖缺"人才,加快建立以创新价值、能力、贡献为导向的科技人才评价体系。

六是构建以"四个90%"为鲜明特点的企业创新生态,支持企业和战略科研平台组建创新联合体。深圳强调企业创新主体地位,形成"四个90%"的创新格局,即90%以上研发人员集中在企业,90%以上研发资金来源于企业,90%以上研发机构设立在企业,90%以上职务发明专利来自企业,让企业在科技创新中唱主角,推动产业链创新链深度融合。此外,依托高科技企业和高水平研究型大学,发挥市场需求、集成创新、组织平台的优势,构建企业牵头、高校院所支撑、各创新主体相互协同的创新联合体,建立"需求方出题、科技界答题"新机制,形成高效强大的共性技术供给体系。

6.3　上海加快建设国际科创中心的总体思路

6.3.1　指导思想

当今世界处于百年未有之大变局,中国经济社会发展的内外部环境正在发生深刻变革,科学技术的发展也面临多重不确定性。上海加快建设国际科创中心要深入贯彻习近平新时代中国特色社会主义思想,统筹推进"五位一体"总体布局和协调推进"四个全面"战略布局,全面准确贯彻习近平总书记对上海"当好全国改革开放排头兵、创新发展先行者"的发展要求,坚持新发展理念,面向全球、面向未来,在新的时代坐标中坚定追求卓越的发展取向。解放思想、大胆探索,牢牢把握世界科技进步大方向、全球产业变革大趋势和集聚人才大举措,推进以科技创新为引领的全面创新,着力提高创新供给质量和效率,加快形成以创新为主要引领和支撑的经济体系和发展模式,提升科技创新策源功能,引领经济社会的高质量发展,服务上海"五个中心"和具有世界影响力的社会主义现代化国际大都市建设,大幅提升城市能级和核心竞争力,加快构筑新时代上海发展的战略优势。

1. 坚持人才优先

人才是第一资源,是最重要的创新要素。科技创新活动开展需要人的知识、人的创造性、人的独立意志以及人的潜能发挥,新知识、新技术、新产品的产生高度依赖大量人才集聚所产生的集体智慧。国内外的实践也表明,人才集聚所产生的集聚效应对促进城市科技创新发展意义十分重大。全面落实"创新驱动实质是人才驱动"的思想,牢固确立人才引领科技发展的战略地位,全面聚集人才,充分发挥不同类型的人才在科技创新的不同环节发挥不同的作用,着力夯实创新发展人才基础是未来上海科技创新发展的根本保障。为充分激发人才的创造力需加快构建具有全球竞争力的人才制度体系,营造良好创新环境,加快形成有利于人才成长的培养机制、有利于人尽其才的使用机制、有利于竞相成长各展其能的激励机制、有利于各类人才脱颖而出的竞争机制,为上海塑造创新策源功能创造先决条件。

2. 坚持源头突破

当前中国已成为全球创新版图中日益重要的一极,但与发达国家相比还有很大的差距。提升创新策源功能是国家对上海在新一轮科技革命和产业变革大趋势中抢占发展先机的必然要求。同时,创新策源功能的提升对于增强上海城市能级也具有显著的带动作用,是对上海建设"卓越的全球城市"目标定位中关于科技创新功能的进一步明确和聚焦。未来上海科技创新发展应遵循创新发展规律和区域创新体系建设规律,牢牢把握新科技革命和产业变革的窗口期,坚持战略和前沿导向,集聚全球科技创新资源与要素,加大在前沿性原始创新与战略性关键技术上的布局,通过强化基础研究、提升其厚度,实现关键核心技术突破,以强大的基础研究和应用基础研究体系构建科技创新发展的知识基础。提升创新策源功能,除了要在知识创造上有重大贡献,还要有能力引领新兴产业的发展,通过提高成果转化的效率,形成以企业为主体、产学研结合、上中下游衔接、大中小企业协同的技术创新体系。通过完善和优化科技创新体系,调动各类主体的积极性,不断优化创新体系结构和创新生态,最大限度地激发创新活力,整体性、系统性提升上海科技创新策源功能。

3. 坚持引领高质量发展

以科技创新为引领,加快经济、社会、生态、教育等的融合发展,全面引领经济社会协调、绿色、开放、共享发展,为实现更高质量发展提供强有力的支撑是中国实施创新驱动发展战略、建设现代化经济体系的必然要求。上海创新策源功能提升服务于经济社会发展和满足人们对美好生活需要。新时代,要把满足人民物质文化生活需要、增进民生福祉、促进人的全面发展、实现人民共同富裕与普遍幸福作为科学技术发展的出发点和落脚点,大胆创新、全力创造,取得更高品质、更高境界的创新成果,实现创新社会效益和创新价值最大化。通过科技创新给人民带来更多的获得感、幸福感、安全感,让科技创新提升人民福祉。

专栏6.5 上海加快建设国际科创中心的基本内涵与战略思维

上海加快建设国际科创中心的基本内涵是指,在科技创新中心已形成的基本框架体系基础上,实现科技创新中心功能的全面提升。具体而言:一是全力提升创新策源功能,推动重大原始创新成果持续涌现;二是大力推进高质量成果转化,全面提升高端科技创新产业引领能力;三是着力打造全球创新网络的关键节点和国家创新体系的中心节点,全面提升创新要素的集聚能力;四是致力构建深度参与全球科技治理的战略链接,全面提升高水平对外开放的创新枢纽能力。

上海加快建设国际科创中心要以筑基、垒台、立柱、架梁的战略思维,加快推进国际科技创新中心建设的创新基础培育、创新条件建设、创新体制机制构建和创新体系能力形成,加快构筑新阶段上海创新发展的战略优势,加快实现具有全球影响力的科技创新中心功能全面升级,为中国进入创新型国家前列提供坚实支撑。

——筑基。通过提高立法保障,优化营商环境,加强科学普及,发扬科学家精神,推广创新文化,打造科研诚信等,营造良好的社会文化环境,提升公民科学素养,夯实创新根基。

——垒台。通过构建高水平大学和科研机构、活跃的新型研发组织、前瞻布局的重大科研基础设施、运行良好的功能性平台、充沛的创新创业空间、专业化的科技创新服务体系等,打牢创新基础。

——立柱。通过完善科技战略及决策形成机制、科技计划与科研组织体制、资源配置与条件保障机制、政府职能转变与政策供给机制、关键核心技术领域的新型举国体制、战略科技力量培育机制、区域创新协同及国际合作机制和社会动员、组织及协作机制等,强化创新支撑。

——架梁。通过保障高质量科技供给,增强创新策源功能,参与全球科技治理,应对人类共同挑战等,着力提升自主创新能力。

资料来源:同济大学课题组,《上海国际科技创新中心新一轮发展战略研究》,2020年12月。

6.3.2　发展目标

1. 总体目标

以提升全球策源能力为目标加快建设科技创新中心。到 2035 年，上海要全面建成具有全球影响力的科技创新中心，核心功能完备、关键能力突出，在全球创新网络中发挥国内国际交流互动的枢纽作用，成为更好地辐射带动全国、进而重塑全球创新策源格局的核心城市。这一目标应包括三个方面的功能定位：一是成为高水平开放创新的桥头堡；二是成为战略性关键技术突破的重要基地；三是成为全球前沿创新的重要策源地。

到 2025 年，上海要初步建成具有全球影响力的科技创新中心，全社会研发经费支出相当于全市生产总值（GDP）的比例达到 4.5% 左右，战略性新兴产业增加值占 GDP 比重达到 20% 左右。创新资源集聚，原始创新能力稳步提升，一批关键核心技术取得重大突破。科技创新策源功能不断增强，科技成果转化率和科技对实体经济的支撑作用显著提高，创新主体群体不断发展壮大。科技创新领域开放、国家实验室管制制度和运行机制等方面的改革获得实质性突破，形成适应创新驱动发展要求的制度环境。国际影响排名明显提升，辐射带动长三角地区乃至全国创新发展的能力明显提高。

2. 上海国际科创中心新一轮发展的目标设计

从上海国际科技创新中心建设的整体战略目标看，到 2030 年，形成具有全球影响力的科技创新中心城市的核心功能；到 2035 年，具有全球影响力的科技创新中心功能全面升级；到 2050 年，基本建成国际科技创新中心。

从国家战略需求看，上海国际科技创新中心在新一轮发展中要成为国家创新策源和关键核心技术攻关的重要基地、经济社会发展动能转换的先行区域、科技赋能人民城市建设的示范样板、长三角科技创新一体化发展的动力引擎、科技体制机制改革和高水平对外开放的前沿阵地。上海国际科技创新中心建设发展的战略目标演进如图 6.6 所示。

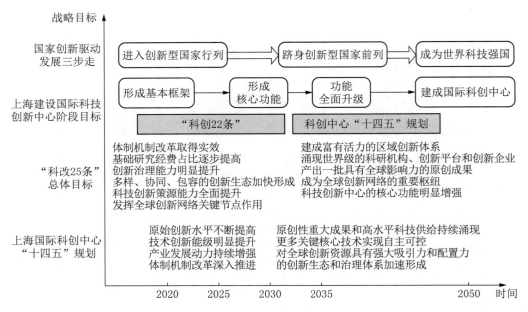

图6.6　上海国际科技创新中心建设发展的战略目标演进

资料来源:《上海国际科技创新中心新一轮发展战略研究》,上海市人民政府决策咨询研究重点课题。

近年来,全球科技创新形势发生一系列深刻变化,中美科技竞争日趋激烈,科技创新加速迭代,国际科技交流与合作受阻,给科技创新带来诸多挑战。因此,必须根据国家战略需求,在新趋势研判的基础上,对上海国际科创中心新一轮发展的目标设计进行相应调整。

一是加紧科技研发与实践应用的结合,促进科技创新成果的高质量转化。当前众多领域的市场应用都对科技研发提出了更高的要求,而且借由新一代信息技术对研发活动的赋能,科技创新的速度也越来越快,研发与应用相结合成为新趋势。科技创新已不再只是科技研发部门的事,而是积极融入产业链当中,市场回报和创新绩效促使研发活动与终端应用日益紧密结合,创新活动不断向下游延伸,"生产"成为继"研究""发展"后的第三创新环节。此外,"科学发现—技术发明—商业化应用"的距离日益缩短,"市场需求—技术需求—科学突破"的反向互动更加明显。技术集成成为创新的常用形式,越来越多的科技问题通过集成现有技术而得以解决,创新活动的地域、组织与技术边界亦不断延伸、融合,多主体协同创新趋势更加明显。

二是加强对科技创新的政策指导,提升基于自主创新的高质量科技供给,逐步突破"卡脖子"技术,健全兼顾效率的科技创新安全体系。一方面,由于新冠疫情对经济冲击的影响,民族利益优先、本国利益至上的情绪波动蔓延,对外关闭或有条件地开放国内市场成为新的常态。各国加快调整产业链布局,试图重新掌控事关国计民生尤其是公共卫生安全领域的"话语权",甚至试图强行改变全球化所形成的国际供应链格局,创新区域化成为新的趋势。另一方面,发达国家均在科学研究、技术研发、人员交流、市场应用等方面采用全政府手段,试图对本国领先技术进行保护,同时限制国外先进技术的发展。

三是致力构建全球公共卫生领域的领先优势,抢滩布局未来科技技术和产业,积极抢占未来科技经济制高点。一方面,新冠疫情对世界经济所造成的冲击,促使各国纷纷向科技索要"答案",试图实现科技"突围",培育未来经济增长新动能。各国均把科技创新作为经济复苏和社会发展的强劲动力,疫苗研发受到举世瞩目,主要国家均加紧发力,力求通过疫苗实现"破局",并希望借机实现在生物医药、公共健康等领域的领先优势。另一方面,在未来布局上,高新技术前沿领域成为创新竞争的主要焦点,世界发达国家均根据自身需求进行相关布局,但所涉及领域交叉重叠现象明显,包括人工智能、量子科技、5G/6G、网络安全、新材料、新能源等在内的热门领域竞争激烈。在科技创新发展规划上,美、德、英、法、日等发达国家均积极采取行动,并在平台建设、技术发展和行业变革等方面表现出明显的趋同特征,同时各国均表示要加大对研发资金的投入力度,积极抢占未来科技经济制高点。

3. 上海国际科创中心新一轮发展的关键指标设计

2021 年 9 月 29 日,《上海市建设具有全球影响力的科技创新中心"十四五"规划》发布,针对原始创新水平不断提高、技术创新能级明显提升、产业发展动力持续增强和体制机制改革深入推进,提出了提升上海"五个中心"能级和城市核心竞争力的八项主要指标及目标(详见表 6.2)。

表 6.2 "十四五"时期上海国际科创中心主要指标

指标		2025 年目标
原始创新水平不断提高	全社会研发经费支出相当于全市生产总值(GDP)的比例	4.5%左右
	基础研究经费支出占全社会研发(R&D)经费支出比例	12%左右
技术创新能级明显提升	全市 PCT 专利年度申请量	5 000 件左右
	每万人口高价值发明专利拥有量	30 件左右
产业发展动力持续增强	全市高新技术企业数量	2.6 万家
	战略性新兴产业增加值占 GDP 比重	20%左右
	技术合同成交额占 GDP 比重	6%左右
体制机制改革深入推进	外资研发中心数量	累计达 560 家左右

资料来源:《上海市建设具有全球影响力的科技创新中心"十四五"规划》。

在"十四五"时期上海国际科创中心建设的主要指标基础上,基于新一轮发展的内涵解读和目标设计,可以形成更加具体的关键指标和辅助指标体系(如图 6.7

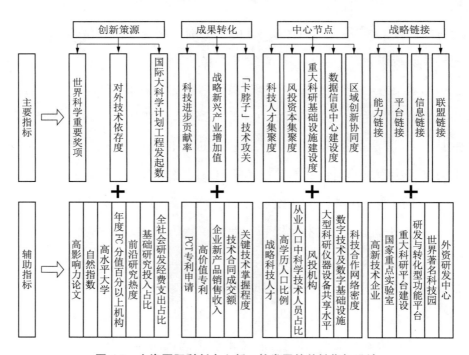

图 6.7 上海国际科创中心新一轮发展的关键指标设计

资料来源:《上海国际科技创新中心新一轮发展战略研究》,上海市人民政府决策咨询研究重点课题。

所示,指标详细内容参见表 6.3),以更加立体化地呈现国际科技创新中心建设的目标体系。其中,创新策源维度包括世界科学重要奖项(如诺贝尔奖、菲尔兹奖、图灵奖等)、对外技术依存度、发起国际大科学计划和大科学工程数等;成果转化维度包括科技进步贡献率、战略性新兴产业增加值、"卡脖子"技术(如光刻机、芯片、操作系统等)攻关能力;中心节点维度包括高端科技创新人才和风投资本集聚能力、重大科研基础设施和数据信息中心建设能力、区域创新协同能力等;战略链接维度包括能力链接(如对关键产业链的掌控)、平台链接(如研发与转化型功能平台的建设)、信息链接(如信息情报的搜集、储存、分析)、联盟链接(如外资研发中心吸引)等。

表 6.3　上海国际科创中心新一轮发展关键指标设计

维度	主要指标	具体指标	解　释	是否有统计口径	是否有国际数据	统计口径来源
创新策源	世界科学重要奖项	世界科学重要奖项获得数	奖项包括诺贝尔奖、图灵奖、菲尔兹奖等	有	有	各奖项得奖名单
	对外技术依存度	技术引进经费占总的科技经费支出的比重	技术引进经费/(技术引进经费 + R&D 经费支出)	有	无	统计年鉴(部分)
	国际大科学计划工程发起数	国际大科学计划发起数与国际大科学工程发起数之和		有	无	互联网
成果转化	科技进步贡献率	$E = 1 - (\alpha \times K)/Y - (\beta \times L)/Y$	Y 为产出的年均增长速度,A 为科技的年均增长速度,K 为资本的年均增长速度,L 为劳动的平均增长速度,α 为资本产出弹性,β 为劳动产出弹性,通常假定生产在一定时期内 α、β 为一常数,并且 $\alpha + \beta = 1$,即规模效应不变。我国一般取 $\alpha = 0.2 - 0.3$,$\beta = 0.8 - 0.7$;国际上一般取 $\alpha = 0.2 - 0.4$,$\beta = 0.8 - 0.6$。	有	有	统计年鉴、互联网

续表

维度	主要指标	具体指标	解释	是否有统计口径	是否有国际数据	统计口径来源
成果转化	战略性新兴产业增加值	战略性新兴产业增加值在区域生产总值中的占比	战略性新兴产业增加值/GDP	有	无	上海市统计局官网
	"卡脖子"技术攻关	技术科学重大领域的关键环节企业数量	"卡脖子"技术多是技术科学,而相关领域是否可以有所突破最重要的因素在于关键环节的攻克环节。比如:发动机的发展推进在于熔炼控制和材料冶金环节;汽车行业受限于制动技术标准不足;航空业的进步需要冶金熔炼技术的精进;大规模集成电路芯片需要关注光刻机;操作系统的发展则需要聚焦工程组织能力	无	无	
		技术科学重大领域的关键环节企业毛利率	毛利率=(销售收入-销售成本)/销售收入	无	无	
		技术科学重大领域指数	比如人工智能指数、区块链指数等	有	有	《全球人工智能创新指数报告》;"新华京东区块链指数"
中心节点	科技人才集聚度	高影响力科学家	论文被引越高,影响力越大	有	有	科睿唯安(Clarivate Analytics)公司每年都会向世界提供一份"高被引科学家"名单
		世界科学重要奖项获得者	世界科学重要奖项获得者数(包括引进人才)	有	有	各奖项得奖名单
	风投资本集聚度	风险投资资金		有	有	普华永道全球风险投资报告

维度	主要指标	具体指标	解　释	是否有统计口径	是否有国际数据	统计口径来源
中心节点	风投资本集聚度	世界著名风投机构数量		有	有	全球母基金协会发布的年度全球最佳投资机构榜单
	重大科研基础设施建设度	国家重大科技基础设施项目数		有	无	《关于国家重大科技基础设施建设中长期规划(2012—2030年)》
	数据信息中心建设度	在建及建成互联网数据中心数		有	无	互联网
		数据中心(公有云)数量	数据中心托管是一种外包的数据中心解决方案,企业IT资源有限的中小型公司为了节约成本,通常选择托管数据中心来扩展自己数据中心的容量而非构建自己的数据中心	有	有	Cloudscene(https://cloudscene.com/)
	区域创新协同度	论文合著网络中心度	论文合著网络中心度体现了一个城市科学研究的开放性和国际化程度	有	有	Digital Science-Dimensions
战略链接	能力链接	独角兽企业数量	独角兽公司指那些估值达到10亿美元以上,并且创办时间相对较短(一般为十年内),还未上市的企业	有	有	CB Insights 独角兽榜单(https://www.cbinsights.com/research-unicorn-companies)
		独角兽企业市值		有	有	CB Insights 独角兽榜单(https://www.cbinsights.com/research-unicorn-companies)
		高技术制造业企业市值	依据GICS全球行业分类系统二级行业,对高科技制造业企业进行的分类	有	有	福布斯中国(https://www.forbeschina.com/lists/1762)

续表

维度	主要指标	具体指标	解　释	是否有统计口径	是否有国际数据	统计口径来源
战略链接	平台链接	高能级的学术平台数	具有固定的研发场所或设施条件、结构合理的研发或服务人员队伍,以及开放共享和协同创新的运行管理机制的学术平台	无	无	
	信息链接	世界著名智库数量		有	有	全球智库榜单(https://ciraa.zju.edu.cn/thinktank/)
	联盟链接	国家国际科技合作基地数目	指由科学技术部及其职能机构认定,在承担国家国际科技合作任务中取得显著成绩、具有进一步发展潜力和引导示范作用的国内科技园区、科研院所、高等学校、创新型企业和科技中介组织等机构载体,包括国际创新园、国际联合研究中心、国际技术转移中心和示范型国际科技合作基地等不同类型	有	无	国际科技合作官网(http://www.cistc.gov.cn/InterCooperationBase/details.asp?column=741&id=81467)
		国际科技组织总数	《面向建设世界科技强国的中国科协规划纲要》明确,大力支持和推动在华建立国际科技组织,积极引导新建国际科技组织来华登记并建立总部	无	无	
		世界顶尖大学联盟参与数	比如北美大学联盟、21世纪学术联盟、环太平洋大学联盟、全球高校人工智能学术联盟等	有	有	各类世界顶尖大学联盟名单

资料来源:《上海国际科技创新中心新一轮发展战略研究》,上海市人民政府决策咨询研究重点课题。

专栏 6.6　上海科技创新发展愿景与战略目标

　　构建上海科技创新发展愿景的基本思路：以服务国家战略需求为导向，要坚持将创新作为引领发展的第一动力，提升城市科技创新的策源功能，要发挥上海对服务国家重大战略需求的作用；以推动城市可持续繁荣为核心，优化产业结构，突出底线约束，发展低碳韧性，不断推动城市可持续繁荣；以支撑人民生活更美好为根本，突出以人为本、内涵发展的本质要求，坚持城市让生活更美好的价值取向。

　　顺应国际经济社会发展形势及全球科技创新发展大趋势，对标国家创新驱动发展战略需求和《上海市城市总体规划（2017—2035 年）》部署，贯彻科学和技术发展以推动城市可持续繁荣为核心，以服务人民生活更美好为根本，以支撑国家战略需求为导向，以更好代表国家参与国际竞争为目标的原则，结合上海科技、经济和社会发展实际，提出上海科学和技术发展战略目标：到 2035 年，将上海建设成为具有全球影响力的科技创新中心，跻身全球创新型城市前列，为中国建设成为世界科技强国提供强劲动力和重要支撑。

　　一是成为具有全球影响力的科技创新策源地。上海的科学策源功能基本形成，在基础性、前沿性科学研究领域取得突破性进展，重大科学发现和原创成果不断涌现，在若干前沿方向发起国际大科学计划，成为全球科学规律第一发现者、技术发明第一创造者、创新产业第一开拓者和创新理念第一实践者。

　　二是形成更具竞争力的现代化经济体系。形成主体多元、协同有效的产业技术创新体系，若干重点领域形成战略性优势产业，引领型新兴产业持续发展，支撑传统产业转型升级和经济高质量发展。企业在新兴产业领域掌握一批自主核心技术、知识产权和标准，产业技术创新能级加快提升，不断向全球产业价值链高端跃升。

　　三是建成更高能级的开放创新网络。创新要素自由流动，形成一流的全球创新资源配置能力,建成富有活力的区域创新体系,构筑起完善的创新制度体系,形成对全球创新创业者具有强大吸引力的创新市场环境和营商环境,创新创业基因植入城市文化。

四是拥有更具有幸福感的生活体验。科技创新同民生福祉紧密结合,提供多样化、个性化、高品质的科技产品与服务。通过科技创新给人民带来更多的获得感、幸福感、安全感,更好地满足人民日益增长的美好生活需要。

资料来源:上海市科学学研究所,《上海市建设具有全球影响力的科技创新中心"十四五"规划和二〇三五年远景目标的战略研究》,2020 年 12 月。

6.4　上海加快建设国际科创中心的重大任务和关键举措

6.4.1　战略任务

1. 推动上海的城市定位由"门户城市""窗口城市"向"全球创新平台城市"转型

广泛链接、深度融入全球科技创新网络,加强科创能力建设,推进"外源型—混合型—内生型"的建设路径。上海不仅要在全球范围内发挥创新的节点功能,更要形成一个从全球到本地的创新中心网络,使上海(延展至长三角)成为全球、国家、区域多个空间维度的科技创新基地和中枢。

2. 进一步提升上海基础研究能级,强化科技创新策源功能

当前各个领域创新发展的基础支撑和底层架构的重要性越来越凸显,过度侧重于应用研究领域的投入和发展,将会影响上海科技创新的发展后劲。唯有夯实基础研究能力和核心技术领域的底层架构,才有可能真正成为全球创新资源集聚、互动、循环和流动的平台与中心。

3. 依托现有优势围绕数字经济、数智经济、数治经济,大力发展科创新基建,以科创中心推动经济中心建设

根据"全球创新指数 2020"排名,上海在化学和数字通信领域具有比较显著的科技优势,未来应持续强化相关领域的科技创新基础设施建设(例如研发平台建设

专栏 6.7　上海设立"基础研究特区"

上海聚焦科研领域"从 0 到 1"的原始创新,出台《关于加快推动基础研究高质量发展的若干意见》,用"基础研究特区"等制度创新鼓励更多"引领型研究"。

不同于"跟随型研究",基础研究是整个科学体系的源头,是所有技术问题的总机关。"在世界科技发展越来越迅速、颠覆性技术创新不断涌现的新形势下,上海要加快形成国际科创中心的核心功能,就必须全力做强创新引擎,把提升原始创新能力摆在更加突出的位置,千方百计把基础研究搞上去。"上海市政府副秘书长陈鸣波说。

根据意见,上海将试点设立"基础研究特区",选择基础研究优势突出的部分高校和科研院所,面向重点领域和重点团队,给予长期、稳定和集中支持。同时,赋予"基础研究特区"充分科研自主权,支持机构自由选题、自行组织、自主使用经费,在科研组织模式和管理体制机制上给予充分改革探索空间。

"'基础研究特区'计划的关键词是'特',针对基础研究的主要特征,与传统项目管理有所区别,尤其在实施方法、经费使用和评价标准方面有所不同。"据中科院上海分院院长胡金波介绍,中科院上海分院正在探索"基础研究特区"计划的试点工作,希望以此引导科学家勇闯"无人区"。

据介绍,为保证科研人员及团队获得相对充足的探索和研究时间,"基础研究特区"计划强调长期稳定的实施周期,以五年为一个资助周期。该计划还将探索松绑放权的管理制度,鼓励各试点机构创新内部管理机制,重点探索非共识项目的遴选机制,实施项目专员制度,改革人才和成果评价制度,建立容错机制等。

此外,根据意见,上海将从完善布局、夯实能力、壮大队伍、强化支撑、深化合作和优化环境六个方面推动基础研究高质量发展,具体包括引导企业与政府联合设立科研计划,多管齐下壮大基础研究人才队伍,加快建设长三角区域创新共同体等。

资料来源:《上海首设"基础研究特区"瞄准"0 到 1"原始创新》,中国政府网,2021 年 10 月 20 日,https://www.gov.cn/xinwen/2021-10/20/content_5643750.htm。

等)。同时可以预见的是,围绕数字经济、数智经济、数治经济,将出现越来越多的新技术、新产品、新业态、新产业和新的经济增长点。因此,加大新型基础设施建设,尤其是数字基建,将为上海在新兴领域的科技创新与产业发展提供强大支撑,"新设施""新平台"国际竞争力的获得,对上海新一轮科创中心建设至关重要。

专栏6.8　上海科技创新评价情况

2022年12月,中国科学技术发展战略研究院发布《中国区域科技创新评价报告2022》。报告显示,党的十八大以来,我国区域科技创新水平普遍提升,重大战略区域科技创新发展成效显著。2022年,全国综合科技创新水平指数得分为75.42分,比2012年提高了15.14分。值得关注的是,北京、上海、粤港澳大湾区科创中心引领地位进一步强化,辐射带动京津冀、长三角、泛珠三角等区域创新能力进一步提升。

该报告将全国31个地区划分为创新领先地区、中等创新地区和创新追赶地区三个梯队,其中上海、北京、天津、广东、江苏和浙江位列第一梯队。

上海国际科技创新中心交出的成绩单引人注目,在综合科技创新水平指标上多年居全国第一位,在科技活动财力投入指标上位列全国第一,R&D经费支出1 615.7亿元,与GDP的比值为4.17%。

"长三角在上海的引领下已成为国内最具竞争力的区域共同体。"中国科学技术发展战略研究院技术预测与统计分析研究所所长玄兆辉介绍,江苏和浙江的综合排名稳居全国第五、第六位,安徽区域创新能力持续提升。长三角协同创新体系持续优化,创新体系效能快速显现,开放创新水平不断提升,技术国际收入已接近全国的50%。

资料来源:《我国区域科技创新水平持续提升　有力支撑创新型国家建设》,人民网,2022年12月9日,http://finance.people.com.cn/n1/2022/1209/c1004-32583832.html。

---

4. 充分发挥"科创中心＋金融中心"的双重优势,推动科创与金融的良性互动发展格局

上海作为中国的金融中心,在与科技创新密切相关的风险投资领域却未能取得应有的领先地位。因此,为进一步提升金融对科技创新发展的支撑力度,上海应积极培育和引导风险投资行业的发展,充分发挥风险投资助力科技创新企业发展的内在动力,尤其要强化发展能够对接国际资源、推动国际国内创新互动的国际化

专栏 6.9　上海吸引风险投资情况

Dealroom 的报告显示,在 2021 年创纪录的 6 750 亿风投融资中,近 6 000 亿美元流入了以中国为核心的亚洲地区、美国以及以英国伦敦为核心的欧洲各地。

美国是风投最热衷的区域,2021 年吸引了 3 290 亿美元风投,几近全球风投融资总额的一半;紧随其后的是亚洲地区,共吸引了 1 690 亿美元的风投;欧盟位居第三,为 1 150 亿美元。

亚洲区域的风投融资增速在 2021 年最显著,达 89%。在亚洲,约 1/3、共 620 亿美元的风投融资流向了中国,其中,北京(136 亿美元)、上海(134 亿美元)为风投最追捧的城市。英国私人投资数据公司普雷钦(Preqin)的报告也显示,过去两年中国风险投资金额连续显著增加。"与以往风险投资主要集中于电子商务等行业不同,2021 年中国风险投资主要集中于半导体、生物科技和信息技术等领域。"普雷钦报告写道。根据 PitchBook 的数据,虽依旧未上市,但背靠红杉资本(Sequoia)的字节跳动估值已达 1 800 亿美元。

在 Dealroom 对风投资金流入各大主要城市集群的调研中,美国的城市集群吸金能力位居前三,分别是硅谷所在的旧金山湾区(1 009 亿美元)、纽约(475 亿美元)、波士顿大区(299 亿美元)。PitchBook 和美国国家风险投资协会的统计显示,2021 年美国风投交易达创纪录的 17 054 宗。

资料来源:《史上最好一年? 2021 年全球风投融资"狂奔"》,第一财经,2022 年 1 月 20 日,https://www.yicai.com/news/101296608.html。

风险投资基金,以及能够有效推动产业链构建的公司风险投资基金。同时,也要以科创中心助力金融中心建设和发展,尤其应鼓励面向金融科技创新的风险投资基金的发展。

5.充分发挥上海国际经济中心、贸易中心优势,积极推动科技创新国际化双向发展

要加强科技创新企业国际化发展的支持力度。吸引能够赋能企业发展的境内外各类主体参与创业投资。大力支持企业引进新兴技术、新兴业态、知识产权、研发机构、高端人才等的国际化活动,增强企业的科技创新发展能力。此外,要推动本土企业融入全球科技创新网络。持续创新国际科技合作模式,聚焦"一带一路"科技创新合作,深化重点国别合作,吸引重要国际组织落户上海,扩大打造高水平国际交流平台,全面提升全球科技创新要素的配置能力。

6.进一步推进长三角一体化建设,拓宽上海科创中心发展的空间与容量

城市的集群化发展是当今科技创新的空间特征和趋势。建设长三角科技创新共同体,联合开展重大科学问题研究和关键核心技术攻关,加强创新资源互联互通和开放共享,对上海科创中心建设以及对中国乃至亚太地区的科技创新发展都意义重大。立足服务国家科技创新战略,充分发挥长三角科创和产业基础资源优势,瞄准世界科技前沿、关键核心技术和产业制高点,率先成为全国高质量发展动力源,提升长三角科技创新共同体的全球竞争力。深化长三角 G60 科创走廊建设,加强长三角科技园区和产业园区合作,进一步推动人才、技术、资本、信息等创新要素跨区域自由流动,深入推进长三角科研计划指南统一发布、项目联合资助和共同组织管理的协同攻关机制,加快推动形成海外高层次人才互认机制,共同打造制度改革和政策创新"试验田"。

专栏 6.10 长三角国家技术创新中心项目

长三角国家技术创新中心(以下简称"长三角国创中心")是国家科技部批复、以上海长三角技术创新研究院(以下简称"上海长三院")为主体,联合江苏、浙江、安徽等地相关机构共同组建的综合类国家技术创新中心,于 2021 年 6 月揭牌成立,总部位于上海张江科学城。

长三角国创中心定位于从科学到技术的转化,将国家战略部署与长三角区域创新需求有机结合,以推动重要领域关键核心技术攻关为核心使命,产学研协同推动科技成果转移转化与产业化,为长三角区域产业发展提供源头技术供给和转化服务,为中小微企业孵化、培育和发展提供创新服务。面向长三角区域构建集创新资源、技术需求和研发载体于一体,以企业为主体、市场为导向、产学研用深度融合的产业技术创新体系和创新生态,目标建设成为促进长三角一体化高质量发展的核心引擎。

上海长三院在长三角国创中心总体框架下,联合苏浙皖三省相关机构构建区域产业技术创新体系,充分发挥上海科创中心的创新策源引领能力,围绕研发机构治理、科研财政资金使用和高水平人才团队建设,着力建设科技体制机制改革试验田,组织关键核心技术协同攻关,建设区域创新资源配置枢纽,孵化创新型科技企业,培育研发型产业,深化产教融合人才联合培养,用一体化、国际化、专业化的思路举措推动创新要素在更大范围高效畅通流动,以提供高水平科技供给作为主要任务,全力推进"教育科技人才一体发展",支撑长三角产业高质量发展。

长三角国创中心自成立以来至 2022 年 12 月底,以更高效率和更高质量集聚全球创新资源,已与海外 76 家一流高校和创新组织、国内 77 家高校院所建立战略合作;以更高质量整合区域创新资源建设高水平研发载体,上海和江苏已累计布局建设了 89 家专业研究所、技术创新中心和功能型平台,研发人员超过 15 000 人;以产业需求为导向征集提炼企业技术需求并一体化组织对接攻关,已累计与长三角 279 家细分领域龙头企业合作凝练技术需求超过 1 200 项,已成功对接解决企业需求 430 余项,合同金额超 12 亿元;聚焦重大战略任务集聚创新资源组织开展系列协同攻关,已实施重大产业技术创新项目 57 项,国创中心支持 6.45 亿元,带动社会资金支持 8.77 亿元,已有 11 个项目达成研发目标并获市场融资,氮化镓射频技术、碳化硅外延设备等 5 个项目估值超过 10 亿元。

资料来源:《上海科创中心重大项目建设进展》,上海推进科技创新中心建设办公室 2023 年 3 月 13 日,https://kcb.sh.gov.cn/html/1/168/151/155/3270.html。

7. 打造与上海"五个中心"相匹配的绿色科创中心新亮点

上海可以通过绿色科创中心打造,在全球城市实力排名中做出特色,形成亮点,构建以绿色智慧城市建设为支撑、绿色金融服务为特色、清洁能源等绿色技术为核心的绿色科创中心。环境保护是人类发展进程中急需关注和解决的问题,同时建设绿色宜居的环境也顺应人们对美好生活的需要并能吸引高质量人才。因此,打造绿色智慧上海将为科创中心建设带来新的亮点与产业发展契机。

专栏 6.11 上海绿色科技创新

上海正加快构建市场导向的绿色技术创新体系,鼓励绿色低碳技术研发,加速绿色科技成果转化。

第一届上海绿色技术创新大赛总决赛暨颁奖仪式在闵行区大零号湾科创大厦会议中心举行。本次大赛以"绿色新动能、低碳创未来"为主题,于2022年底在上海绿色低碳创新服务基地正式启动。大赛以"揭榜挂帅"等方式引导产业开放式创新,加强绿色低碳重大科技攻关和推广应用,加快培育绿色低碳产业发展新动能,促进产业链与创新链深度融合,共同服务国家"双碳"战略目标。

上海市生态环境局科技与国际合作处处长施敏表示,大赛设立的初衷,是希望在绿色低碳领域搭建一个产学研融平台,为初创企业或者说技术上有核心竞争研发力的团队创造一个更好的发展途径,为他们在不同发展阶段的需求创造途径,促进相匹配的供需双方进行合作与交流,以市场需求为导向,真正地促进绿色低碳这个领域的技术创新。"从目前来看,初创企业的参赛还是非常踊跃的,第二届绿色低碳技术创新大赛也启动了,我们未来将继续推进这项工作。"

百事亚洲研发中心负责人陆继军此前在大赛首场专场赛上表示,上海绿色低碳技术创新大赛的优胜企业可申请进入"百事温室加速器项目"的候选名单,被选中的初创企业将可获得 2 万美元(约人民币 13.7 万元)的资金支持,并将参与一项为期四个月的业务优化计划,该计划助力初创企业实现快速增长。

上海南滨江投资发展有限公司党委副书记倪悦婷表示："在绿色低碳创新创业产业引领中,我们将更好发挥上海交大、华师大等高校及周边科研院所的源头技术资源,加快绿色低碳产业科技创新,加速双碳项目研发孵化,加大已引进龙头企业和在地初创企业项目平台对接,为高质量发展提供集生态链、产业链、服务链及人才链于一体的全生命周期服务。"

近年来,上海密集印发《上海市瞄准新赛道促进绿色低碳产业发展行动方案(2022—2025 年)》《上海市碳达峰实施方案》等与绿色低碳相关的方案与规划,提出了绿色低碳技术创新研发和推广应用取得重要进展、突破一批前瞻技术和关键核心技术的目标要求。

资料来源:《上海加快绿色低碳技术创新,这场大赛搭建"产学研金介"平台》,第一财经,2023 年 5 月 21 日,https://new.qq.com/rain/a/20230521A05HV200。

8. 加快打造完善的科技创新服务业体系

高质量科技服务业是全球科创中心城市的重要标志之一。科技服务业既是上海经济增量的重要引擎,也是上海国际科创中心建设关键的功能性资源。按照知识生产、知识传播与扩散、知识转化为生产力的科创全过程,科技服务业可以大致分为科学服务业、技术服务业、创新服务业三种类型。上海打造完善的科技创新服务业体系,为国内国际的技术合作、技术交易、技术产业化等科技创新要素的组合与流动提供可靠、流畅的服务,进一步提升技术要素市场化配置能力。

专栏 6.12　上海科技服务发展示范区

2023 年 4 月 14 日,以苏河湾功能区为核心区域的"上海市科技服务业发展示范区"在静安区苏河湾功能区正式揭牌。

据了解,静安区将依托"上海市科技服务业发展示范区",着力打造新兴技术策源高地、创新要素集聚高地,建设世界知名、全国领先的新兴产业创新发展先导区、应用融合示范区的高品质载体。到 2025 年,全区科技服务业发展将形成结构优化、支撑有力、创新引领的科技服务体系,成为全市提升服务经济量能,打响"上海服务"品牌,构筑新阶段上海产业发展战略优势的有力支撑。

在做大科技服务业规模上,示范区将以苏河湾功能区为核心区域,构建广渠道、多层次、全覆盖、可持续的科技创新服务体系,形成对上海建设具有全球影响力的科技创新中心的有力支撑。

在做强科技服务业能级上,示范区将培育具有创新驱动显著特征的高新技术企业累计达到 500 家,上海科技小巨人(培育)企业累计达到 110 家,成为上海市中心城区科技创新与发展蓬勃发展的新典范。

在做高科技服务业质量上,示范区将建强一批功能齐全、线上线下紧密结合的综合科技服务平台,打造国内外具有影响力的科技服务品牌。

在做优科技服务业生态上,示范区将培育一批数字化、平台化科技服务新业态,形成若干科技服务业发展新模式。

如今,苏河湾区域已拥有亿元楼宇 18 幢、跨国公司地区总部 21 家、高新技术企业 60 余家;国家级孵化器及市级科创基地等各类品牌创新载体 10 余家。"苏河湾功能区已成为科技服务业的发展热土!"

资料来源:《再添新引擎!"上海市科技服务业发展示范区"在苏河湾揭牌》,上海科技,2023 年 4 月 18 日,https://stcsm.sh.gov.cn/xwzx/mtjj/20230418/2c50180c94394bf2bce7d150788cfa8f.html。

6.4.2 关键举措

1. 以基础研究和开放创新为重点,进一步优化制度环境

先行先试,以更大力度的改革创新优化制度环境。建议在上海设立"国家基础研究与开放创新试验区",申请中央充分授予上海围绕科技创新开展综合配套改革开放的自主权,同时在功能定位上区别于已有的高新区、自主创新示范区和全面创新改革试验区。试验区重点发挥上海拥有综合性国家科学中心和地处开放前沿的优势,在提升基础研究和原始创新能力上先行先试,在科技创新相关制度开放方面率先突破。

重点突破,推进科技体制改革和全面开放创新。全力推进张江国家级综合性科学中心建设,提升基础研究和原始创新能力。建议中央明确上海在国家科学中心和国家实验室建设中的战略地位和重点领域布局,避免各地之间的无序竞争和资源浪费。在上海加快建设光子、生命、能源、物质、海洋等领域大科学设施集群。对符合战略布局的国家实验室给予资金和政策支持,尤其是对运行维护费用和科研人员基本工资支出给予长期稳定支持。建立符合基础研究规律的国家实验室及其科研人员考核机制,重在考核成果质量、科学设施运行效率。

抓住关键环节优化科技成果转化效率,为产业创新提供有效支撑。赋予上海在科技成果转化中处理国有资产的较大自主权,允许高校、科研机构按照国内外普遍规律自主确定科研成果收益分配奖励比例。加强高校和科研院所的专业化技术转移机构和人员队伍建设,探索以市场化薪酬聘任高端技术转移人才。对从事产业共性技术研究的新型科研机构通过税收减免、政府采购、研发项目合同等多种方式给予支持。

在开放创新领域开展重大政策和制度试验,凝聚全球创新资源。探索实行高技术移民制度,为外籍高端人才来沪提供快捷通道和全过程服务。探索通过围网隔离方式,在自贸区特定区域内试验互联网新型监管模式,在兼顾安全的前提下允许数据跨境自由流动。允许上海试行地方条例,开放国际科技组织注册,为国际科技组织来沪设立办事机构创造宽松环境。

着力增强企业创新动力与活力,进一步发挥科技对实体经济支撑作用。新形势下要更加注重保护外资企业知识产权、投资等合法权益,保障其国民待遇。鼓励创新创业活动,不断改善营商环境,大力发展民营经济和民营企业,着重培养创新型民营企业家。选择重点领域全面推进国有企业混合所有制改革,坚持有进有退,加大科技创新绩效在国企考核中的权重。

加强长三角科技创新共同体建设,积极向"一带一路"沿线国家推广科技创新成果,提升辐射带动能力。以 G60 科创走廊为纽带加强区域合作,充分发挥上海作为国家科技重镇的创新策源能力。探索在"一带一路"沿线国家定期开展科技成果推介推广活动,在重点国家建立海外技术转移中心和高技术产业园区,以合作共赢的利益机制扩散科技成果,提升国际影响力。

2. 按照"一体两翼、多点支撑"的逻辑,从重大政策、重大举措、重大平台、配套保障等方面,实施上海国际科创中心新一轮发展的重点举措

(1) 一体化政策:加快构建上海国际科创中心新一轮发展政策体系。根据上海科创中心新一轮发展面临的新形势和新要求,国家各部委应加快研究制定支持上海国际科创中心新一轮发展的一体化政策,内容涉及财税金融、土地供给、重大项目审批、跨境研发、区域创新协同、知识产权保护、数据流动、高水平研发机构和组织引进、海外高层次人才集聚、高校"双一流"建设和生态保护等相关政策,以综合性的政策体系为上海科创中心新一轮发展提供制度支持和保障。

(2) 两类重要资源:加快科技创新重大项目、重大平台建设。针对上海集成电路、生物医药、人工智能三大先导产业发展的现实需求,聚焦科学与工程研究、技术创新与成果转化、基础支撑与条件保障,加快各部委相关的重大项目资源向上海集中或倾斜。面向上海国际科创中心的长远发展,加大重大科研基础设施、国家实验室、高等级功能性平台、数据中心、算力中心、算法研究中心的规划和建设力度,并着力提升运营管理能力和保障水平,提升国际影响力和话语权,积极谋求世界级大科学计划与大科学工程项目落地上海。

(3) 多点支撑:加快实施上海科创中心新一轮发展战略举措。

一是优化资源投入结构。进一步加大基础研究投入并提供稳定经费支持,探索新型教育模式,支持上海筹划建设面向特定产业的"新型大学"。一方面,要加大来自中央和上海的基础研究投入占比,并多措并举引导和鼓励市场力量的加入,在经费、项目、平台、招生指标等方面,加大对上海高校"双一流"建设的支持力度,切实提升基础研究能力。另一方面,当前基础研究经费中竞争性经费占比普遍较高,不利于一些战略性、前沿性、长期性的基础研究的开展,因此建立基础研究经费来源稳定性的保障机制至关重要。此外,可以尝试结合先导产业的发展需求,支持上海建设面向特定产业领域的"新型大学",实行"小而精""小而特"的产业创新人才

培养和科学研究模式,以产业需求和创新发展为导向,培养产业急需的应用型人才,推进"产教融合"和多方协作,提高面向特定产业领域的基础研究水平。

二是巩固扩大累积优势。尝试设立"科技创新综合改革试验区",探索金融与科技双向赋能的综合创新模式,发挥在沪央企的创新引领作用,激活其功能保障作用和区域辐射效应。一方面,上海可以依托"五个中心"建设效能优势设立"科技创新综合改革试验区",大胆尝试推行新的科技创新治理方式方法,以进一步激发科技潜能、释放科研活力。另一方面加强科技与金融互促的政策引领和监管,并着力培养专业复合型金融人才,建立金融机构与企业的信息共享交流平台解决信息不对称问题。此外,要支持上海发起"央企创新联盟",依托央企的财力、物力、人力、平台、空间资源优势,面向国家重大战略需求,开展基础前沿探索和关键核心技术攻关,央企和参与单位共享科学研究和技术发明的成果和收益。

三是促进成果转化落地。加快促进高校科技成果转化,在指导理念、工作机制、源头治理、披露监管、权力配置、财务制度和国资监管手段等方面寻求革新。科技成果转化应从"交易规模导向"转向"规模和速度兼顾",创新主体由"组织载体"转向"个人载体＋组织载体";加强科技成果的知识产权质量管理,建立自证和他证审查机制,赋予科研职务科技成果所有权或长期使用权;加强科技成果转化基础性会计和财务制度建设,审计方式由财务审计转向综合审计,同时协助对接资本市场。

四是提升国际影响力。强化国际标准制定能力并建设高水平国际科技合作新平台,发挥市场力量引进国际专利做本土化再创新,着力加强跨境交流合作。参照国际惯例,支持国内机构联合境外机构在沪设立一批数字经济、人工智能、生命科学等前沿领域国际性行业组织,提升中国参与国际标准制定的话语权;积极创造各方面条件,促进国际性会议在上海举办,国际性科研机构在上海落户,世界顶尖科学家在上海工作。发挥大型民营企业、国有企业的资源禀赋优势,引进、吸收、转化国外先进技术,结合本土市场需求特征进行再创新,形成知识溢出效应激活更大范围的市场活力。推动实现跨境研发、跨境数据流动和境外高层次人才来沪创新创业的便利化,采用更加快捷高效的特殊监管模式,支持境外数据库便捷异地登录,打造海外创新人才特区并在税收政策、国际医疗保险等方面予以特别支持。

五是参与全球知识产权治理。加快形成与全球协同创新体系相适应的知识产权制度。首先,支持上海加强知识产权制度与产业政策联动,通过高价值专利保护和支撑关键核心技术发展、高价值品牌和老字号商标保护本土企业、高价值创意设计促进第三产业发展;其次,支持上海建设亚太知识产权中心城市和 WIPO 仲裁与调解上海中心,支持上海成为国际专利诉讼、标准必要专利全球诉讼首选地等;最后,通过上海国际知识产权论坛和上海国际知识产权学院建设,推动上海深度参与知识产权全球治理体系,包括 WTO 和 WIPO 框架下的知识产权规则制定与评估、区域多边贸易协定(RECP、CPTPP 等)的知识产权规则制定与评估、"一带一路"沿线国家知识产权制度输出等。

本章主要参考资料

[1]《上海市建设具有全球影响力的科技创新中心"十四五"规划》
[2]《上海市张江科学城发展"十四五"规划》
[3]《上海市先进制造业发展"十四五"规划》
[4]《上海市战略性新兴产业和先导产业发展"十四五"规划》
[5]《上海市服务业发展"十四五"规划》
[6]《上海市全面推进城市数字化转型"十四五"规划》
[7] 上海市人民政府发展研究中心:《上海强化科技创新策源功能研究》,格致出版社 2022 年版
[8] 上海市人民政府发展研究中心:《建设卓越的全球城市:2017/2018 年上海发展报告》,格致出版社 2017 年版
[9] 同济大学编写组:《上海国际科技创新中心新一轮发展战略研究》,2020 年 10 月
[10] 国务院发展研究中心编写组:《上海"五个中心"建设评估与研究》,2020 年 10 月
[11] 复旦大学课题组:《上海全面深化"五个中心"建设的总体思路与战略研究》,2021 年 12 月
[12] 上海交通大学课题组:《上海全面深化"五个中心"建设的总体思路与战略研究》,2021 年 12 月
[13] 上海财经大学课题组:《上海全面深化"五个中心"建设的总体思路与战略研究》,2021 年 12 月
[14]《龚正市长在上海市第十六届人民代表大会第一次会议的政府工作报告》
[15] 纪慰华:《伦敦科技金融政策体系对上海建设全球科创中心的启示》,《上海城市管理》2021 年第 3 期。
[16]《我国区域科技创新水平持续提升有力支撑创新型国家建设》,新华社,2022 年 12 月 9 日

后 记

"五个中心"是以习近平同志为核心的党中央对上海城市的总体定位,是党中央赋予上海的重要使命,为上海推动高质量发展、提升城市能级指明了主攻方向。目前,国际经济、金融、贸易、航运中心基本建成,国际科创中心形成基本框架。面对世界政治经济前所未有的复杂严峻局面,为进一步强化"四大功能",持续提升城市能级和核心竞争力,在新的国际国内形势下,上海要锚定重要使命,加快建设"五个中心"。

2023年,上海市人民政府发展研究中心组织开展了"上海加快建设'五个中心'发展战略研究",在此基础上编撰成书。全书由6个章节构成,第1章回顾了上海"五个中心"的发展进程,并分析了上海加快推进"五个中心"建设的新形势、新要求和战略任务;第2—6章分别对国际经济中心、国际金融中心、国际贸易中心、国际航运中心和国际科创中心建设的基础、面临的挑战、总体思路、重大任务和关键举措进行了深入论述。

本书由祁彦主任、严军副主任、钱智二级巡视员审稿;陈群民、朱咏、周钟、胡锴、宋清、王斐然、陈华阳统稿和核稿。改革研究处高骞、彭颖、施婧婧、王培力、姜乾之(第1章),上海发展战略研究所戴跃华、崔园园、张亚军(第2章),综合研究处王丹、宋奇、张开翼(第3章),开放研究处陆丽萍、钱洁、邱鸣华、谭旻、陈畅、彭羽(第4章),城市研究处史晓琛、柴慧、韩宇、余艺贝、谷金、赵欣冉、张文静(第5章),经济发展处陈群民、朱咏、周钟、胡锴(第6章)参与了各章研究与撰写。经济发展处负责全书的统筹、组织、排版和校订。在此,向上述为本书统筹组织、资料收集整理、内容撰写、格式排版和校对等工作给予大量帮助和付出辛勤劳动的同志们表示衷心感谢!

　　本书的编辑出版得到了格致出版社的大力支持和帮助,在此一并表示敬意和感谢!

上海市人民政府发展研究中心

2023 年 11 月

图书在版编目(CIP)数据

上海加快建设"五个中心"发展战略研究 / 上海市
人民政府发展研究中心著. — 上海 ：格致出版社 ：上
海人民出版社，2024.1
ISBN 978 - 7 - 5432 - 3536 - 6

Ⅰ.①上… Ⅱ.①上… Ⅲ.①区域经济发展-经济发
展战略-研究-上海 Ⅳ.①F127.51

中国国家版本馆 CIP 数据核字(2023)第 245381 号

责任编辑 忻雁翔
装帧设计 人马艺术设计·储平

上海加快建设"五个中心"发展战略研究
上海市人民政府发展研究中心 著

出 版 格致出版社
　　　　 上海人民出版社
　　　　（201101 上海市闵行区号景路 159 弄 C 座）
发 行 上海人民出版社发行中心
印 刷 上海盛通时代印刷有限公司
开 本 787×1092 1/16
印 张 20.75
插 页 2
字 数 297,000
版 次 2024 年 1 月第 1 版
印 次 2024 年 1 月第 1 次印刷
ISBN 978 - 7 - 5432 - 3536 - 6/F · 1558
定 价 108.00 元